[증보4판]

# 실무가가 쓴,
# 채무자의 재산조사 · 찾는 법

### (가)압류할 물고기를 찾아 잡는 秘法!

윤 명 철 著

(現 대한법률구조공단 재직)

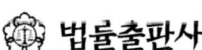 법률출판사

# 증보4판 머리말

　저자는 경북 김천에 소재하는 공단 본부에서 교육관련 일을 하다가 다시 상담업무에 복귀한 지 벌써 2년이 지나고 있습니다. 내·외부 강의 및 상담 등으로 추가해야 할 내용이 늘어났고 마침 새로이 인쇄하게 되어 이번 기회에 수정하게 되었습니다.

　책 내용 중 바꿔야 할 부분 중 판례가 변경된 공유물분할청구권의 대위행사(대법원 2020. 5. 21. 선고 2018다879 전원합의체 판결)가 있습니다. 법령 개정으로 바뀐 소위 깡통전세 피해자 보호를 위한 주택소액임차인의 우선변제권 범위변경이 있습니다.

　이와 더불어 새로 알게 되거나 기존에 부족했던 부분에 대한 내용을 추가하였습니다. 범죄피해자의 구제수단으로서 주민등록번호 변경제도, 양육비 이행책임 강화를 위한 제도들, 전자등록제도 관련 내용, 다양한 물고기들(가상자산반환청구권, 리스보증금, 택시결제대금채권 등), 도산채권자 중 비면책 채권자의 구제방법, 소멸시효 관련 민법주해 내용, 상속재산 파산 실무준칙, 사망자 재산조회 등입니다.

　한편, 저자는 강의를 위해 가능하면 관련 내용을 1장의 표를 이용해서 요약하려고 노력하는데, 이번에 새롭게 추가한 표(판결확정 후 집행절차를 한 장으로 요약한 표로 주로 상담 시에 사용하고 있고, 집행채권이 (가)압류된 경우의 법률관계를 정리한 표)와 기존에 삽입하였던 표 중에서 내용을 조금 수정한 표(공탁내용을 한 장으로 정리)를 추가하였습니다.

저자는 상담업무를 하면서 배우는 것도 있지만 책과 판례로 통하여 다양한 지식을 얻고 있습니다. 새로운 책들이 나올 때마다 대부분 사서 보고 있고 새로운 판례도 눈여겨보고 있습니다. 책들이 제게 많은 지식을 알려주었듯이 제 책도 누군가에게는 도움이 될 거라 기대해봅니다.

어느 새 훌쩍 커서 이제는 아빠와 놀아주지 않는 중학생 아들들과 무슨 일을 하는지 자세히는 모르지만 항상 바쁜 아내 및 번거로운 수정 작업을 도와주신 출판사 관계자분들에게 감사드립니다.

2023. 5. 목동 사무실에서 저자 드림

# 증보3판 머리말

책을 고친 지 2년도 되지 않아 다시 고치게 되었습니다. 인쇄한 책이 모두 소진되었다는 출판사의 연락을 받고 잠깐 고민하였습니다. 책을 고치는 과정이 약간 번거롭고 시간이 소요되는 작업임을 잘 알기 때문입니다. 그러나 아이를 낳는 것만큼이나 기르는 것도 중요하듯이 책을 출판하는 것뿐만 아니라 최신 내용으로 유지시키는 일도 의미 있을 것 같아 마음을 바꿨습니다. 이에 더하여 올해 1월 초에 신입교육이 예정되어 있는 점 또한 책을 수정하는 계기가 되었습니다. 원래 이 책은 신입직원 교육을 위해 기획된 것이기 때문입니다.

이번 판에 정리한 내용 중 저자의 독창적인 지식은, 공탁법 강의를 하면서 만든 '공탁관련 표'와 '도산절차와 시효'를 도표로 간략하게 정리한 정도입니다. 오히려 많은 지식을 이천교 법무사님을 포함한 다른 저자의 강연이나 책을 통해서 습득하거나, 법률구조공단 내부 지식관리시스템 등을 통하여 새롭게 배웠습니다. 저는 단지 많은 지식 중 실무상 문제가 되는 지식을 최대한 모아보려고 하였습니다. 이번에도 저작권, 전자어음, 비트코인 등 새로운 물고기들을 모아 보았고, 기존 내용 중 부족한 부분에 대해 보충하였습니다.

저자는 서울에서 오랫동안 근무하다 지난 해 3월 인사이동으로 본부가 있는 경북 김천으로 내려와 생활하고 있습니다. 저자가 평소에 꿈꾸던

교육 관련 팀이어서 설렘도 있었지만, 행정업무가 익숙하지 않아 힘들었던 시기에 팀원들(장근주 부장님, 이화진 팀장님, 정승호 계장님, 류은화 주임님)의 도움으로 적응할 수 있게 되었습니다. 지금 이렇게 책을 수정할 수 있을 정도로 여유가 생긴 것도 팀원들의 전폭적인 지원이 있었습니다. 모두들 너무 감사합니다. 항상 그렇듯이 아내와 아이들에게도 감사인사를 하고 싶습니다.

초등학생인 아들에게 제 책에 대해 물어본 적이 있는데 "노잼(no잼)"이라고 했습니다. 어린 독자의 객관적인 평가(?)가 크게 달라지지는 않겠지만, 누군가에게는 도움이 될 만한 지식이 있을 수도 있어 다시 한 번 책을 고치게 되었습니다.

2020. 1.
김천에서 저자 드림

# 증보2판 머리말

처음으로 저자 이름으로 된 책을 만들어 세상에 내 놓았을 때는 그 자체로써 큰 기쁨이었는데 시간이 조금씩 지나다보니 이제는 약간의 부담감으로 작용하는 것 같습니다. 완벽해야 된다는 강박관념 때문에 계속 미루기만 했던 개정 작업을 이제 마치게 되었습니다. 물론 부족한 면도 없지 않으나 지난 2년 동안 습득한 지식들을 정리하여 이번에 책 내용을 추가하게 되었습니다. 새로운 지식을 요약하여 정리한 부분도 있고 도표를 이용한 부분도 있습니다. 특히 표로 만드는 것은 매우 많은 시간을 소요하고 조심스러운 작업이기는 하나 매우 효율적인 전달수단임은 틀림없는 것 같습니다. 이번에 추가되는 도표 중에서도 '도산절차와 집행'은 여러 번의 강의를 거쳐 수정한 것으로 도산실무를 하는데 도움이 되지 않을까합니다.

이 책의 큰 주제인 '채무자의 재산을 찾는 법' 내용자체는 크게 달라진 것은 없습니다. 다만, 증보판부터 시작한 금전채권·채무 해결 tip의 내용에 대해 상당한 내용을 추가하였습니다. 증거보전, 채권자대위권, 소멸시효 등 실무에서 많이 사용되고 필요로 한 법률지식을 중심으로 보충하였습니다. 이 책은 법을 잘 다루지 않아 생소한 일반인들을 위해 가압류의 개념 등을 설명하기 위해 쓰려고 했는데 계속 판을 거듭할수록 처음과는 달리 어렵고 전문적인 내용들이 많이 들어간 것 같습니다. 가압류의 개념 등은 물고기이론을 이용하여 어렵지 않게 이해할 수 있으므로 앞으로는 실무상 많이 궁금해하는 지식들로 채우려고 합니다.

제가 매년 진행하고 있는 공단 내부의 신입직원 강의 마지막에 항상 보여주는 유튜브 동영상이 있습니다. 그건 바로 Steve Jobs의 강의 중 2005년 스탠포드 대학교 졸업연설입니다. 그가 한 말 중에서도 가장 들려주고 싶은 한 문장이 있어 소개하고자 합니다.

Your time is limited, so don't waste it living someone else's life.
(당신의 시간은 한정되어 있으니 다른 사람의 삶을 살려고 시간을 낭비하지 마십시오)

2018. 7.
저자 드림

# 증보판 머리말

책을 세상에 내놓은 지 이제 경우 3달밖에 안 됐는데 책의 내용을 추가하는 내용의 증보판을 만들게 되었습니다. 욕심은 많은데 능력이 부족한 저자가 완결된 책을 쓰지 못함을 너그러이 이해해주시기 바랍니다.

증보판에서는 기존의 틀은 유지하면서도 금전채권을 가지는 사람과 그 반대편에 있는 사람 사이의 관심은 확연히 다르므로 이 부분에 대해 알기 쉽게 도표로 만들고 설명을 덧붙였습니다. 즉, 채권자의 관심분야와 채무자의 그것이 같을 수는 없기에 각자에게 필요한 내용들을 나눠 보았습니다. 이 도표는 제가 강의시간에 항상 먼저 설명하는 내용으로 대부분의 금전문제를 해결하는 열쇠가 될 수 있으리라 생각되고, 덧붙인 내용들은 관련문제를 해결함에 있어 최소한 주의해야 할 내용들을 담았습니다. 이에 더하여 실생활에서 너무 중요한 도산절차와 법률관계(임금, 담보권, 임대차 등), (가)압류금지채권의 범위변경, 사전처분, 접근금지 등의 내용도 추가하였습니다. 책의 주제와 직접적인 관련은 없더라도 간접적인 도움은 되지 않을까 생각합니다.

예전에 읽었던 책 내용 중 이런 문구가 있는데 항상 이 가르침을 잊지 않으려 합니다.

"무엇인가를 가지고 있는 유일한 이유는 그것을 다른 사람에게 주기 위해서다."

2016. 8.
저자 드림

# 프롤로그

법대를 졸업하고 취업을 준비하고 있던 중 임차인이었던 큰누나에게 연락이
왔습니다. "살고 있던 집 주인(임대인)이 주식투자로 임차인들의 보증금을 다 날
려 돌려줄 보증금이 없다"는 사정을 알려주면서 법적인 해결책을 알아봐 주도록
부탁을 했습니다. 대학교에서 배운 지식으로는 보증금반환청구소송을 제기해서
승소한 후 집을 경매시키면 된다는 정도였습니다. 그런데 대학에서 배운 지식으
로는 실무적인 문제(보증금 회수)를 해결하는 데는 큰 도움이 되지 못했습니다.
왜냐하면 누나가 임차한 집은 가격에 비해 임차인들이 너무 많은 이른바 깡통
주택이어서 경매만으로 보증금을 전부 확보할 수 없었기 때문입니다.

그래서 임대인의 다른 재산에 대한 가압류를 해야 했습니다. 그러나 막상 가
압류를 하려고 보니 너무 막막했습니다. 임대인의 재산이 어디에 얼마나 있는지
알기 어려웠기 때문입니다. 대학교에서는 이런 걸 배운 적이 없었기에 법대를
나왔어도 어디서부터 어떻게 시작해야 하는지 전혀 몰랐습니다. 변호사와 법무
사 사무실 그리고 제가 지금 근무하고 있는 대한법률구조공단에도 가서 문의해
보았지만 이 부분에 대해서 자세하게 설명해주는 이는 없었습니다. 무조건 임대
인의 재산을 알아 와야 한다는 것이었습니다. 며칠 동안 돌아다녀 봐도 답이 나
오지 않았습니다. 잊어버리려 해도 대부분 임차인들의 보증금은 전 재산이나 다
름이 없으므로 쉽사리 포기할 수도 없는 문제였습니다.

그런데 갑자기 누나가 한 말 중 "임대인이 주식투자를 하다 망했다"는 사실을
생각해내고 '주식'에 대한 가압류를 할 수 있지 않을까하는 생각에 다시 여러 곳
에 문의하였지만 돌아온 대답은 부정적인 얘기뿐이었습니다. 임대인(채무자)이
거래하는 증권회사와 소유한 주식 등을 구체적으로 알아야 가압류가 가능하다는
답변이었습니다. 거래하는 증권회사도 알기 어려운데 소유하고 있는 주식까지
알아야 가압류를 할 수 있다고 했으니 이는 거의 불가능한 일이었습니다. 그 때

는 전문가들이 그렇게 답변했고 실무를 전혀 몰랐기에 진짜로 위와 같이 채무자의 구체적인 재산을 알아야만 가압류가 가능한 것으로 잘못 알았습니다. 알고 보니 채무자의 인적사항과 몇 개의 증권회사를 선택하여 투망식으로 주식에 대한 가압류를 할 수 있었습니다! 그때 제가 지금 알고 있는 지식을 누군가 알려줬더라면 누나의 보증금을 회수하는데 도움을 줄 수 있지 않았을까 하는 생각이 머릿속에 떠나지 않는 것 같습니다.

2000년경 지금의 직장인 대한법률구조공단에 입사하여 현재까지 근무하고 있습니다. 입사 후 민사사건에서 채무자의 재산을 찾는 것이 문제 해결의 처음이자 끝이라는 사실을 수많은 상담을 통하여 다시 한 번 느끼게 되었습니다. 제아무리 승소판결을 받더라도 채무자의 재산이 없다면 휴지조각에 불과하다는 현실을 너무 많이 봤기 때문입니다. 그런 이유로 저는 신입직원을 상대로 강의할 기회가 생길 때마다 두 번째로 알려주는 내용이 이른바 '채무자의 재산 및 (가)압류할 재산 찾기'라는 주제입니다(첫 번째는 실무에서 필요한 법률지식과 재무설계와 관련하여 읽어야 할 책 소개입니다). 학교에서는 가르쳐주지 않고 이를 자세히 알려 주는 책도 없지만 실제 생활에서는 너무 중요하기 때문입니다. 이 책은 제가 지금까지 대한법률구조공단에서 신입직원을 상대로 강의한 내용을 중심으로 실제 강의보다는 자세하게 정리했습니다. 이 책의 대부분의 내용은 다른 분들의 강의를 듣거나 책을 통하거나 상담이나 판례 등을 통하여 배운 것들이고 제가 새로 만들어 낸 것은 가압류할 재산을 찾는 방법인 이른바 '물고기 이론' 밖에 없습니다. 많은 분들이 지식을 공개해서 공유했기 때문에 배울 수 있었습니다. 그래서 이제는 저도 지식들을 모아 이 분야에 대한 지식이 필요한 누군가에게 다시 되돌려주고자 합니다.

법은 원칙적으로 채권자의 채권회수에 도움을 주어야 합니다. 그런데 실제로는 그렇지 못한 경우가 적지 않습니다. 채무자의 재산을 찾는 방법에 대해 단편적인 내용을 알려 주는 책은 있습니다. 그러나 관련된 내용을 모두 정리한 책은 아직 보이지 않습니다. 그리고 (가)압류 절차 등에 대한 책은 많으나 과연 '어떤 것을 어떻게' (가)압류하는 것에 대해서는 특별히 알려 주는 책은 없는 것 같습니다. 그래서 저는 채권자들이 가장 많이 질문하는 이 부분에 대해 공단에서의 16년 동안의 상담내용 및 주위 분들이 경험한 사례 등을 모아서 정리해 보았습니다. 다만 아직 이런 내용의 책을 본 적이 없는 상태에서 생각들을 모아 책을 만들다보니 법학에서 요구하는 논리나 체계가 부족합니다. 이는 저자의 능력 부족으로 널리 이해해주시면 앞으로 계속 채워 나가겠습니다. 이 책이 모든 사례에 대한 답을 찾아주지는 못하겠지만 문제를 풀 수 있는 단서를 얻을 수만 있다면 충분히 가치가 있으리라 생각됩니다. 이 조그마한 책이 누군가의 삶에 어떤 식으로든 도움이 되었으면 좋겠습니다. 그래서 책 내용 중에는 제가 알고 있는 신기한 내용 등을 가능하면 많이 수록하였습니다. 예를 들면, 재산목록보완명령 신청, 강제집행 시기를 예측하는 방법, 급여가 150만 원 이하의 (양육비)채무자의 경우 강제집행, 특수한 사실조회, (가)압류할 채무자의 재산을 찾는 방법[이른바 물고기 이론], 신기한 물고기들(영치금, 재활용분담금, 납유쿼터사용권, 선거비용보전금 등), 각종 내용증명 서식 등입니다.

부족하나마 강의 자료를 모아 책으로 묶어 세상에 내 놓는 것이 가능했던 것은 우선 육아휴직을 통해 시간이 확보되었기 때문입니다. 평소에도 공단에서 강의는 많이 했지만 시간부족 등을 이유로 강의한 내용을 정리하지는 못했습니다. 항상 직원교육 등을 할 때 책을 쓴다고 했는데 몇 년이 지난 이제서야 가능하게 되었습니다. 다음으로 책 쓰기 강의를 통해 열정을 유지할 수 있었습니다. 책을 쓴다는 막연한 생각만 항상 가지고 있었는데 관련 강의를 계속 듣다보니 점점 구체화 될 수 있었습니다. 그리고 제일 중요한 것은 경제적인 어려움에도 불구하고 육아휴직을 흔쾌히 승낙해주고 옆에서 묵묵히 지켜봐주었던 아내 김동주와 아이들(우정, 건우)이 있었기에 때문입니다. 아내와 아들들에게 평소에는 잘 못하는 고맙다는 말을 이 기회를 통하여 전하고 싶습니다. 볼품없는 자료들을 책으로 엮는데 도움을 준 공단식구들(신용관, 정해청, 박복순)과 노지혜 그리고 이우건님에게도 감사를 드립니다.

마지막으로, 제가 항상 지니고 다니는 글귀를 적어 봅니다.

**'지식으로 선을 베풀어라!'**

2016.5
윤명철 드림

# 차 례

# 들어가기 전 :
# 금전 채권·채무 해결 Tip

# 금전 채권·채무 해결 Tip

재산찾는 법

| 사전처분(보충) | 보전처분 등 |
| 가압류 · 가처분 |
| 증거보전(보충) |

소장작성(청구취지)

| 인지(수수료), 송달료 |
| 관할(보충) |
| 소송 · 집행비용(보충) |
| 뒤처리 절차 | 소송 등 |

유체동산

| 부동산 | 알고 있는 경우 |
| 채권 등 | 모르는 경우 | 강제집행 |

채권자대위권(보충)

| 채권자취소권 | 재산회복 |

채권자

법원

채무자
├─ 항변 1(소송 중)
│   ├─ 소각하사유(소송신탁, 실체無)
│   ├─ 소멸시효(보충)
│   ├─ 상속포기 • 한정승인
│   └─ 기타
│       ├─ 이자제한법
│       └─ 민법 103조(선불금 등)
│
├─ 항변 2(소송 후)
│   ├─ (추완)이의
│   └─ 청구이의
│
├─ (가)압류금지
│   [유체동산·부동산·채권]
│   ├─ 특별법
│   ├─ 민사집행법
│   ├─ 판례
│   └─ (가)압류금지채권의 범위변경
│
└─ 도산절차
    ├─ 도산절차 개관
    ├─ 회생
    ├─ 개인회생
    ├─ 파산(개인파산 포함)
    ├─ 도산절차와 법률관계
    └─ 도산설차와 집행 • 소송(보충)

금전적인 문제가 생겼을 때 채권자와 채무자가 관심이 있거나 필요로 하는 법적인 지식이 각각 다릅니다.

## 1. 채권자의 경우

소송 등을 통하여 권리를 확인받을 수 있고(시효중단 등 특별한 사정이 있어 예외적으로 확정된 승소판결과 동일한 소송물에 기한 신소가 허용되는 경우 포함)[1], 소송 등이 종료 후 채무자의 재산(부동산[2], 채권, 유체동산 등)을 알고 있는 경우 그 재산에 대한 집행을 하여 만족을 얻을 수 있습니다.

---

1) 소멸시효 완성 전 6개월 내지 1년 정도 남아야 이러한 소송이 가능하다고 보는 것이 실무이며, 청구취지 작성시 일부 금원을 수령한 경우 변제충당을 고려하여 작성하면 됩니다(보통 엑셀을 이용하여 만든 프로그램을 이용되며, 이외에도 건물소가산정이나 손해배상산정 및 상속재산분할 등에서도 계산 프로그램을 많이 사용합니다). 그리고, 2019년 6월 1일부터 소송촉진등에관한특례법상 법정이율이 변경[15%→12%]되었는데, 소멸시효 중단을 위한 소제기 시 소촉법상 지연손해금 이율이 변경된 경우 청구취지 작성에 대해 대법원 판결은 "**승소판결이 확정된 후 소송촉진 등에 관한 특례법의 변경으로 소송촉진법에서 정한 지연손해금 이율이 달라졌다고 하더라도 그로 인하여 선행 승소확정판결의 효력이 달라지는 것은 아니고**, 확정된 선행판결과 달리 변경된 소송촉진법상의 이율을 적용하여 선행판결과 다른 금액을 원고의 채권액으로 인정할 수 있는 것도 아니다(대법원 2019. 8. 29. 선고 2019다215272 판결)."라고 판시하였습니다. 한편, 판결로 확정된 채권의 소멸시효 중단을 위한 재판상의 청구가 있다는 점에 대하여만 확인을 구하는 소송을 제기한 경우(청구취지 : '원고와 피고 사이의 수원지방법원 2004. 11. 11. 선고 2003가합15269 대여금 사건의 판결에 기한 채권의 소멸시효 중단을 위하여 이 사건 소의 제기가 있었음을 확인한다.' 2018. 10. 18. 선고 2015다232316 대법원전원합의체 판결 참고) 그 소가는 그 대상인 전소 판결에서 인정된 권리의 가액(이행소송으로 제기할 경우에 해당하는 소가)의 10분의 1로 정하되, 그 권리의 가액이 3억원을 초과하는 경우에는 이를 3억원으로 봅니다(민사소송 등 인지규칙 제18조의3 신설).

2) 부동산에 대한 경매 이외에 강제관리도 있습니다. 강제관리라 함은 채권자로부터 부동산의 소유권을 박탈하지 아니하고 그 부동산의 수익을 가지고 금전채권의 만족을 얻는 부동산에 대한 강제집행방법이며, 집행력 있는 정본에 의한 강제집행에만 인정됩니다. 선순위 저당권의 존재로 남을 가망성이 없어 경매할 수 없는 경우 등 강제경매에 적합하지 아니한 부동산집행에 매우 실효적이며, 강제경매에 비해 비용이 적게 들며(인지 5,000원, 등록면허세는 정액세, 송달료만 소요되고 예납금은 없다고 함) 등기사항증명서에 강제관리로 기입되는 이외에 이해관계인에게 통지하지 않으며, 제3채무자(임차인)를 일부 몰라도 집행관 현황조사를 통해서 추가할 수 있으며, 관리인이 수익을 얻은 때에는 공과금을 뺀 뒤 채권자에게 배당합니다(이천교 법무사님 2018. 3. 10. 강의를 요약함).

일정한 경우 소송 계속 중이거나 판결 등이 확정되지 않은 경우에도 채무자의 재산을 탐색할 수 있는 방법도 있기는 합니다. 물론 채무자의 재산을 모르는 경우라고 하더라도 일반적인 강제집행은 가능합니다. 그러나, 보통 채무자가 소송 등이 제기된 사실을 알게 된다면 집행을 회피하기 위하여 재산을 빼돌리는 것이 일반적임을 고려하여 소송 등에 앞서 가압류나 가처분을 하게 됩니다. 가사사건의 경우 사전처분이라는 독특한 제도가 있습니다(사전처분의 일반적인 내용설명과 접근금지에 대해서는 본론 참고). 그리고 미리 확보해두지 않으면 증거로 쓸 수 없음을 대비하여 빠른 시일내에 증거를 확보하는 절차로서 증거보전 신청이 있습니다. 실무적으로 직접적인 성관계 장면을 찍은 사진 등이 없더라도 배우자와 상간자가 숙박업소에 투숙 및 퇴실한 사실 정도를 입증하면 부정행위로 인정하고 있고, 이 경우 숙박업소의 CCTV 영상을 확보가 매우 중요합니다. 그런데 CCTV영상의 경우 보관기간이 짧아 증거보전 신청을 통해서만 확보가 가능합니다. 증거보전 신청절차와 관련된 추가적인 설명은 부록에 있습니다. 그러나 가압류 등을 집행하기 위해서는 채무자의 재산을 찾아야 하는데, 이 책에서 알려드리고자 하는 주된 부분입니다. 한편, 채무자가 이미 타인명의로 재산을 이전한 경우 채권자대위권이나 채권자취소권을 이용하여 채무자 앞으로 재산을 회복하여야 집행할 수 있습니다.

소송 등이 종료된 경우 뒤처리절차가 필요한 사례들이 있습니다. 건물명도소송의 경우 소 제기 시 에는 청구취지(도면 포함) 작성 및 인지 계산을 위한 목적물 소가산정 등이 문제되고(기간만료 전 명도소송 : 장래이행청구), 종료된 경우 건물 안에 있는 집기 등의 처리가 문제됩니다(① **판결문에 채무자에게 명도의무와 차임 등 금원지급의무를 함께 명한 경우**, 명도

집행과 동시에(또는 먼저) 유체동산에 대한 경매신청을 하면 유체동산 집행을 실시해서 낙찰이 되고 물건을 낙찰자에게 인도해 주면서 동시에 명도집행이 종료된 것으로 처리할 수 있습니다. ② **판결문에 채무자에게 명도의무만 명한 경우,** 일단 명도집행으로 유체동산을 보관 후 집행비용액확정신청이나 (연체)차임 등을 이유로 집행권원을 만들어 보관중인 유체동산을 경매시킬 수 있습니다. 또는 민사집행법 258조에 따른 매각허가신청을 할 수 있습니다.).

적극적 재산이 있는 상속한정승인이 수리된 경우 청산절차가 문제됩니다. 상속한정승인 후 적극적 재산을 정리하는 방법은 크게 3가지가 있습니다(다만, 이러한 분류는 어느 문헌에 나와 있지 아니한 제가 경험상 체득한 것으로 체계적이지는 않습니다.). 첫 번째는 간이하게 청산하는 방법으로 내용증명 등을 보내 채권자들의 동의를 전제로 청산하는 방법입니다(이 책의 부록에 이에 대한 내용증명이 게재되어 있습니다). 두 번째 방법은, 상속재산을 형식적 경매를 통하여 환가하는 방법입니다. 그리고 마지막 방법은, 상속재산 파산제도입니다(자세한 내용은 보론 참고). 아직 이에 대한 자료 등이 부족한 상태이지만 실무에서는 실제로 행해지고 있습니다(대법원 공고게시판에 보면 상속재산에 대한 환가공고가 다수 게시되어 있습니다). 실무에서는 상속한정승인 뒤처리에 대한 정확한 답을 하기는 어려운 것 같습니다. 다만, 사안에 따라 그에 상응하는 해결책을 찾는 노력이 필요한 것 같습니다. 한편, 상속한정승인을 받았음에도 소송이 제기된 경우 답변서 작성시 한정승인 받은 사실뿐만 아니라 소송비용 부담에 관한 의견(소송비용은 각자부담으로 해달라는 취지로, 답변서의 내용으로는 ① 한정승인을 하게 된 경위, ② 신문공고 등 후속절차를 모두 이행한 점, ③ 현재 신청인의 생활형편 등)까지 기술할 필요가 있습니다.

채권압류및추심명령이 제3채무자에게 송달된 후 다음에도 추가적인 절차가 필요합니다(내용증명 참고). 추심명령에 기하여 제3채무자로부터 금원을 추심하였으나 추심한 이후에도 추심신고를 하지 아니하던 중, 배당요구 신청이 있는 경우 위 추심한 금원을 법원에 공탁하고 그 사유를 신고할 의무가 있습니다[3]. 이와 관련하여, 추심채권자가 배당절차를 경유하여 배당금을 교부받은 경우 추심신고를 하여야 하는지 여부에 대해 추심신고가 필요 없다는 견해가 다수이고, 가사 추심신고가 필요하다고 하더라도 이는 법원의 추심사건을 종료한다는 의미밖에는 없다고 하므로, 결국 어느 경우나 (본래 의미의) 추심신고의무는 없습니다(법원실무제요 민사집행 4, 사법연수원, 2020. 394면). 다만, 압류·추심명령의 추심채권자가 추심의 소를 통해 얻어낸 집행권원에 기해 제3채무자의 채권을 다시 압류·추심하여 추심금을 지급받은 경우에 추심신고의무가 있다고 한 판결이 있으니 주의해야 합니다(2019다249381). 또한, 압류 등 집행신청시 집행비용을 포함하여 신청하면 비용을 손쉽게 회수할 수 있습니다.

임차권등기명령은 임대차가 '종료'된 경우에 할 수 있으며, 주소를 옮긴

---

3) **압류가 경합하는 때**에는 제3채무자는 그 채무액을 공탁하여 면책을 받을 수 있지만 공탁의 청구가 없는 한 추심명령을 받은 채권자에게 직접 변제하여도 된다 할 것이나 이 경우 추심채권자는 추심한 금액을 지체 없이 공탁하고 그 사유를 법원에 신고하여야 할 것이므로, 비록 피고인이 추심의 소를 제기, 승소하여 그에 따라 금원을 직접 추심하였다 하더라도 이 금원은 피고인에게 귀속된다고 할 수 없고 피고인이 이를 공탁하고 사유신고를 하기까지 경합채권자(경우에 따라서는 채무자 포함)들을 위하여 보관하는 자의 지위에 있게 된다(대법원 2003. 3. 28. 선고 2003도313, 결국 횡령죄가 성립한다는 취지임). 한편, 채권자는 민사집행법 제248조 제3항에 의하여 채무액의 공탁의무를 지는 제3채무자인 채무자를 상대로, 추심명령을 받은 압류채권자의 지위에서 민사집행법 제249조 제1항에 따라 그 채무액의 공탁을 구하는 추심의 소를 제기하여, '채무자는 채권자에게 410,028,098원을 지급하라. 위 금원의 지급은 공탁의 방법으로 하여야 한다.'는 판결을 선고받았고 이 사건 판결은 그대로 확정된 사실을 알 수 있는바, 채권자가 제기한 위 추심의 소는 공탁의 방법에 의하여 채무액의 추심을 구하는 이행청구의 소이고 이를 인용한 이 사건 판결은 공탁의 방법에 의한 추심금 지급을 명하는 이행판결이므로, 채권자는 이 사건 판결 정본을 집행권원으로 한 강제집행으로서 채무자가 가진 금전채권을 압류·추심할 수 있습니다(대법원 2009. 5. 28. 자 2007마767 결정 참고).

'후'에도 할 수 있고, 보증금 잔액이 적어도 할 수 있고, 비용도 임대인에게 청구할 수 있습니다. 그리고 임대인이 임차권등기를 없애는 방법은 가압류를 없애는 방법과 같습니다(즉, 임차권등기말소청구소송은 할 수 없습니다). 또한, 위와 같은 임차권등기명령(또는 부동산가압류, 근저당권, 담보가등기)으로 임차권등기가 경료된 후 이사를 가는 등 주소가 변경 될 경우 나중을 위해 임차인의 주소를 바꾸는 등기명의인표시변경등기를 신청해야 합니다(특히, 담보가등기는 매우 중요합니다).

한편, 부동산 지분에 관한 강제경매개시결정 이전에 채무자의 상속포기신고에 대한 수리심판이 있었다하더라도 상속포기의 효력이 있는지 여부가 최종적으로 결정된 것은 아니므로, 그러한 사정만으로 민사집행법 제96조 제1항 소정의 '권리를 이전할 수 없는 사정이 명백하게 된 때'에 해당한다고 할 수 없고(대법원 2016. 10. 21.자 2016마1056 결정), 상속인은 아직 상속 승인, 포기 등으로 상속관계가 확정되지 않은 동안에도 잠정적으로나마 피상속인의 재산을 당연 취득하고 상속재산을 관리할 의무가 있으므로, 상속채권자는 그 기간 동안 상속인을 상대로 상속재산에 관한 가압류결정을 받아 이를 집행할 수 있다. 그 후 상속인이 상속포기로 인하여 상속인의 지위를 소급하여 상실한다고 하더라도 이미 발생한 가압류의 효력에 영향을 미치지 않는다. 따라서 위 상속채권자는 종국적으로 상속인이 된 사람 또는 민법 제1053조에 따라 선임된 상속재산관리인을 채무자로 한 상속재산에 대한 경매절차에서 가압류채권자로서 적법하게 배당을 받을 수 있다(대법원 2021. 9. 15. 선고 2021다224446 판결).

소송 등이 승소로 종결 되었을 때는 소송비용액확정(소취하의 경우도 패소에 준하여 청구가능) 또는 집행비용액확정신청을 할 수 있습니다. 소송비용 및 집행비용확정 관련해서 부록으로 표를 이용하여 정리해놨습니다.

참고로, 부동산임대차에 있어서 임차인이 임대인에게 지급하는 임대차보증금은 임대차관계가 종료되어 목적물을 반환하는 때까지 그 임대차관계에서 발생하는 임차인의 모든 채무를 담보하는 것으로서, 임대인이 임차인을 상대로 차임연체로 인한 임대차계약의 해지를 원인으로 임대차목적물인 부동산의 인도 및 연체차임의 지급을 구하는 소송비용은 임차인이 부담할 원상복구비용 및 차임지급의무 불이행으로 인한 것이어서 임대차관계에서 발생하는 임차인의 채무에 해당하므로 이를 반환할 임대차보증금에서 당연히 공제할 수 있습니다(대법원 2012.09.27. 선고 2012다49490 판결 참고).

채권자가 압류한 채권을 추심한 경우 반드시 추심신고를 해야 합니다. 왜냐하면, 채권자가 추심을 하고서도 그 신고를 하지 않고 있으면 다른 채권자의 배당요구를 막을 길이 없기 때문입니다.

하급심 판결(울산지방법원 2008가단7405)사례 중에는 2004. 12. 15. 추심하였으나 추심신고를 하지 않고 있던 중 다른 채권자가 2007. 6. 1. 배당요구를 한 사안이 있습니다. 또한, 법무사가 추심신고가 필요하다는 점을 조언·설명하여야 할 의무가 있었음에도 위 조언·설명의무를 다하지 않음으로써 손해를 입은 경우 손해를 배상할 책임이 있다는 취지의 하급심 판결이 있습니다(법무사 2016년 12월호에 의하면, 1심[서울중앙지법 2012가합86449]에서 법무사의 책임을 전체 손해의 약 40% 정도로 선고하였다가 항소심[서울고등법원 2013나39416]에서 조정성립으로 종결되었다고 합니다).

한편, 보전신청사건의 **송달영수인**은 제소명령·이의신청서 부본·이의결정문 등을 수령할 권한이 있는데(권창영, 제2판 민사보전법, 유로, 2012. 308면), 채무자는 제소기간도과를 이유로 보전이의를 신청할 수 있고 이 경우 채무자는 채권자의 주소를 보정할 의무가 없으므로 채무자에게 유리하고, 채권자(외국법인)가 법무사를 송달영수인으로 신고하여 가압류를 신청한 사건의 본안 패소판결이 확정된 경우 보전이의를 신청하는 경우 법원은 송달영수인에게 이의신청서 부본을 송달하여 재판을 진행할 수 있으며 결정문도 송달영수인에게 송달하였다고 합니다(같은 책 309면). 보전이의는 보전취소보다 여러 가지 장점이 있습니다(같은 책 543면, 보전이의절차에서 채무자는 소극적 당사자로 이의신청서가 송달되지 않더라도 주소보정의무가 없는 점, 보전신청 당시 채권자가 신고한 송달장소와 송달영수인의 효력은 보전이의절차에만 미치는 점, 보전이의절차에서는 보전취소사유도 주장할 수 있는 점 등이 있습니다).

동시이행판결 후 집행을 위한 이행 또는 이행제공을 위해서 내용증명이나 의사표시의 공시송달 등이 이용됩니다.

소송은 아니더라도 공탁(특히 변제공탁의 경우 적법·유효한 변제제공 등이 있는지 여부)시에도 주의할 점이 있습니다(공탁법의 전체적인 이해를 위해 도표를 추가하였습니다).

또한, 집행공탁시 법무사보수 등 집행공탁비용을 제3채무자가 미리 공제한 나머지 금액을 공탁할 경우 일부 공탁에 불과하여 공탁의 효력이 발생하지 않는다는 하급심 판결례가 있습니다(서울중앙지방법원 2013가단308705).

\* 참고 – 주민등록번호 변경제도

---

**주민등록법**

**제7조의4(주민등록번호의 변경)** ① 다음 각 호의 어느 하나에 해당하는 사람은 대통령령으로 정하는 바에 따라 이를 입증할 수 있는 자료를 갖추어 주민등록지의 시장·군수 또는 구청장에게 주민등록번호의 변경을 신청할 수 있다.

1. 유출된 주민등록번호로 인하여 생명·신체에 위해(危害)를 입거나 입을 우려가 있다고 인정되는 사람
2. 유출된 주민등록번호로 인하여 재산에 피해를 입거나 입을 우려가 있다고 인정되는 사람
3. 다음 각 목의 어느 하나에 해당하는 사람으로서 유출된 주민등록번호로 인하여 피해를 입거나 입을 우려가 있다고 인정되는 사람
   가. 「아동·청소년의 성보호에 관한 법률」 제2조제6호에 따른 피해 아동·청소년
   나. 「성폭력방지 및 피해자보호 등에 관한 법률」 제2조제3호에 따른 성폭력피해자
   다. 「성매매알선 등 행위의 처벌에 관한 법률」 제2조제1항제4호에 따른 성매매피해자
   라. 「가정폭력범죄의 처벌 등에 관한 특례법」제2조제5호에 따른 피해자
4. 그 밖에 제1호부터 제3호까지의 규정에 준하는 사람으로서 대통령령으로 정하는 사람

## 2. 채무자의 경우

지급명령을 적법하게 송달받지도 못했음에도 이에 기한 강제집행(채권압류 및 추심명령 등)을 당한 경우 송달에 하자가 있다면, 지급명령에 기하여 이미 이루어진 강제집행는 실효된 집행권원에 기한 것으로 취소되어야 합니다. 지급명령에 대한 (추완)이의를 하면서 강제집행 취소신청할 수 있습니다.

확정판결에 대한 청구이의 이유를 변론이 종결된 뒤(변론 없이 한 판결의 경우에는 판결이 선고된 뒤)에 생긴 것으로 한정하고 있는 민사집행법 제44 조 제2항과는 달리, 소액사건심판법 제5조의8 제3항은 이행권고결정에 대한 청구에 관한 이의의 주장에 관하여는 위 민사집행법 규정에 의한 제한을 받지 아니한다고 규정하고 있으므로, 확정된 이행권고결정에 관하여는 그 결정 전에 생긴 사유도 청구에 관한 이의의 소에서 주장할 수 있습니다(대법원 2009. 5. 14. 선고 2006다34190 판결). 이는 지급명령이 확정된 때에도 마찬 가지입니다.

채무가 실제로 있는 채무자라 할지라도 법은 일정한 경우 구제받을 수 있는 길을 마련해 놓고 있습니다. 가장 일반적인 대응수단이 소멸시효(과거양 육비의 소멸시효, 소멸시효 중단을 위한 소제기 관련, 근저당권의 소멸시효, 이자와 지연손해금의 소멸시효, 민사집행 관련된 소멸시효 등)와 상속포기 등입니다. 특히, 요즈음 채권을 양수하여 양수금을 청구하는 사례가 빈번한 데, 소멸시효가 완성되었다는 취지의 항변은 매우 강력한 방어수단이 될 수 있습니다(이에 더하여 양도통지를 받지 못했다는 이유도 많습니다). 소멸시효가 이미 지난 채권을 가지고 지급명령이나 이행권고결정으로 확정되었다하더라도 청구이의소송을 통해 구제받을 수 있습니다.

그리고 (가)압류 집행된 채권이 법4)이나 판례에서 정한 (가)압류금지채권일 경우 채권자가 권리가 있다고 해도 채무자의 재산에 대한 강제집행을 할 수 없습니다(증보판에서 [가]압류금지채권의 범위변경 관련된 내용을 추가하였습니다).

또한, 채무자가 개인파산이나 개인회생절차에서 면책을 받는 경우에도 채권자에게 대항할 수 있기는 마찬가지입니다.

---

4) 조세특례제한법 개정안 및 동법 시행령이 개정되어(조특법 제100조의8 제6항, 동법 시행령 제100조의9 제5항) 2019. 1. 1. 이후 근로장려금에 대한 압류가 금지됩니다(구체적으로, 2019년 이후 근로장려금 지급분부터는 그 금원은 압류금지채권이며 한도는 연 150만 원임)

# Ⅰ. 채권을 회수하는 일반적 단계

# Ⅰ. 채권을 회수하는 일반적 단계

　돈을 빌려주거나 빌릴 경우 등 금전거래와 관련하여 우리는 보통 아는 사람이거나 가까운 친척과 거래를 하는 경우가 많습니다. 그래서 특별히 차용증이나 각서를 받지 않는 경우도 많고 은행과 같이 나중에 돈을 갚지 않을 경우를 대비하여 근저당권 설정 등 담보를 받지도 않습니다. 그리고 채무자가 약속한 날에 채무를 이행하지 않는다고 해서 바로 법적인 절차를 밟지도 않습니다. 보통은 직접 찾아가거나 전화로 채무의 이행을 독촉하면서 그때서야 각서를 받거나 공증을 받아 둡니다.

　채무자가 금전을 지급하기로 약속한 날에 채무를 다시 이행하지 않거나 채무자의 신용에 문제가 있다는 소문을 듣게 되면 이때부터 법적인 절차를 알아보는 것이 일반적입니다. 이러한 절차에도 일정한 단계가 있는 듯합니다(다만 이는 법적인 단계는 아니고 현실에서 문제를 해결하는 일반적인 단계일 뿐입니다).

　우선은 상대방에게 법적인 절차에 착수하기 전에 임의이행을 촉구하는 의미에서 '내용증명'정도 보냅니다(실무서식 등은 보충 참고). 내용증명은 어떤 내용의 것을 언제 누가 누구에게 발송하였는가 하는 사실을 발송인이 작성한 등본에 의하여 우체국장이 공적인 입장에서 증명하는 제도입니다(참고로, 인터넷으로 내용증명을 쉽게 보낼 수도 있습니다).

법률상 각종의 최고(催告)·승인(承認)·위임(委任)의 해제·취소 등 권리 의무의 변경 기타로 후일 당사자 간의 분쟁 등이 생겼을 때의 증거로서 소송이나 재판에 도움을 주기 위한 제도로, 3통을 작성하여 1통은 내용문서의 원본으로서 수취인에게 우송하고, 등본 2통은 우체국과 발송인이 각각 1통씩 보관합니다. 참고로, 소장에 의한 해제 등 의사표시도 가능합니다(예시 : 원고는 2001. 중도금 및 잔금 지급의 최고 및 해제의 의사표시를 하였으므로 이 사건 계약은 해제되었다고 할 것입니다. 가사 이 사건 계약이 해제되지 아니하였다고 하더라도 이 사건 소장부본의 송달로 해제의 의사표시를 하는 바입니다.)

내용증명은 별도의 양식이나 형식이 있는 것은 아닙니다. 보내는 내용은 보통 보내는 사람이 희망하거나 요구하는 내용을 간결하게 적어서 보내면 됩니다. 이 단계에서 문제가 해결되면 채무자와의 감정을 크게 상하지 않아 가장 이상적인 것 같습니다.

위와 같은 내용증명으로 해결되지 않으면 법적인 절차에 들어가게 됩니다. 법적으로 가장 좋은 방법은 채무자의 재산에 대해 가압류 등을 해놓고 채무자와 합의를 통해 문제를 해결하는 것입니다. 채무자의 재산에 적절한 가압류를 해놓으면 채무자로서는 합의할 수밖에 없습니다. 왜냐하면 어차피 본안소송에서 이기지 못할 것이므로 소송에 들어간 비용(만일 변호사를 선임하여 소송을 수행한 경우 일정 범위에서의 변호사보수와 법무사를 이용하여 소송을 진행한 경우 일정 범위에서의 대서료 등 포함)과 소송촉진 등에 관한 법률상 지연이자를 부담해야 하므로 합의를 선택하는 것이 보통입니다.

일반인들은 (본안)소송을 수행하면서 변호사를 선임한 경우 선임할 때 변호사에게 지급한 금원 전부를 소송비용으로 받을 수 있다고 생각하나, 변호사보수의소송비용산입에관한규칙에 정한 만큼만 소송비용으로 되돌려 받을 수 있습니다.

다만, 가압류·가처분명령의 신청사건에 있어서 변론이나 심문 없이 진행된 경우(이러한 경우에는 소송이 대심적 구조의 형태를 지니지 아니한다)에는 변호사보수규칙 제3조 제2항 단서의 반대해석상 변호사보수를 소송비용에 산입할 수 없으므로(대법원 2015.09.03. 자 2015마1043 결정), 일반적인 가압류 신청 시 변호사를 선임하더라도 위 선임비용을 소송비용으로 받을 수는 없습니다(**다만, 가압류집행비용은 가압류를 본압류로 이전하는 채권압류및추심명령절차 등에서 청구 가능합니다**).

한편, 소송비용에 포함되는 개별비용항목에 대하여 소송비용확정신청을 하면서 일부 청구임을 밝히지 아니한 경우, 그 소송비용확정결정의 기판력이 당해 개별비용항목의 액수에 미쳐 다시 그 비용항목 액수의 추가결정을 신청하는 것이 허용되지 않으므로(대법원 2002.09.23. 자 2000마5257) 주의해야 합니다.

다음으로, 가압류를 했음에도 채무자가 임의로 채무를 이행하지 않는 경우에는 어떨 수 없이 (본안)소송까지 가서 승소판결을 얻은 후 집행해야 합니다. 채무자의 재산에 대한 가압류를 마친 경우에는 위 가압류에 기한 본압류절차(가압류에서 본압류로 이전하는 채권압류 및 추심, 경매 등)로 바꾸어야 합니다. 가압류만 제대로 해 놓았다면 집행 시 큰 문제는 없을 것입니다.

# Ⅱ. 채무자의 재산을 찾는 일반적 방법

# Ⅱ. 채무자의 재산을 찾는 일반적 방법

채무자의 재산을 찾는 가장 확실한 방법은 부동산의 경우 국세청이나 구청의 전산실에 들어가 채무자의 부동산 현황을 조회해 보는 것이지만 일반인의 접근이 불가능합니다. 은행예금의 경우 은행 전산실 컴퓨터에 들어가 보면 되나 이것 역시 불가능합니다.

신용정보회사 등에 적지 않은 돈을 주고 채무자의 재산조사를 의뢰하는 방법도 있습니다.5) 예전에는 불법으로 국민건강보험공단 전산망에 접속하여 수진자 정보를 조회할 수 있는 요양기관의 아이디와 비밀번호를 이용하여 채무자의 직장보험 가입여부, 생활보호대상 여부 등을 조회하는 방법은 채권 추

---

5) 자신의 신용상태를 알고 싶을 때는 신용정보조회 사이트(www.credit.co.kr 등)에 회원가입을 한 후 신용정보조회를 할 수 있고 이는 무료로 이용할 수 있습니다. 4개월에 1회 무료로 조회 가능합니다. 정보내용은 대출정보, 연체정보, 신용조회정보, 카드개설정보, 신용등급, 신용점수 등입니다. 원칙적으로 이러한 신용정보의 열람 등은 특별한 예외가 없는 한 동의가 있어야 합니다. 위와 같은 내용을 응용하면 소송에서도 도움이 될 수 있습니다. 이혼소송의 당사자 중 일방(피고, 의뢰자)이 상담 와서 "상대방 배우자가 피고인 의뢰자의 재산이 어디에 얼마 정도 있는지 잘 알지 못했음에도 너무 정확한 가압류를 한 사실이 있다"면서 매우 의아해 한 적이 있다. 그래서 그냥 지나가는 말로 역추적(?)을 해보라고 간단히 조언한 적이 있었는데 몇 달 후 모든 일이 해결되었다면서 감사인사를 하러 왔습니다. 알고 보니 배우자의 친척이 금융기관에 종사하고 있었는데 그 친척이 무단으로 의뢰자의 정보를 조회한 사실을 밝혀낸 것이었습니다. 그 친척을 고소하지 않는 대신 의뢰자가 원하는 결과를 모두 얻어 냈다고 하였습니다. 한편, 개인파산이나 개인회생 시 자신의 신용정보조회를 통해 채권자 등 정보를 얻고 있습니다.

심원들 사이에서 또 업계에서 공공연히 행해지고 있었습니다(수원지방법원 2010. 10. 28.선고 2010고정33).

그러나, 합법적으로 채무자의 재산을 찾는 일은 매우 어려운 것 같습니다. 상사채권의 경우에는 승소판결이나 공증서(공정증서)가 없어도 신용정보회사를 통해 채무자에 대한 재산조사를 신청할 수 있으나(정확히는 신용조사입니다), 개인채권자는 반드시 판결문이나 공증이 있어야 가능합니다.

그리고, 신용정보사에 의해서 확인되는 개인 채무자에 관련된 내용도 부동산 소유여부(보통 채무자의 주민등록초본을 떼보고 주소지마다 등기부등본을 열람해 보는 정도)와 신용정보, 개인사업자 보유여부 정도에 불과합니다. 신용정보에는 신용등급, 신용카드 개설정보, 기존 대출금내역, 연체내역 정도입니다.

다만, 저자가 알고 있는 내용과는 달리 신용정보사를 통한 조회의 범위에 원고로서 계류 중인 소송 사건, 공탁사건 등의 조회가 가능하고, 법인의 이사재직 사실 등도 조회가 가능하여 이를 기초로 급여압류나 주식압류도 가능하였다는 사례가 있습니다. 그리고 조회비용은 10-30만원 정도라고 합니다.

아래에서는 먼저 현행법으로 채무자의 재산을 찾을 수 있는 일반적인 방법들을 알아보고자 합니다.

# 판결 · 공증 후 집행방법 1)

## 대법원 사이트(http://ecfs.scourt.go.kr)를 이용하면 전자로 가능합니다.

- 부동산강제경매, 채권압류 및 추심[전부]명령, 유체동산강제경매
- 자동차[건설기계]강제경매신청 : 관할-사용본거지, 구청에서 등록원부 발급, 경매개시결정 후 집행 관에게 인도 집행을 의뢰하여(비용 부담 있음) 2월 이내에 집행 완료하여야 하고, 경매진행 중 월 30만원 내외의 보관료 부담 있음
- 지식재산권의 존부 및 등록사항은 한국특허정보원에서 운영 '특허정보넷 키프리스 사이트'

## 상대방(채무자)의 재산을 모르는 경우 집행방법

- **신용조사**:5-30만원,상거래 및 집행권원 있는 민사채권,신용상태·은행계좌·신용카드발급·대출정보
- **(채권자에 의한)파산신청** : 인지(3만원)+ 송달료+ 파산관재인 선임비용,재산명시 시 재산목록

### ❶ 유체동산 강제경매신청(살림살이 등에 딱지 붙이기!)
- **준비물 : 판결정본+집행문부여2)+송달증명+(확정증명)3), 상대방 주민등록초본(1월 내 발급)4)(또는 법인등기부등본)**
- 관할 : 상대방 주소지(또는 본점소재지) 관할 집행관사무실(각급 법원 내 있음)
- 비용 : 청구금액과 거리 등에 따라 다르나 대략 10만원-25만원
- 기간 : 압류 7일 내→경매실시는 1-3주, 법원에서 팔아서 돈을 주는 제도임.

### ❷ 재산명시신청(소유한 재산이 얼마 있는지 밝혀라)
- 절차 : 신청→명령(7일 내 이의신청)→기일→제재(불출석:20일내 감치 / 거짓:3년↓or 500만원↓)
- 관할 : 상대방 주소지(또는 본점소재지) 관할 법원(민사집행과)
- 비용 : 인지 1,000, 송달료[법원 내 은행 등에 납부]
- 기간 : 3-6달 정도(채무자가 재산을 명시하면 그 재산에 따른 집행하면 됨)

### ❸ (재산명시절차가 끝난 후에만 신청 가능)재산조회신청
- 관할 : 재산명시절차를 실시한 법원
- 비용 : 인지 1,000원+부동산(2년전 소급)·특허(2만원), 건설교통(1만원), 은행증권보험회사(5천원/50만원↑)
- 기간 : 1달 내 결과 나옴 → 재산이 발견되면 재산에 따른 집행신청을 별도로 해야 함

### ❹ 채무불이행자명부등재신청(법적으로 신용불량자 만들기!)
- 서류 : 상동(단 확정증명 필요하나 집행문부여 불요), 시·군·면장, 전국은행연합회 통지
- 관할·요건 : 판결 후 6개월(상대방 주소), 명시 불출석, 목록제출·선서거부(재산명시 법원)
- 비용 : 인지 1,000원, 송달료
- 기간 : 2-6개월(채무자 심문). 말소사유:변제(신청)·면책 등, 명부에 오른 다음해부터 10년(직권)

### ❺ 채권압류 및 추심명령(이른바 '투망식 채권집행') 또는 전부명령(받을 돈이 확실한 경우)
- 필요서류 : 상동(보증금-부동산등기부등본, 예금·보험·주식 압류-압류할 곳 법인등기부등본)
- 관할 : 상대방 주소지(또는 본점소재지) 관할 법원(민사집행과)
- 비용 : 인지 4,000원, 송달료, 제3채무자에 대한 진술최고신청(금융기관 각 2,000원, 나머지 우표) 필수

> **★가사사건의 경우 가정법원 등에 아래의 신청을 별도로 할 수 있음**
> 1 **양육비 직접지급명령(늑압류 및 전부명령)** : 정기 급여자, 2회 이상 부지급, 기한미도래 양육비
> 2 **담보제공명령** : 자영업자 등, 1,000만원 이하 과태료 → **일시금 지급명령**(30일 이내 감치)
> 3 **이행명령** : 금전지급 등 재산상 의무, 유아인도(1,000만원 이하 과태료, 30이내 감치)
>   면접교섭(1,000만원 이하 과태료만). 가집행도 可. 가사조사관에 의한 조사신청 可.
> 4 운전면허정지
> 5 출국금지
> 6 명단공개
> 7 형사처벌(감치결정에도 1년 동안 정당한 사유 없이 양육비를 미지급(1년↓또는 1,000만원↓)

---

1) 채무자가 재산을 빼돌린 경우, 강제집행면탈죄 등으로 고소 및 사해행위취소소송을 제기하여 원상회복 후 집행
2) 집행력있는 판결정본 등을 다시 받는 방법으로는, 여러 통의 집행력있는 판결정본신청(**수통부여**), 전에 내어 준 판결정본을 돌려주지 않고 다시 집행력있는 판결정본신청(**재도부여**)이 있음.
3) 재판 법원에서 발급(원 거리인 경우 민원우편 이용). **지급명령**(경정·사실조회×, 단 채권자 경정판례 有)이나 **이행권 고결정**(피고 불특정으로 집행 불가능시 경정신청과 사실조회 등 가능)이 확정된 경우 정본만 있으면 된다(**공정증서** 는 집행문을 부여받아야). **양육비부담조서**('08. 6.)+집행문부여+ 송달증명, **배상명령**+ 송달·(확정증명).
4) 집행신청서를 작성 후 판결문을 가지고 동사무소 등에서 발급받거나 신청 후 주소보정명령을 통해 발급 가능함

# 1. 판결 등 집행권원[6]이 확정된 후(가집행이 가능한 경우 포함)

채무자의 재산을 알 수 없는 경우 법적으로 채무자의 재산을 찾을 수 있는 일반적인 방법으로 재산명시제도와 재산조회제도가 있습니다.

## 가. 재산명시절차

일정한 집행권원에 기한 금전채무를 이행하지 아니하는 경우에 법원이 그 채무자로 하여금 강제집행의 대상이 되는 재산상태를 명시한 재산목록을 제출하게 하여 재산관계를 공개하고 그 재산목록의 진실함을 선서하게 하는 법적 절차를 말합니다. 쉽게 말하자면, 재산명시제도는 채무자에게 당신이 소유한 재산이 얼마 있는지 밝히라는 명령입니다. 명시신청→명시명령→명시기일의 실시→제재의 순으로 진행됩니다.

일반인은 과연 위 제도가 실효성이 있는지에 대해 의문을 가질 수 있습니다. 채무자 입장에서는 출석하지 않거나 재산이 없다고 하면 될 수도 있기 때문입니다. 그러나 실무적으로는 채무자의 불출석이나 거짓 진술에 대한 제재가 있으므로 채무자를 간접적으로 압박하는 수단으로 쓸모가 있습니다. 그뿐만 아니라 재산조회신청을 하기 위해서는 반드시 재산명시절차를 먼저 거쳐야 합니다(신청서 양식은 부록 1 참고, 위 서식들은 대한민국법원 대국민서비스→전자민원 센터→양식모음란이나 대한법률구조공단 홈페이지에 있습니다.).

---

6) 일정한 사법상 이행청구권의 존재와 범위를 표시하고 그 청구권에 집행력을 인정한 공증의 문서를 말합니다. 구 민사소송법에서는 채무명의라고 하였습니다. 주로 재판과 이에 준하는 효력을 가지는 조서가 집행권원이 되나, 당사자 등의 촉탁에 따라 공증인 등이 작성한 증서인 경우도 있습니다.

금전의 지급을 목적으로 하는 집행권원 중 가집행의 선고가 붙어 집행력을 가지는 집행권원을 제외한 모든 집행권원에 기초한 재산명시신청을 허용하고 있습니다. 즉, 아직 확정되지 아니하여 취소의 가능성이 있는 집행권원(가집행이 붙은 판결, 배상명령 등)은 채무자에게 회복 불가능한 손해를 입힐 우려가 있으므로 이에 기한 재산명시신청은 허용되지 않습니다.

재산명시명령을 송달받은 채무자는 명시기일에 출석하여 채무자가 작성·제출하는 재산목록이 진실함을 선서하여야 하며(민사집행법 제65조, 이하 법이라고 함), 정당한 사유 없이 명시기일에 출석하지 아니하거나 재산목록의 제출 또는 선서를 거부한 때에는 20일 이내의 감치에 처할 수 있고(법 제68조 제1항), 거짓의 재산목록을 낸 때에는 3년 이하의 징역 또는 500만 원 이하의 벌금에 처할 수 있습니다(동조 제9항). 감치는 감치재판개시결정(규칙 30조 2항)→감치재판기일(68조 3항)→20일 이내의 감치결정(68조 1항)의 과정을 거칩니다.

채무자는 명시기일에 재산목록을 제출하여야 하는데, 기재하여야 할 재산의 종류와 범위는 민사집행규칙 제28조 제2항에 열거되어 있습니다(채무자가 작성해서 제출해야 하는 재산목록은 부록 2 참고). 제3자에게 명의신탁 되어 있더라도 기재하여야 하나 민사집행법 제195조와 제246조 제1항 제1호 내지 제3호에 규정된 압류금지동산과 채권은 기재대상에서 제외됩니다(민집규 제28조 제2항 단서).

재산목록에는 실질적인 가치가 있는지 여부와 상관없이 강제집행의 대상이 되는 재산을 모두 기재하여야 하므로, 재산명시절차에서 채무자가 특정 채권을 실질적 재산가치가 없다고 보아 재산목록에 기재하지 않은 채 제출한 행위가 민사집행법상 거짓의 재산목록 제출죄에 해당한다고 한 사례가 있습니다(대법원 2007.11.29. 선고 2007도8153 판결). 만약 채무자가 자신의 재산을 명시하면 그 재산에 따른 집행을 하면 됩니다.

채무자가 재산명시기일에 출석하여 재산목록을 제출하고 명시 선서를 하게 되면 재산명시절차는 일단 종료하게 됩니다. 그런데, 예외적으로 채무자는 재산목록에 형식적인 흠이 있거나 불명확한 점이 있는 때(예를 들어, 채권의 기재는 있으나 채무자의 기재가 없는 경우)에는 명시 선서를 한 뒤라도 집행법원의 허가를 얻어 이미 제출한 재산목록을 정정할 수 있도록 허용하고 있습니다.

법원은 필요한 때에는 채무자에게 재산목록에 적은 사항에 관한 참고자료의 제출을 명할 수 있는데(민집규 제28조 제4항), 명시선서 전에는 물론 명시선서 후에도 가능합니다. 채무자가 재산명시기일에 재산목록을 제출한 때에는 법원은 그 재산목록에 기재할 사항이 형식적으로 명확하고 빠짐없이 기재되었는지를 심사하고 불명확한 것이나 누락된 것이 있으면 그 보정을 명하여야 하며(법원의 보완명령), 채권자는 법원에 직권발동을 요청하는 의미에서 재산목록의 보완을 명할 것을 신청할 수 있습니다[7].

---

7) 법원실무제요 민사집행[Ⅰ] 집행총론, 법원행정처, 2014. 346면

# 【사 례】

의뢰자(채권자)는 상대방을 상대로 승소판결확정 후 재산명시까지 마친 상태인데, 채무자가 어떤 단체에서 지급받는 보수가 있다는 취지의 재산목록을 작성하여 제출하였으나 보수를 지급하는 단체 등을 알 수 없는 경우가 있습니다. 고정적으로 받는 급여가 있다고 하면서도 제3채무자(채권자 갑과 채무자 을 두 사람이 있는 경우에 채무자 을에게 채무를 지고 있는 제3자입니다. 예를 들면, 채권자가 채무자의 제3채무자에 대한 임대차보증금반환채권에 대하여 가압류의 경우 임대인이 제3채무자가 됩니다)의 기재가 누락된 경우, 자동차가 있다고 하면서도 자동차번호를 누락한 경우, 부동산이 있다고 하면서도 지번을 적지 않은 경우 등입니다. 자동차나 부동산의 경우는 나중에 재산조회라도 할 수 있으나 번거로운 것이 사실이고 채권의 경우 제3채무자를 알 수 있는 방법은 현재까지는 전혀 없습니다. 즉, 채무자가 재산이 있다는 취지로 재산목록에 적어서 제출하기는 하였으나 그 내용만으로 압류 등 집행을 하기에 정보가 부족한 경우가 실무에서는 자주 발생하고 있습니다. 이 경우 법적으로 할 수 있는 방법이 '(직권발동을 요청하는 의미의)재산목록보완명령신청'입니다. 다만 이는 채권자에게 신청권은 없으므로 법원에 대해 직권으로 보완명령을 내려달라고 하는 직권발생을 촉구하는 취지의 신청입니다(그러므로 인지가 들지 않습니다). 이런 신청은 실무에서도 자주 있는 신청은 아니어서 법원에서도 거부하는 사례도 있었습니다. 법원실무제요 등 참고문헌을 언급해 접수한 적이 있었습니다. 전두환 전 대통령의 재산명시 사건 때 법원이 직권으로 보완명령을 내린 적이 있습니다. 이런 신청서를 법원에 제출하면, 법원에서도 이런 신청을 받고 결정문 등의 양식이 없어 '의뢰자가 제출한 신청서 내용대로'상대방에게 우편으로 보내고 상대방이 답변서를 제출하는 식으로 처리한 사례가 있었습니다. 채무자는 이미 재산을 명시한 상태라 이에 대한 보정명령에도 특별한 반감 없이 답변 하였습니다.

채무자가 명시 선서를 한 후에 다시 동일 채권자 또는 다른 채권자가 재산명시신청을 할 수 있는가에 대해, 명시선서 후에 채무자가 압류할 재산을 새로 취득하였거나 종전에 제출한 재산목록이 멸실되어 그 열람이 불가능하게 되었다는 등의 특별한 사정이 있을 때[8] 또는 처음 명시신청이 기각·각하되었을 때에는 보완하여, 명시선서 후 상속·취업 등으로 새로운 재산취득이 있는 때나 제출한 재산목록의 기재가 허위인 때[9]에는 다시 명시신청을 할 수 있다고 해석하고 있습니다.

한편, 대법원은 "채무자들이 상속한정승인을 받았음을 이유로 재산명시명령에 대한 이의신청을 한 경우 법원으로서는 채무자들이 망인으로부터 상속받은 재산의 범위 내에서 상속재산상태를 명시한 재산목록을 재산명시기일에 제출하라는 내용으로 재산명시명령을 변경하여야 한다."고 판시하였습니다(대법원 2016. 1. 19.자 2015마1009 결정 참고).

## 나. 재산조회제도[10]

민사집행법은 제74조 1항 각 호에 정한 아래의 사유가 있는 경우 재산명

---

8) 법원실무제요 민사집행[ I ] 집행총론, 법원행정처, 2003. 350면

9) 이시윤, 제6판 신민사집행법, 박영사, 2013. 246면

10) 대법원에는 파산 및 면책, 개인회생, 가사, (일반 강제집행에 따른 각 재산조회 신청서 양식이 게시되어 있습니다.

시를 신청한 채권자의 신청에 따라 재산명시절차를 실시한 법원은 개인의 재산과 신용에 관한 전산망을 관리하는 공공기관·금융기관·단체 등에 채무자 명의의 재산에 관하여 조회를 할 수 있는 재산조회제도를 만들었습니다.

① 재산명시절차에서 채권자가 민사집행법 62조 6항의 규정에 의한 주소 보정명령을 받고도 민사소송법 194조 1항의 규정에 의한 사유로 인하여 채권자가 이를 이행할 수 없었던 것으로 인정되는 경우[재산명시절차에서 채권자가 채무자의 주소를 보정하지 못한 이유가 공시송달을 할 수밖에 없는 경우에 해당하는 때에는 비록 재산명시신청은 각하되더라도 재산조회는 신청할 수 있다],

② 재산명시절차에서 채무자가 제출한 재산목록의 재산만으로는 집행채권의 만족을 얻기에 부족한 경우,

③ 재산명시절차에서 채무자가 재산명시기일에 불출석하거나 재산목록의 제출 또는 선서를 거부하거나 채무자가 거짓의 재산목록을 낸 경우

이는 채무자의 자발적 협조 없이도 적극적으로 채무자의 재산을 발견하는 제도로써 재산명시제도의 실효성을 확보하는 목적을 갖고 있습니다.

재산명시절차가 채무자의 협조를 얻어 강제집행 할 재산을 찾는 절차인 반면, 재산조회제도는 채무자의 협조 없이 공공기관 등의 전산망 자료를 이용하여 채무자의 재산을 적극적으로 찾는 절차입니다.

재산조회를 할 수 있는 대상재산은 부동산의 소유권, 지식재산권(특허권, 실용신안권, 상표권, 디자인권 등), 자동차·건설기계의 소유권, 계좌별 합계 액이 50만 원 이상인 금융자산 등으로 한정되어 있습니다(재산조회신청서 및 조회대상기관과 조회대상재산은 부록 3 참고).

즉, 채무자의 모든 재산을 조회할 수 있는 것은 아니고 위의 신청서 안의 별지 조회대상기관과 조회대상재산 중에 한정이 되고, 또 위 재산을 전부 조회하는 데는 상당한 돈이 소요되므로 현실적으로는 이 중에서도 채무자의 재산이 있을 만한 가능한 범위로 좁혀 재산조회를 신청하는 것이 거의 대부분입니다.

법원행정처를 상대로 토지 또는 건물에 관한 재산조회를 하는 경우에만 채권자의 신청에 따라 채무자가 조회 당시 보유한 재산뿐만 아니라 재산명시명령이 송달되기 전 2년 안에 채무자가 보유한 재산내역을 조회할 수 있습니다.

즉 채무자의 부동산을 제외한 다른 재산에 대해서는 채무자가 조회 당시 보유한 재산내역에 대해서만 조회할 수 있습니다. 만일, 재산조회로 채무자의 재산이 발견되면 그 재산에 따른 집행을 하면 됩니다.

한편, 재산조회를 한 후 다시 재산조회가 가능한지에 대해서 이를 언급한 문헌은 찾아보기 힘들어 보이나 실무상 특별한 제한은 없어 보이므로 가능하다고 할 것입니다.

이외에도 판결 후 채무자의 재산을 모르는 경우 일반적으로 많이 사용하는 집행방법은 다음과 같이 유체동산 강제경매, 채무불이행자명부등재신청, 채권압류 및 추심(또는 전부)명령이 있습니다.

## 다. 유체동산 강제경매

채무자의 구체적인 재산을 모르더라도 보통 채무자 주소지에 있을 것으로 예상되는 집기나 살림살이 등에 이른바 빨간 딱지 붙이는 유체동산 강제경매 신청을 할 수 있습니다. 압류의 목적이 되는 유체동산은 민법상의 동산뿐 아니라 일정한 유가증권 등 법 제189조 제2항의 규정에 따른 물건을 포함하는 것이므로 실체법상의 유체동산의 개념과 반드시 일치하는 것은 아닙니다.

등기의 대상이 아닌 선박, 등록대상이지만 등록되지 아니하였거나 등록이 말소된 항공기, 자동차, 건설기계, 소형선박 등은 유체동산으로서 압류할 수 있습니다.

또 부부공유의 유체동산도 어느 일방에 대한 집행권원에 의하여 압류할 수 있습니다(법 제190조). 부부공유 유체동산의 압류에 관한 민사집행법 제190조의 규정은 체납처분의 경우에도 유추 적용되고(대법원 2006. 4. 13. 선고 2005두15151), 부부공동생활의 실체를 갖추고 있으면서 혼인신고만을 하지 아니한 사실혼관계에 있는 부부의 공유 유체동산에 대하여도 유추 적용됩니다(대법원 1997. 11. 11. 97다34273).

강제집행은 채권자가 서면으로 유체동산에 대한 강제집행신청서와 판결 등 정본, 집행문부여, 송달증명, 확정증명[11](다만 가집행이 가능하므로 확정증명원은 없어도 됩니다), 상대방 주민등록초본[12] 또는 법인등기부등본을 첨부하

---

11) 재판한 법원에 가서 발급신청하면 됩니다. 지급명령이나 이행권고결정이 확정된 경우 정본만 있으면 됩니다(공정증서는 집행문을 부여받아야 한다). 그리고 2008. 6.이후부터는 양육비부담조서도 집행권원이 되었는데 이 때 집행을 위해서는 집행문부여를 받고 송달증명원도 있어야 됩니다. 또한, 배상명령도 집행권원이 되는바 이때에도 송달확정증명원(단, 가집행선고가 붙어 있으면 불필요합니다)이 필요합니다.

여 상대방 주소지(또는 본점소재지) 관할 집행관사무실에 접수하면 됩니다.

집행관은 본래 채무자 소유의 유체동산에 대하여 압류를 하여야 하나 실체상의 귀속관계에 관하여 조사할 권한을 가지지 아니하므로 채무자가 점유하고 있는 유체동산이라면 그것이 진실로 채무자 소유에 속하는지 여부를 묻지 않고 집행관은 그 물건을 압류할 수 있습니다(법 제189조 재1항 참고).

여기서 점유라 함은 민법상 점유를 말하는 것이 아니라 물건에 대한 순수한 사실상의 지배 상태인 소지를 의미합니다. 채무자 주소 이외의 장소에 있는 물건이라도 채무자의 점유에 속하는 것으로 인정할 수 있는 경우에는 압류할 수 있습니다. 사업체의 업주는 그 사업체 내의 물건은 물론 사업용품에 대하여 점유하고 있는데, 업주가 누구인가 하는 것은 반드시 영업명의만을 기준으로 할 것이 아닙니다.

영업명의인이 처라 하여도 채권자가 신청하는 여러 사정을 종합하여 영업의 진실한 업주가 남편이라고 인정되면 그 영업소에 있는 영업용품이나 상품을 남편의 점유물로 보아 압류하여도 무방합니다[13].

유체동산 경매비용은 청구금액과 거리 등에 따라 다르나 대략 15만 원에

---

12) 법인등기부등본(등기사항전부 또는 일부증명서)은 대법원 인터넷등기소나 법원에 가면 발급받을 수 있고, 채무자의 주민등록초본은 유체동산경매신청서나 재산명시신청서 등 각종 강제집행신청서를 작성한 후 판결문 등을 함께 가지고 동사무소나 구청 등에 가면 발급이 가능합니다. 참고로, 개인채무자에 대한 강제집행 시 반드시 채무자의 주민등록초본이 필요하다는 점을 활용하면 개인채무자의 경우 채권자가 대략 '언제'쯤 강제집행이 들어올지 예측할 수 있습니다. 이른바 행정정보 알림 서비스를 이용하여 행정청에 미리 등록해 놓으면 주민등록초본 등 서류 발급 시 통보되는 점을 활용하면 됩니다. 행정정보 알림 서비스란 자신의 주민등록 등·초본, 인감증명 대리발급 받은 사실을 휴대폰 문자(SMS)나 우편으로 받아 보는 제도입니다. 신청은 동사무소에 방문하거나 정부24 → 통보서비스 검색 → (전입신고·세대주 변경·주민등록증·주민등록표)통보서비스 신청에 들어가셔서 입력하시면 됩니다.

13) 법원실무제요 민사집행 [Ⅲ] −동산·채권 등 집행, 법원행정처, 2014. 135면

서 25만 원 정도 예납이 필요하며, 소요기간은 압류는 7일 내에 그리고 실제 경매실시는 압류 후 1주에서 3주 내 실시합니다.

한편, 국가를 상대로 민사소송을 제기하여 승소하였음에도 국가가 판결금의 지급을 미루는 경우도 적지 않은 것 같습니다. 실무자에 의하면 관련 소송의 패소에 따른 예산이 반영되어 있지 않아 바로 지급이 어렵다는 점을 들고 있습니다.

그러나 이는 어디까지는 채무자인 국가의 입장일 뿐이고 채권자 입장에서는 한시라도 판결금을 받고자 집행을 희망하나 그 방법이 마땅치 않아 대한법률구조공단 등 법률사무소에 방문합니다.

국가에 대한 강제집행의 경우에 국유재산 중 어느 것이나 압류의 대상으로 되는 것은 아니고 국고금만 압류할 수 있습니다(법 제192조). 국고금은 국가에 속하는 현금을 말하는데 세입금, 세출금, 세입·세출 외 현금(우편송금, 보관금, 공탁금, 일시차입금 등)이 이에 속합니다[14].

국가에 대한 집행권원으로 집행하는 이상 정부의 어느 부서에서 보관하는 국고금이든 이를 압류할 수 있는데(재민 61-2), 실무적으로 한국은행의 국고금 계정에 입금되어 있는 금전에 대한 채권압류 및 전부명령을 신청합니다. 다만 이때 한국은행을 제3채무자로 집행하여야 합니다. 이러한 신청 시 실무상 중요한 것은 채무자 대한민국에 소관표시가 꼭 들어가야 한다는 사실이고, 국고금 계정을 개별적으로 나열할 필요는 없다는 점입니다. 제3채무자인 한국은행에 추심요청하면 한국은행에서는 바로 돈을 지급해 줍니다.

---

14) 집행관실무편람, 법원행정처, 2004. 101면

## 라. 채무불이행자명부등재신청

채무불이행자명부는 금전 지급을 목적으로 하는 집행권원으로서 가집행선고에 기하지 아니한 것의 채무를 일정 기간 내에 이행하지 아니한 채무자 또는 재산명시절차에서 감치 또는 벌칙에 해당하게 된 채무자의 인적 사항을 일정한 양식에 등재하고 법원에 비치하는 명부를 말한다.

채무불이행자명부 등재제도는 채무를 이행하지 아니하는 불성실한 채무자의 인적 사항을 공개함으로써 명예와 신용의 훼손과 같은 불이익을 가하고 이를 통하여 채무의 이행에 노력하게 하는 간접강제의 효과를 거둠과 아울러 일반인으로 하여금 거래상대방에 대한 신용조사를 용이하게 하여 거래의 안전을 도모하게 함을 목적으로 합니다(대법원 2010.09.09. 자 2010마779). 한 마디로 법적으로 채무자를 신용불량으로 만드는 것입니다.

금전의 지급을 명한 집행권원이 확정된 후 또는 집행권원을 작성한 후 6월 이내에 채무를 이행하지 않거나, 채무자가 재산명시절차에서 재산명시기일에 불출석하거나 재산목록의 제출 또는 선서를 거부하거나 거짓의 재산목록을 낸 때 중 어느 하나에 해당하면 그 채무자를 채무불이행자명부에 올리도록 신청할 수 있습니다(채무불이행자 명부등재 신청서 양식은 부록 4 참고).

실무상으로 채무불이행자 명부에 등재하겠다고 법원에서 연락이 가면 임의로 변제하는 경우도 더러 있습니다. 변제, 그 밖의 사유로 채무가 소멸되었다는 것이 증명된 때에는 법원은 채무자의 신청에 따라 채무불이행자명부에서 그 이름을 말소하는 결정을 하여야 합니다(법 제73조 제1항).

실무는 채무자에 대한 면책 결정 확정을 채무소멸에 준하여 처리(채무불이행자명부등재의 말소)하고 있습니다[15]. 채무불이행자명부에 오른 다음 해부터 10년이 지난 때에는 법원은 직권으로 말소하는 결정을(법 제73조 제3항), 등재 후 등재결정이 취소되거나 등재신청이 취하된 때, 등재결정이 확정된 후 채권자가 말소를 신청한 때에는 법원사무관 등은 그 명부를 말소하여야 합니다(민집규 제34조 제1항).

## 마. 채권압류 및 추심명령(또는 전부명령) 등

실무적으로 개인 채무자의 경우 구체적인 재산을 모르는 경우라도 채무자도 보통 어딘가에는 살고 있고 은행거래나 보험을 가입한다는 점을 이용하여 주택임대차보증금반환채권이나 예금반환채권, 보험금 등에 압류를, 사업자인 경우 카드매출채권에 대한 압류를, 법인 채무자의 경우 상가 임대차보증금반환채권이나 주거래 은행 등에 대한 가압류를 많이 하고 있습니다.

그래서 채무자가 금융거래를 보통 한다는 전제 아래 채무자의 예금에 대한 압류를 하고자 할 때 채무자가 거래하는 은행이나 계좌번호를 모르는 경우가 대부분이므로 대표적인 금융기관을 임의로 정한 후 투망식으로 압류 및 추심명령(또는 전부명령)을 신청하고 있습니다. 보험이나 카드매출채권에 대한 압류도 이와 크게 다르지 않습니다.

여기에 일반인들이 착각하는 부분이 있습니다. 채무자의 재산인지 여부를 확인도 하지 않은 채 압류를 할 수 있는지 여부에 대해 많이 의문을 가집니다. 그러나 압류하는데 채무자 재산일 것을 요구하지 않습니다. 그리고 가압

---

15) 법원실무제요 민사집행 [ I ], 법원행정처, 2014, 382면

류 하는 데에는 공탁금이 많이 들지만 판결 등을 가지고 하는 압류에는 공탁금이 들지 않으므로 어쩌면 재산조회 신청하는 것보다는 채무자의 재산이 있을만한 곳에 압류를 하는 편이 시간이 훨씬 빠릅니다.

소요되는 비용도 크게 다르지는 않습니다. 실제로 채무자의 재산이 있는지 여부는 압류신청을 하면서 진술최고신청을 하면 제3채무자로부터 답변을 들을 수 있습니다. 보증금을 압류하려면 채무자의 주소지 부동산등기부등본을, 채무자의 예금·보험·주식 등을 압류하려면 거래처 또는 거래할 만한 곳 법인등기부등본을 발급받아 신청서를 작성할 수 있습니다.

한편, 위와 같은 재산명시나 재산조회, 유체동산 강제경매신청, 채무불이행자명부등재신청, 채권압류 및 추심명령신청 등을 함께(동시)에 신청할 수 있습니다(다만, 재산조회신청은 특별한 예외를 제외하고는 반드시 재산명시신청 후에나 가능합니다). 이럴 경우 수통(여러 통)의 '집행권원 등'이 필요하기는 합니다. 수통부여란 원고가 여러 개의 서로 다른 집행방법에 의하여 강제집행 등을 할 경우에 하는 신청입니다. 일반적으로 집행권원이 강제집행에 이미 사용 중인 경우 집행법원에서 '사용증명원'을 발급받아 소송했던 법원에 수통부여신청을 합니다.

## 바. (채권자에 의한) 파산신청

개인파산신청은 채권자 또는 채무자가 할 수 있는데, 채권자가 신청한 파산사건에서 채권의 존재는 판결 등 집행권원으로, 파산의 원인인 지급불능상태는 재산명시절차에서 채무자가 작성한 재산목록이 전형적인 소명자료로 사용됩니다(신청서 양식은 제4판 서울중앙지방법원 파산부 실무연구회 저,

개인파산회생 실무, 박영사, 2014. 673면 참고).

　채권자에 의한 파산신청하면 보통 파산법원에서 상대방의 주민등록초본 등 서류를 제출하라는 취지의 보정명령을 발하게 되고, 이에 기해 법원에 사실조회나 문서제출명령 등을 제출하면 간접적으로 상대방의 재산을 조회하는 기능을 할 수도 있다고 합니다.[16]

---

16) 한편, 채권자의 파산신청이 '파산절차의 남용'에 해당하는지를 판단하는 기준과 관련하여 대법원은, "파산절차는 기본적으로 채무자 재산의 환가와 배당을 통하여 채권자의 권리를 공평하게 실현하는 것을 목적으로 하는 절차이다. 채무자에게 파산원인이 있는 경우에 채권자는 파산절차를 통하여 자신의 권리를 실현하는 것이 원칙이다. 이에 따라 채무자 회생 및 파산에 관한 법률(이히 '채무자회생법'이라 한다)은 제294조 제1항에서 채권자 또는 채무자가 파산신청을 할 수 있다고 정하고, 제305조부터 제307조까지 파산원인을 정하고 있다. 파산신청을 채무자에게만 맡겨 둔다면 파산원인이 있는데도 채무자가 파산을 신청하지 않아 파산절차에 따른 채권자의 잠재적 이익이 상실될 수 있다. 그리하여 채권자 스스로 적당한 시점에서 파산절차를 개시할 수 있도록 채권자도 파산신청을 할 수 있다는 명시적 규정을 둔 것이다. 그러나 파산절차의 남용은 파산신청 기각사유이다(채무자회생법 제309조 제2항). 파산절차의 남용은 권리남용금지 원칙의 일종으로서, 파산신청이 '파산절차의 남용'에 해당하는지 여부는 파산절차로 말미암아 채권자와 채무자를 비롯한 이해관계인에게 생기는 이익과 불이익 등 여러 사정을 종합적으로 고려하여 판단하여야 한다(대법원 2011. 1. 25.자 2010마1554, 1555 결정 등 참조). **가령 채권자가 파산절차를 통하여 배당받을 가능성이 전혀 없거나 그 배당액이 극히 미미할 것이 예상되는 상황에서 부당한 이익을 얻기 위하여 채무자에 대한 위협의 수단으로 파산신청을 하는 경우에는 채권자가 파산절차를 남용한 것에 해당한다.** 이처럼 파산절차에 따른 정당한 이익이 없는데도 파산신청을 하는 것은 파산제도의 목적이나 기능을 벗어난 것으로 파산절차를 남용한 것이라고 볼 수 있다. 이때 채권자에게 파산절차에 따른 정당한 이익이 있는지를 판단하는 데에는 파산신청을 한 채권자가 보유하고 있는 채권의 성질과 액수, 전체 채권자들 중에서 파산신청을 한 채권자가 차지하는 비중, 채무자의 재산상황 등을 고려하되, 채무자에 대하여 파산절차가 개시되면 파산관재인에 의한 부인권 행사, 채무자의 이사 등에 대한 책임추궁 등을 통하여 파산재단이 증가할 수 있다는 사정도 감안하여야 한다. 이와 함께 채권자가 파산신청을 통해 궁극적으로 달성하고자 하는 목적 역시 중요한 고려 요소가 될 수 있다.(대법원 2017.12.05. 자 2017마5687 결정 파산선고)"라고 판시하였습니다.

# '소속변호사 월급 못 준 로펌 대표'에 파산 선고

(2016. 9. 23.자 법률신문)

소속변호사에게 밀린 월급을 주지 못한 로펌 대표변호사에게 파산 선고가 내려졌다. 서울중앙지법 파산8단독 김현범 판사는 A변호사가 자신이 일했던 로펌의 B대표변호사에 대해 낸 개인파산 신청을 최근 받아들였다. 채무자 회생 및 파산에 관한 법률 제294조는 채권자가 채무자에 대한 파산신청을 할 수 있도록 규정하고 있다. 이때에는 채권자가 그 채권의 존재와 파산 원인인 사실을 소명해야 한다. 부장판사 출신인 B대표변호사는 2013년 사건수임이 어려워지자 월급과 퇴직금 등 3000만원을 주지 못한 채 A변호사를 내보냈다. A변호사는 "사건을 수임하는대로 밀린 월급 등을 지급하겠다"는 B대표변호사의 말을 믿고 기다렸지만 약속이 지켜지지 않자 지난 5월 법원에 B대표변호사의 파산을 신청했다. B대표변호사는 법원의 결정에 불복해 지난 1일 항고했다. 파산이 확정되면 법원은 파산관재인을 선임해 B대표변호사의 자산과 채무 등을 조사한 후 자산을 매각해 A변호사에게 배당하게 된다. 파산하면 B대표변호사의 변호사 자격도 정지된다. 한편 B대표변호사는 지난 5월 또 다른 소속변호사 C씨가 "밀린 임금 1900여만원을 지급하라"며 낸 임금청구소송에서도 패소했다.

# 56억 빚…명지학원 또 파산신청 당해

(한국경제 2019.12.04.)

'엘펜하임 사기분양' 피해채권자 10명, 법원에 신청


실버타운 사기분양 의혹 피해자에게 패소금을 갚지 못해 파산신청을 당했다 가까스로 파산을 면한 명지대가 다른 피해자들로부터 재차 파산신청을 당했다. 3일 법조계에 따르면 김모씨 등 열 명은 최근 서울회생법원에 학교법인 명지학원에 대한 파산신청서를 제출했다. 이들은 '명지 엘펜하임 사기분양 의혹'의 피해자로 관련 소송에서 명지학원을 상대로 2013~2014년 최종 승소했으나, 분양대금 약 4억3000만~9억700만원(총 56억7000여만원)을 5년 넘게 돌려받지 못했다. 명지학원이 파산신청을 당한 건 이번이 두 번째다. 앞서 2004년 명지학원은 경기 용인시 명지대 캠퍼스 내 지어진 실버타운을 분양하며 "9홀짜리 골프장을 지어 무료로 이용할 수 있게 하겠다"고 광고했다. 광고 내용과 달리 골프장 건설이 무산돼 피해를 입은 33가구는 분양대금을 돌려달라며 소송을 내 2013년 총 192억원의 배상 판결을 받아냈다. 명지학원 측이 배상을 미루자 지난해 12월 또 다른 피해자 김모씨는 명지학원에 대해 파산신청을 냈다.


그러나 지난 10월 돌연 김씨와 명지학원이 합의하며 파산신청이 각하됐다. 당시 김씨와 명지학원 간 합의서에 따르면 "(민사소송) 확정판결의 내용을 무효로 하고 김씨는 엘펜하임 소유권 등기를 회복한다"
는 내용이 담겼다. 김씨와 합의를 마친 명지학원 측이 나머지 배상에
대해선 '감감무소식'이자 앞으로 다른 피해자들의 파산신청이 줄이을
것이란 전망이 나온다. 법원은 "파산신청이 들어왔으니 기존과 같이
절차를 밟을 예정"이란 입장이다.

그리고 **일정한 가사사건의 경우 가정법원에 위에서 언급한 일반적
인 강제집행 이외에 아래의 신청을 추가**로 할 수 있습니다. 재판이나 조
정 등에 집행력이 인정되어 강제집행을 할 수 있는 경우에도 윤리적, 감정적
인 이유로 현실적으로 강제집행을 하기에 적당하지 않거나 강제집행으로 인
하여 오히려 상호간에 불화의 골을 깊게 할 우려도 있으므로 가정법원이 후
견적 입장에서 그 집행에 관여할 필요가 생겨 마련된 것입니다.

### 사. 양육비 직접지급명령

양육비 직접지급명령은 이혼 시 미성년자인 자녀에 대한 양육비 지급책임을
부담하게 된 정기금 양육비지급의무자(양육비채무자)의 고용자로 하여금 양육
자에게 직접 양육비를 지급하도록 명령하여, 양육자로 하여금 보다 간편하게
양육비를 확보할 수 있도록 하기 위한 제도입니다(가사소송법 제63조의2).
즉, 이혼 시 미성년자인 자녀에 대한 양육비 지급책임을 부담하게 된 정기
금 양육비채무자가 정당한 사유 없이 2회 이상 양육비를 지급하지 아니한
경우에는 당사자의 신청에 따라 아직 이행일시가 도래하지 않은 장래의 정기
금 양육비 채권을 집행채권으로 하여 양육비채무자의 장래의 정기적 급여채

권에 대하여 강제집행을 할 수 있도록 한 것입니다.

정기적 급여채권이란 본봉 이외에 소득세의 부과대상인 상여금, 각종수당도 포함되나, 퇴직위로금, 명예퇴직수당 등을 포함한 퇴직금은 정기적 급여에 해당하지 않아 포함된다고 보기 어렵다는 것이 다수의 견해이고, 급여채권이 아닌 연금채권은 양육비 직접지급명령의 대상이 아닙니다[17].

양육비 직접지급명령 제도는 장래의 정기금 양육비 채권을 집행채권으로 하여 장래의 정기적 급여채권에 대하여 압류명령 및 전부명령을 동시에 명한 것과 같은 효력을 인정하는 특수한 제도입니다.

그러나 채권압류 및 전부명령과는 관할, 인지, 양육비 채권 중 아직 기한이 도래하지 않은 것을 집행채권으로 하여 발령한다는 요건상 차이, 추가신청의 가능여부, 양육비채무자에게 송달되지 않더라도 고용주에게 송달된 이상 양육비 직접지급명령의 효력에는 영향이 없다는 점, 양육비 직접지급명령 취소제도 등에서 차이가 있습니다.


상대방(양육비의무자, 채무자)이 고정적인 수입이 있기는 하나 급여가 150만 원이 안 되는 경우가 있는데(택시기사의 경우) 이 경우 급여가 150만 원 이하는 압류금지채권에 해당하여 실익이 적어 처음부터 집행을 포기하는 경우가 있습니다. 의뢰자는 미성년 자녀를 양육하면서 어렵게 살고 있는데 상대방은 급여가 적다는 이유로 양육비조차 주지 않으려고 합니다.

그러나 채권자는 압류금지채권의 축소를 채권집행의 신청과 동시에 신청할 수 있고, 채권자의 압류금지축소신청은 법 제246조 제1항에 의한 압류금지채권에 대해서 신청할 수 있고, 보전처분 절차에서도 위 압류금지채권의 범위변경에 대한 규정이 준용됩니다(법 제246조, 제291조, 제301조). 그러므로

---

17) 법원실무제요 가사[Ⅰ], 법원행정처, 2010. 294 및 298면

양육비 청구채권을 보전하기 위해 상대방의 급여채권에 대한 (가)압류시 급여가 185만 원 이하라서 실익이 적다고 판단되면 (가)압류신청과 동시에 또는 후에 압류금지채권의 축소를 구하는 신청을 하면 좋은 해결책이 될 수 있습니다.[18]

한편, **'양육비 사건'**에서 채무자의 급여에 대해 집행하는 경우, 이미 알고 있거나 이혼 등 본안소송에서 사실조회 등을 통해 채무자가 근무하는 사업장을 알아 낸 경우는 어려움이 없습니다. 그러나, 채무자의 직장 변경 등으로 채무자가 근무하는 직장을 모르는 경우 채권자 스스로 찾아 보기 전까지 집행이 어렵습니다. 이 경우 양육비이행관리원을 통해 신청하면 이행관리원에서 국민건강보험공단에 사실조회를 신청하여 양육비 채무자의 보험가입내역 및 근무 사업장을 회신하여 줄 수 있습니다. 또한, 양육비직접지급명령신청시 소득세원천징수의무자를 알지 못할 경우 신청서 제출과 동시에 법원에 사실조회신청(또는 제출명령) 등을 하면 대부분 채택해 준다고 합니다.

## 아. 담보제공명령

담보제공명령은 미성년자인 자녀에 대한 양육비 지급책임을 부담하게 된 정기금 양육비채무자가 장래에 이행기가 도래하는 정기금 양육비를 지급하지 않거나 양육비채무자의 자력이 변동되는 상황에 대비하기 위한 경우, 특히 양육비채무자가 근로자가 아닌 자영업자 등이어서 양육비 직접지급명령제도를

---

18) 참고로, 일본에서는 양육비 기타 부양의무 등에 관한 채권의 민사집행법상 보호를 강화하는 특칙규정을 둔 개정법이 2004년 4월부터 시행되고 있다고 합니다(최건호, 일본의 양육비 등 채권의 보호강화, 재판자료 제109집 민사집행법 실무연구, 법원도서관, 2006. 5 37면 참고).

이용할 수 없는 경우 등에 그 대안으로서 마련된 것입니다(법 제63조의3).

담보제공명령은 통상 양육비채무자가 근로자가 아닌 자영업자 등인 경우에 많이 활용될 것이나, 근로자인 경우에는 양육비 직접지급명령과 담보제공명령 어느 쪽도 선택 가능합니다.

담보제공명령은 직권으로 하는 경우와 신청에 의하여 하는 경우가 있는데, 직권으로 하는 경우에는 양육비채무자에게 양육비를 정기금으로 지급하게 하도록 명하는 경우에 발령할 수 있고, 신청에 의하여 하는 경우는 양육비채무자가 정당한 사유 없이 정기금 양육비채무를 이행하지 아니한 경우에 발령할 수 있습니다.

담보제공명령을 받고도 정당한 사유 없이 그 명령에 위반한 자에 대하여 가정법원은 직권으로 또는 권리자의 신청에 따라 1천만 원 이하의 과태료를 부과할 수 있습니다.

담보의 제공은 금전 또는 법원이 인정하는 유가증권을 공탁하거나, 대법원규칙에 정하는 바에 따라 지급을 보증하겠다는 위탁계약을 맺은 문서를 제출하는 방법으로 하되, 당사자들 사이의 특별한 약정이 있으면 그 약정에 따라 부동산에 관한 근저당권의 설정, 질권 설정, 보증인으로 하여금 보증케 하는 방법 등도 가능합니다.

담보액은 피담보채권액(장래에 이행기가 도래하는 정기금 양육비 채권)을 기준으로 하되, 담보의 종류나 사건의 내용에 따라 재판부가 적절히 정하여야 하나, 실무상 양육기간이 장기간 남은 경우라면 피담보채권액의 10-30% 정도에 해당하는 금액을 담보액으로 정함이 상당하다고 합니다[19].

담보제공의 방법으로 현금공탁이 명하여진 경우, 담보권리자는 가사소송법 63조의3 6항이 준용하고 있는 민사소송법 123조에 따라 담보물에 대하여 질

---

19) 법원실무제요 가사[ I ], 법원행정처, 2010. 324면

권자와 같은 권리를 가집니다. 그러므로 담보권리자가 담보권을 실행하는 방법은 '재판상 담보공탁금의 지급청구절차 등에 관한 예규(행정예규 제952호)'의 방법과 동일합니다.

담보제공자는 담보의 사유가 소멸된 경우 담보의 취소를 통하여 제공한 담보를 반환받을 수 있습니다(가사소송법 63조의3 6항은 성질에 반하지 아니하는 범위에서 민사소송법 125조를 준용하고 있으므로, 담보제공자가 담보의 사유가 소멸된 것을 증명한 때, 담보권리자의 동의가 있음을 증명한 때, 권리행사 최고기간이 만료되어 담보권리자의 동의가 있는 것으로 간주된 때에는 법원은 신청에 의하여 담보취소의 결정을 하여야 합니다).

## 자. 일시금 지급명령

양육비채무자가 담보제공명령을 받고서도 담보를 제공하여야 할 기간 이내에 담보를 제공하지 아니할 경우, 가정법원은 양육비채권자의 신청에 따라 양육비의 전부 또는 일부를 일시금으로 지급하도록 명할 수 있습니다(법 제63조의3 제4항).

이러한 일시금 지급명령은 담보제공명령 불이행시의 제재 중 하나입니다. 만일 일시금 지급명령을 받은 사람이 30일 이내에 정당한 사유 없이 그 의무를 이행하지 아니한 경우에는 가정법원은 권리자의 신청에 따라 30일의 범위에서 그 의무를 이행할 때까지 의무자에 대한 감치를 명할 수 있습니다.

## 차. 이행명령

가사사건에 관한 판결 등에 따라 금전의 지급 등 재산상의 의무, 유아의 인도의무 또는 자녀와의 면접교섭 허용 의무를 이행하여야 할 사람이 정당한 이유 없이 그 의무를 이행하지 아니하는 경우에는 당사자의 신청에 의하여 일정한 기간 내에 그 의무를 이행할 것을 명할 수 있습니다(법 제64조). 이를 이행명령이라고 합니다.

가사비송사건의 심판 중 금전의 지급, 물건의 인도, 등기, 그 밖에 의무의 이행을 명하는 심판에는 집행력이 있으므로, 금전의 지급, 물건의 인도 등에 관하여는 민사집행법의 절차에 의한 강제집행과 이행명령의 두 가지 권리실현의 길이 마련되어 있는 셈입니다.

만일 정당한 이유 없이 이 명령에 위반하는 때에는 1,000만 원 이하의 과태료를 부과할 수 있고, 금전의 정기적 지급의무를 3기 이상 이행하지 아니한 때에는 30일의 범위에서 감치를 명할 수 있으며, 유아의 인도의무를 이행하지 아니하여 과태료의 제재를 받고도 30일 이내에 그 의무를 이행하지 아니하면 30일의 범위에서 감치를 명할 수 있습니다(감치재판 고지일로부터 3월이 경과하면 집행하지는 못한다).

다만, 면접교섭 이행명령의 불이행에 대하여는 감치의 제재를 가할 수는 없습니다.

감치를 당하고도 계속해서 이행하지 않으면, 이행명령과 과태료부과신청, 감치명령을 반복해서 신청이 가능하다. 즉 감치까지 처해졌는데 여전히 의무를 이행하지 아니하면 권리자가 다시 이행명령을 신청하고 그 후속절차(과태료신청 내지 감치신청)를 또 밟을 수 있다고 봄이 실무이다.

한편, 가사조사관에 의한 조사명령신청을 통한 압박도 가능합니다. 즉, 가정법원은 권리자의 신청이 있는 때에는, 이행명령을 하기 전이나 후에, 가사조사관으로 하여금 의무자의 재산상황과 의무이행의 실태에 관하여 조사하고, 의무이행을 권고하게 할 수 있는데(가사소송규칙 제122조), 채무자는 가사조사관의 조사를 받아야 하므로 부담이 될 수 있습니다.

판례에 의하면, 이행명령은 권리를 실현하기 위한 절차의 일부라는 점에서 민사집행법에 따른 강제집행과 다르지 아니하므로, 양육비지급이나 유아인도 등의 의무를 명하는 가집행선고부 판결이나 심판도 민사집행법이 정한 강제집행방법에 따라 가집행이 가능합니다(대법원 2020. 5. 28. 선고 2020으50 8 판결).

이행명령 후 다시 이행명령이 가능한지에 대한 하급심 판단입니다(대법원 전국법원 주요판결, 22263, 부산가정법원).
「甲(女)은 이혼한 전 남편 乙(男)이 양육비를 지급하지 않자 이에 관한 이행명령 신청. 법원은 신청을 받아들여 이행명령을 하였고 甲이 계속 양육비를 지급하지 않자 감치결정까지 함. 甲과 乙의 자녀 丙은 성년이 되었고 甲은 다시 乙을 상대로 양육비 이행명령을 신청. 이에 대하여, 비록 이행명령 결정에 기판력이나 집행력 같은 효력이 없다 하더라도 **같은 기간에 발생한 양육비 지급의무에 대하여는 1회의 이행명령만 할 수 있고, 그에 대한 제재 역시 1회만 가능하다고 봄이 타당하다**는 이유로 甲의 신청을 기각한 사례」

## 카. 양육비 이행책임 강화

○ 운전면허 정지, 출국금지 및 명단공개 대상을 '법원의 감치명령 결정을 받은 양육비 채무자'에서 '양육비 지급 이행명령을 받고도 이를 이행하지 않은 양육비 채무자'로 변경함(감치결정이 나와야 할 수 있었던 양육비 미지급에 대한 제재조치인 운전면허정지, 출국금지, 명단공개가 양육비 이행확보 및 지원에 관한 법률 개정으로, 이행명령만 나와도 가능하도록 절차가 간소화 됨).

○ 감치명령에도 불구하고 정당한 사유없이 1년 이내 양육비를 이행하지 않는 경우 형사처벌(1년 이하의 징역 또는 1천만 원 이하의 벌금) 가능 (2021. 7월 시행)

## 2. 소송 계속 중이거나 판결 확정되지 않은 경우
### (일반적인 가압류에 대하여는 다음 항목에서)

위와 같이 일반적으로는 채무자에 대한 재산명시나 재산을 조회하기 위해 판결 등이 확정되어야 합니다. 그러나 다음과 같은 경우에는 **소송 계속 중이거나 판결이 확정되지 않았거나 판결이 없음에도 일정한 필요한 한도 내에서 가능한 경우도 있습니다.**

## 가. 사실조회

사실조회란 공공기관·학교, 그 밖의 단체·개인 또는 외국의 공공기관에게 그 업무에 속하는 특정사항에 관한 조사 또는 보관중인 문서의 등본·사본의 송부를 촉탁함으로써 증거를 수집하는 절차를 말한다(민사소송법 제294조). 금융기관과 세무서에 대한 사실조회의 경우, 실무에서는 금융위원회가 양식을 정한 제출명령을 사용하고 있습니다(금융거래정보 및 과세정보의 제출명령).

(채무자의 재산탐색을 위한 사실조회는) 모든 사건에 대해 일반적으로 조회를 받아 주는 것은 아니고 사건의 성격과 특성상 채무자의 재산조회가 필요하다고 재판부에서 인정한 경우에 한합니다.

부부간의 다툼인 가사사건에서 필요성이 인정되면 위와 같은 사실조회를 받아주는 재판부가 있습니다. 구체적으로, 위자료, 재산분할, 양육비, 부양료 등이 문제되는 가사사건에서 상대방의 재산상황, 수입 등을 조회하는 것이 필수적이므로, 소제기와 동시에 사실조회 등을 진행하는 것이 일반적입니다. 다만 개인정보제출명령신청(국민연금공단, 국민건강보험공단 등에 상대방의 소득을 밝히고자), 과세정보제출명령(세무서 등에 피고의 사업소득, 부동산, 자동차 등 재산 보유내역을 확인하고자) 등 사실조회의 명칭이 조회처에 따라 조금 달라집니다.

일반 민사사건의 경우, 사실조회가 반드시 필요하다고 소명되는 예외적인 경우(예를 들면, 유류분 사건이나 부당이득반환청구 등 금전의 흐름을 추적할 필요성이 있는 경우)에 한하여 법원에서 증거로 채택될 가능성이 있으며, 그 외에는 받아들여지지 않는 것이 실무입니다.

사실조회를 위해서는 적어도 부동산의 경우 최소한의 행정단위는 특정해야 하며, 금융재산의 경우 해당 은행 및 해당 지점까지(및 기간까지) 특정해야 합니다.

한편, 사실조회는 본안에서 재산을 찾는 목적 이외에도 실무에서는 매우 광범위하게 사용되고 있습니다.

예를 들면, 일명 '보이스 피싱사건'과 같이 통장명의자를 상대로 부당이득반환 또는 손해배상청구소송을 제기하면서 또는 소제기에 앞서 가압류신청시 통장명의자의 인적사항을 파악하는데 사용되며, 상속인이 누구인지 모르는 경우 사실조회를 통해 상속인을 알아볼 수 있고, 판결 등 집행권원을 받았으나 집행권원에 피고의 주민등록번호가 없어 집행이 어려운 경우 판결결정신청이나 강제집행신청을 하면서 사실조회를 통해 피고의 인적사항을 파악하는데 많이 이용됩니다.

또한, 사해행위취소소송시 제척기간 관련하여 법원행정처 등기정보중앙관리소에 '원고 금융기관의 담당자가 인터넷으로 등기열람을 한 사실이 있는지 여부'의 조회[20]나,

이혼 소송시 상간자와의 부정행위의 입증이나 도산절차에서 관할권 유무나 실제 근무중인지 여부 등을 파악하기 위해 '휴대전화에 관한 통화내역(발신지추적 및 역발신내역 모두와 발신기지국 및 역발신기지권)' 조회도 빈번합니다. 다만, 일부 통신사의 경우 법원이 불륜 상대의 인적사항 제출을 거부하여 고액의 과태료를 부과한 적이 있습니다(2016. 11. 28.자 법률신문 '불륜상대 인적 사항 제출 거부… 통신사에 첫 과태료' 참고).


또한, 건물철거 및 토지인도 등 소송시 피고를 특정하기 위한 주민센터에 주소지에 대한 거주자들에 대한 주민등록초본 및 전입세대열람, 군인퇴직연금에 대해서는 국군재정관리단에 대한 사실조회(부산가정법원 2014드단9737)가 가능합니다.

개인회생신청시 채권자의 주소를 알 수 없는 경우 개인회생신청과 함께 사

---

20) 서울중앙지방법원 민사집중심리재판부 사건유형별 업무매뉴얼[참여관], 2010, 422면

실조회신청을 같이 하기도 합니다. 관할 보건소에 의료기관 개설신고일과 휴폐업 변동신고내역, 고용의사 등 의료인의 변동내역을 조회할 수도 있고, 의사의 성명, 병원의 명칭 및 전화번호는 아는데, 의사의 주민등록번호나 주민등록지는 모르는 경우 건강보험심사평가원에 사실조회를 할 수 있습니다.

필적이나 무인감정의 경우 원본 필체나 무인을 확보할 필요가 있습니다. 그 자료를 인증촉탁으로 받는 방법과 감정인이 직접 가서 확보하는 방법이 있습니다. 십지지문의 보관처는 경찰청 과학수사센터(과학수사관리관)이고, 관할은 서울경찰청임을 참조하여 신청합니다.

그리고, 상대방이 여관을 운영하고 있는 경우 관할 지방자치단체에 사실조회를(공중위생관리법 시행규칙 제3조 참고), 출입국관련 사실조회시 법무부 출입국외국인정책본부가 아닌 관할지역의 출입국·외국인(청)으로, A와 B가 동일인임을 입증하고자 경찰청 과학수사관리관 범죄분석담당관에게 지문자동검색시스템에 입력된 A와 B의 지문을 상호 대조하여 지문이 서로 동일한지 여부를 회신해달라는 사실조회를, 대포차 관련소송시 점유자를 파악하는 방법 중 하나로 보험개발원이나 지방경찰청에 사실조회(신형삼, 대포차 소송실무, 좋은땅, 2018.)를 하기도 하고, 경매진행 시 무잉여취소를 당할 위험이 있을 때 근저당권자(대부분 은행)은 관행적으로 채권신고를 하지 않아 선순위 근저당권의 실제 피담보채권을 파악하기 어려운데 집행법원을 통한 사실조회나 내용증명을 통하면 답이 오는 경우도 있다고 합니다. 그리고 유류분반환 등 청구시 부동산의 경우 법원행정처에 신청하면 피상속인과 피고가 소유하거나 소유했던 전국 부동산이 모두 조회가 가능하지만, 법원행정처는 이름, 주소, 주민등록번호로 조회하기 때문에 일부 누락되는 경우도 있으므로 부동산이 있을 것으로 확인되는 지방자치단체에 사실조회를 하면 세부적인 내역을 보다 정확하게 확인할 수 있습니다(경태현·이재우, 유류분의 정석,

법률출판사, 2019. 205면 참고).

한편, 건물인도소송 시 임차인파악을 위해 점유이전금지가처분 후 집행불능조서를 이용하는 방법, 보정명령을 통해 대위상속등기시 상속포기심판서 등을 입수할 수도 있습니다.

판결이나 지급명령이 확정된 후 당사자가 특정되지 않아 집행이 어렵게 되자 주민등록번호를 추가하거나 주소를 정정해달라는 취지의 경정신청을 하면서 사실조회신청을 하는 경우가 실무에서는 빈번한 바, 대법원에서는 이를 허용해야 한다고 보았습니다(대법원 2018. 1. 5.자 2017그110결정[판결 확정 후 피고경정], 대법원 2018. 2. 23.자 2016그167 결정[지급명령확정 후 채권자 경정]).

## 나. 가사소송법상 재산조회 등

가사소송법은 재산분할, 부양료, 미성년자인 자녀의 양육비 청구사건을 위하여 특히 필요하다고 인정하는 경우에는 가정법원이 직권으로 또는 당사자의 신청에 의하여 당사자에게 재산목록의 제출을 명할 수 있도록 하고 있습니다(법 48조의2).

정당한 사유 없이 재산목록의 제출을 거부하거나 거짓으로 재산목록을 제출하면 1천만 원 이하의 과태료를 부과할 수 있습니다(법 67조의2). 이는 재산분할, 부양료, 양육비 청구의 본안사건 진행과정에서 당사자로 하여금 성실하게 재산목록을 제출하도록 유도함으로써 가정법원이 해당 사건을 효율적으로 심리할 수 있게 하는 제도적 장치입니다.

민사집행법상 재산명시와 다른 점은 인지를 붙이지 않는다는 점, 본안사건이 가정법원에 계속 중임을 전제로 하는 것이므로 별도의 명시기일을 지정할 필요가 없는 점, 재산명시 대상 당사자가 제출하는 재산목록이 진실하다는 것을 선서할 필요가 없는 점, 재산명시 대상 당사자는 자신의 이익을 위하여 채무 등을 기재할 수 있는 점(규칙 95조의4 4항), 재산명시명령을 불이행한 경우 제재방법이 다르다는 점 등입니다.

이혼에 따른 재산분할·부양료·양육비 청구사건에서 당사자의 재산내역을 제대로 파악하는 것이 중요한데, 그 본안사건에서 이미 재산명시절차를 거쳤음에도 불구하고 당사자가 재산목록의 제출을 거부하거나 제출된 재산목록만으로 사건의 해결이 곤란한 경우, 가정법원은 직권 또는 당사자의 신청에 의하여 재산을 조회할 수 있도록 하고 있습니다(법 제48조의3).

민사집행법상 재산명시와 다른 점은 인지를 붙이지 않는다는 점, 당사자가 전담관리자에 대하여 직접 재산조회 결과의 열람·출력 등을 신청할 수 없고 단지 재산조회 결과가 사건기록에 편철된 이후 재판장의 허가를 받아서 열람·복사를 신청할 수 있다는 점 등입니다.

### 다. 도산법상 재산조회

법원은 필요한 경우 관리인·파산관재인 그 밖의 이해관계인(회생위원도 포함된다고 해석합니다)의 신청에 의하거나 직권으로 채무자의 재산 및 신용에 관한 전산망을 관리하는 공공기관·금융기관·단체 등에 채무자명의의 재산에 관하여 조회할 수 있습니다.

면책의 효력을 받을 이해관계인이 제1항의 규정에 의한 신청을 하는 때에는 조회할 공공기관·금융기관 또는 단체를 특정하여야 합니다. 이 경우 법원은 조회에 드는 비용을 미리 납부하도록 명하여야 명해야 합니다(채무자 회생 및 파산에 관한 법률 제29조, 이하 채무자회생법이라고 함).

그러나, 회생위원 등의 신청에 의하거나 법원이 직권으로 재산조회를 하는 경우에는 법원은 채무자에게 위 해당 조회비용을 예납하도록 명해야 한다(채무자 회생 및 파산에 관한 규칙 제45조 제4항, 이하 채무자 회생규칙이라고 함).

파산관재인의 경우 부인권 행사여부나 면책불허가사유 등의 판단을 위해, 회생위원은 부인권 행사나 청산가치 산정을 위하여 채무자의 재산을 조사하여야 하므로 재산조회가 필요할 수 있습니다.

채무자회생법 제29조 제1항의 규정에 의한 재산조회의 결과를 회생절차·파산절차 또는 개인회생절차를 위한 채무자의 재산상황조사 외의 목적으로 사용한 자는 2년 이하의 징역 또는 2천만 원 이하의 벌금에 처하고 있습니다(채무자회생법 제657조).

### 라. 사망자 등 재산조회

1. 금융감독원의 **상속인금융거래조회 서비스**(조회결과를 확인할 수 있는 기간은 접수일로부터 3개월이며 3개월이 지나면 조회결과는 삭제됩니다.)

2. 사망신고와 동시에 또는 사망일이 속한 달의 말일부터 '**1년**' 이내에 관할 시·군 또는 읍·면·동사무소에서 이용할 수 있는 '**안심상속 원스톱 서비스**'

3. 조상땅찾기 조회 서비스(국토정보시스템을 통하여 상속인에게 토지소재 현황을 알려줌)

4. 2023년 2월부터 등기소에서 제공받을 수 있는 **'명의인별 소유현황'**의 자료제공 범위가 확대된다. 현재 법원 인터넷등기소나 등기소에서는 본인과 상속인에 한해 '명의인별 소유현황'을 제공하고 있다. 앞으로 '명의인별 소유현황'에는 권리제한 등기인 가압류 · 가처분 권리자 및 저당권 · 전세권 권리자가 더 추가돼 '명의인별 소유 등 권리 현황'으로 변경 · 확대된다. 특정 명의인의 '소유현황'에 한정됐던 것이 권리제한 등기도 추가 제공돼 상속인과 권리자의 재산권 행사와 채권 확보가 용이해질 것으로 보인다(2023년 법조 새해 달라지는 것들, 법률신문 2022. 12. 30.자 게시 글).

5. 대법원이 2023. 3. 31일부터 **'상속공탁금 조회 서비스'**를 시행함에 따라 사망한 공탁당사자의 상속인인 배우자와 자녀들이 공탁소를 방문하지 않고도 전자공탁 홈페이지의 '숨은공탁금 찾기' 메뉴에서 피상속인의 공탁내역을 조회할 수 있게 됐다(대법원, 인터넷 '상속공탁금 조회 서비스' 시행 31일 공탁내역 조회 서비스 확대, 2023-03-30 게시 글).

6. 망인을 피보험자로 하는 **보험계약 체결내역**은, 망인에 대해서 과거 기간으로 특정하여, 망인이 피보험자 또는 보험계약자로 가입된 보험내역을 한국신용정보원을 통해서 회신할 수 있다고 합니다(변호사가 묻고 변호사가 답합 Q&A 678면 참고).

# Ⅲ. 가압류에 대하여

# Ⅲ. 가압류에 대하여

## 1. 가압류의 필요성

만일 채무자의 재산을 가압류해 놓지 않은 채 승소판결을 받은 후에 채무자의 재산이 없음을 알게 되어 집행이 어렵다면 시간과 돈을 들여 얻은 판결문 등이 아무런 효력이 없는 휴지가 되므로 큰 낭패가 아닐 수 없습니다. 실무에서는 이런 경우가 너무 많습니다. 그러나 이때는 이미 너무 늦습니다. 이런 이유로 판결 전에 채무자의 재산을 묶는 가압류가 반드시 필요합니다.[21)

---

21) 한편, 이러한 가압류 등 보전소송과 (본안)소송은 전혀 다른 절차입니다(특히 들어간 비용을 받아내는 절차가 다릅니다). 일반인들은 보통 변호사에게 사건을 의뢰하면 사건 해결을 위해 (본안)소송과 나중에 집행을 위한 가압류나 가처분 등을 함께 해주는 것으로 잘못 생각하고 있습니다. 변호사가 법원에 제출하는 소송위임장에도 '집행보전을 위한 가압류 및 가처분신청 등에 필요한 모든 권한'을 위임하는 것으로 부동문자로 기재되어 있어 오해를 할 수 있습니다. 그러나 판례는, 통상 소송위임장이라는 것은 민사소송법 제81조 제1항에 따른 소송대리인의 권한을 증명하는 전형적인 서면이라고 할 것인데, 여기에서의 소송위임(수권행위)은 소송대리권의 발생이라는 소송법상의 효과를 목적으로 하는 단독 소송행위로서 그 기초관계인 의뢰인과 변호사 사이의 사법상의 위임계약과는 성격을 달리하는 것이고, 의뢰인과 변호사 사이의 권리의무는 수권행위가 아닌 위임계약에 의하여 발생하는데, 민사소송법 제82조의 규정은 소송절차의 원활·확실을 도모하기 위하여 소송법상 소송대리권을 정형적·포괄적으로 법정한 것에 불과하고 변호사와 의뢰인 사이의 사법상의 위임계약의 내용까지 법정한 것은 아니므로, 본안소송을 수임한 변호사가 그 소송을 수행함에 있어 강제집행이나 보전처분에 관한 소송행위를 할 수 있는 소송대리권을 가진

보통 판결 등이 확정되거나 일정한 경우 판결이 확정되지 않았더라도 채무자의 재산조회 등이 가능하더라도 이를 가지고 채권자의 권리를 구제하기는 매우 불충분합니다. 대부분은 소송이 제기된 사실을 알게 되거나 소송이 제기될 예정임을 안다면 보통의 채무자는 재산을 빼돌리고 싶은 강한 충동이 있고 실제로도 많이 그렇게 하고 있습니다.

이 경우 이미 재산이 타인의 명의로 이전되었다면 형사상으로 강제집행면탈죄가 성립되고 민사적으로도 사해행위취소로 다시 되돌려놓을 가능성이 없는 것은 아닙니다.

다만, 채무자가 재산을 빼돌렸다는 사실을 알기도 어려울뿐더러 만일 알았다고 하더라도 형사고소를 하고 다시 민사적으로 되돌려놓는 소송을 하는데 시간도 많이 소요되고 소송비용도 원래의 소송보다 더 들어가는 경우도 적지 않습니다. 사해행위취소소송은 일반적인 소송보다는 많이 까다롭기 때문입니다.


가압류란 금전채권이나 금전으로 환산할 수 있는 채권의 집행을 보전하기 위해, 미리 채무자의 재산을 묶어두거나 채무자로부터 그 재산에 대한 처분권을 잠정적으로 빼앗는 제도를 말합니다.

쉽게 말해 채권자가 나중에 판결 등을 받아 집행하려고 하나 집행 시 까지는 많은 시간이 걸리는데 그 사이 채무자가 재산을 빼돌리기 전에 미리 채무자의 재산을 묶어두는 제도입니다.

그러므로 채권자가 이미 채무자에 대한 판결문 등 집행권원을 확보하고 있는 경우에는 채권자가 이미 보전처분에 의한 보호 이상의 보호를 받고 있다

---

다고 하여 의뢰인에 대한 관계에서 당연히 그 권한에 상응한 위임계약상의 의무를 부담한다고 할 수는 없고, 변호사가 처리의무를 부담하는 사무의 범위는 변호사와 의뢰인 사이의 위임계약의 내용에 의하여 정하여진다고 합니다. 따라서 변호사나 법무사에게 사건을 맡길 때는 본안소송과 가압류나 가처분 등 보전처분은 다르므로 맡기는 일의 범위를 구체적으로 특정해야 함을 유의해야 합니다.

고 보아 보전의 필요성(가압류할 필요성)이 부정됩니다. 즉 채권자가 피보전권리에 관하여 이미 확정판결이나 기타 집행권원을 가지고 있어서 즉시 집행할 수 있는 상태에 있는 경우에는 보전의 필요성이 원칙적으로 부정됩니다[22].

다만 기한부, 조건부, 청구이의 소에 따라 집행정지된 경우는 예외입니다(같은 책 21면). 본안에서 장래양육비에 관하여 정기급을 명하는 심판이나 판결이 확정되어 있거나 조정조서가 있는 경우 장래 양육비를 피보전권리로 하는 보전처분이 가능한지 문제되는바, 장래양육비 채권은 기한부 또는 조건부채권의 성격이 있다고 할 것이므로, 그 채권을 바로 집행할 수 없고 보전의 필요성도 있을 때에는 가압류신청이 가능합니다[23].

채권자가 집행권원을 가지고 있어서 즉시 집행할 수 있는 상태에 있는 경우에 보전처분을 발령하게 되면 본안재판이 이미 계속되고 있으므로 제소명령위반으로 보전처분을 취소할 수 없고, 공정증서나 판결과 같이 피보전권리에 대한 확실한 소명이 있으니 보전처분에 대한 이의로도 취소를 구할 수도 없어 보전처분 결정시 신중을 기하게 됩니다.

이와 같은 이유로 부동산의 경우 현재로서는 무잉여로 인해 부동산강제경매신청이 아닌 부동산가압류신청에 대해서는 원칙적으로 기각결정을 내리고 있습니다.

그러나 자동차의 경우에는 소재 파악이 되지 않으면 인도명령의 집행불능으로 인해 경매개시결정이 취소될 것이 명백하므로 자동차의 소재를 불문하고 채권자로 하여금 무조건 본 압류를 진행하라고 강요할 수는 없다는 이유로 가압류의 필요성이 있으므로, 적어도 자동차에 대하여는 확정판결을 가진

---

22) 2005년 개정판 보전소송 재판실무편람 20면

23) 가사소송재판실무편람, 2008. 99면

채권자라도 가압류를 신청할 필요성이 있다는 견해가 다수입니다[24].

다만, 가압류는 위와 같은 법적인 의미 말고도 채무자를 압박하여 소송을 종료하기 전이라도 채권회수라는 목적을 달성하는 수단으로도 사용되고 있는 것이 사실이기도 합니다. 현실에서는 이러한 가압류의 사실적 효력도 무시할 수는 없습니다.

예를 들면, 채무자가 직장에서 가압류 사실이 알려질 경우 받을 인사상 기타 사실상의 불이익을 고려하여 압박수단으로 이루어지는 급여채권 가압류, 채무자가 영업자인 경우 고의적으로 영업을 마비시킬 목적으로 행하여지는 유체동산 가압류나 기업운전자금 예금계좌 가압류, 건설회사의 건설공제조합 출자증권에 대하여 가압류가 이루어지더라도 질권 등이 설정되어 재산적 가치가 적음에도 신규 보증이 이루어지지 않아 채무자가 새로운 사업을 하지 못하는 등 사업운영에 예기치 않은 타격이 생깁니다.[25]

그리고 개인 채무자의 예금채권에 대한 가압류도 잔액이 없어 집행이 어렵다 하더라도 이러한 가압류로 인하여 신용상실, 이율인상, 대출금의 기한이익상실, 추가대출금지 등과 함께 임금 등의 수령이 어렵게 되고 각종 공과금 등이 이체되지 않는 등 생활의 불편함은 적지 않습니다.

또한, 주택임차보증금에 가압류한 경우(심지어는 채무자와 임차인이 다른 경우에도 임차인과 채무자가 부부관계라는 등의 특수한 관계가 있는 경우) 제3채무자로부터의 계약해지와 집을 비우라는 독촉 등도 피하기 어려운 것이 사실입니다.

그리고 영구임대아파트 보증금의 대부분 소액이어서 (가)압류금지채권임에

---

24) 재판자료 제117집 민사집행법 실무연구 Ⅱ, 법원도서관, 2009. 360면

25) 권창영, 민사보전법, 유로, 2012. 74 및 244면

도 관리사무소 등에서 이를 문제 삼아 갱신을 사실상 거부하는 등 효력이 없는 가압류라고 하더라도 현실에서는 무시할 수 없는 힘이 있습니다.

법적인 방법이외에 국민권익위원회 등 감독기관을 활용하는 것도 목적을 달성할 수 있는 방법이 될 수도 있습니다.

채무자의 재산을 묶는 보전처분 중에는 가처분[26])도 있습니다. 이에는 특정물청구권에 대하여 집행보전을 위한 것이 있고, 임시지위를 정하기 위한 가처분이 있습니다.

전자는, 어떤 부동산, 자동차, 유체동산 등에 대하여 채권자가 채무자에 대하여 소유권의 이전을 요구할 수 있는 권리를 갖고 있거나, 그 인도를 요구할 수 있는 권리를 갖고 있는 경우에 장차 본안소송에서 이러한 권리를 강제로 실현시킬 수 있도록, 잠정적으로 채무자에게 권리상태나 점유상태의 변경을 금지시키는 것으로 이를 다툼의 대상에 관한 가처분이라고 한다. 예를 들면 각종 처분금지가처분이나 점유이전금지가처분 등이 있습니다.

후자는, 현재 채권자와 채무자 사이에 권리관계에 관한 다툼이 있고 그로 인하여 채권자에게 현저한 손해나 급박한 위험이 발생하여 다툼에 관한 판결이 선고될 때까지 현재 상태를 그냥 내버려둘 수 없는 경우에 법원이 그에 관한 잠정적인 조치를 행하는 보전처분이 임시의 지위를 정하는 가처분입니다. 임시의 지위를 정하는 가처분의 피보전권리는 금전채권이 될 수 있고 비금전채권도 될 수 있고 그 형태로 다양하게 이루어집니다.

위 가처분의 구별은 예를 들면, 젖소의 인도를 구하는 경우에 점유자가 그

---

26) 가처분의 순위보전효를 이용하여 실무에서 가처분을 응용하는 사례로서는, 후취담보약정 (주택 등 대출 대상 부동산을 담보로 잡을 수 없어 먼저 돈을 빌려준 후 주택이 완공되어 소유권 설정이 가능할 경우 담보로 설정하는 방식이다)이 있는 경우 저당권설정등기청구권 또는 수급인의 저당권설정등기청구권(민법 제666조)이나 전세권설정을 해주기로 하거나 채권을 양도해주기로 하는 약정 등을 피보전채권으로 삼아 처분금지가처분을 신청하는 경우가 있습니다.

젖소를 타에 전매할 위험이 있으면 다툼의 대상에 관한 가처분을 할 것이고, 그 젖소를 학대하여 사육을 잘못하기 때문에 그 가치를 심히 손상시키고 있는 때에는 채권자로 하여금 이를 사육하게 하는 등 임시의 지위를 정하는 가처분을 할 수 있습니다.

가압류와 가처분의 차이가 많이 있지만, 압류금지와 관련된 다른 점이 하나 있습니다. 민사집행법상의 압류금지 규정(195조, 246조)은 금전채권의 집행에 관한 것이므로 가압류는 허용되지 아니하더라도 다툼의 대상에 관한 가처분을 함에는 지장이 없습니다. 이는 다른 법률에 의한 압류금지의 규정도 순전히 금전채권의 집행을 금지하는 취지라면 마찬가지로 해석할 수 있습니다(법원실무제요 민사집행 [4], 보전처분, 법원행정처, 2014. 55면 참고). 예를 들면, 소액임차보증금반환채권에 대해 가압류는 어렵지만 처분금지가처분은 가능할 수 있습니다.

실무에서 가압류와 가처분을 혼동하여 문제가 된 경우가 있습니다. 예를 들면, 부당이득의 반환은 법률상 원인 없이 취득한 이익을 반환하여 원상으로 회복하는 것을 말하므로, 배당절차에서 작성된 배당표가 잘못되어 배당을 받아야 할 채권자가 배당을 받지 못하고 배당을 받을 수 없는 사람이 배당받는 것으로 되어 있을 경우, 배당금이 실제 지급되었다면 배당금 상당의 금전지급을 구하는 부당이득반환청구를 할 수 있지만 아직 배당금이 지급되지 아니한 때에는 배당금지급청구권의 양도에 의한 부당이득의 반환을 구하여야지 그 채권 가액에 해당하는 금전의 지급을 구할 수는 없고, 그 경우 집행의 보전은 가압류에 의할 것이 아니라 배당금지급금지가처분의 방법으로 하여야 합니다(대법원 2013.04.26. 자 2009마1932).

가압류의 피보전채권과 본안의 소송물인 권리는 엄격하게 일치될 필요는 없고 청구의 기초의 동일성이 인정되면 가압류의 효력은 본안소송의 권리에 미친다고 할 것이지만, 가압류는 금전채권이나 금전으로 환산할 수 있는 채권에 의한 강제집행을 보전하기 위한 것이므로(민사집행법 제276조 제1항), 가압류의 피보전채권과 본안소송의 권리 사이에 청구의 기초의 동일성이 인정된다 하더라도 본안소송의 권리가 금전채권이 아닌 경우에는 가압류의 효력이 그 본안소송의 권리에 미친다고 할 수 없습니다.

## 2. 가압류 일반론(이른바 '물고기 이론')

위에 있는 그림을 가지고 가압류를 설명하고자 합니다. 그림을 보면 어부가 보입니다. 이 어부를 채권자라고 하겠습니다. 그리고 어부가 손에 들고 있는 그물도 보입니다. 이 '그물'을 '가압류'라고 생각하시면 됩니다. 마지막으로 바다 밑에 '크고 작은 물고기'들이 보이는데 이 물고기들이 바로 채무자의 재산입니다.

요약하면, '가압류'를 '그물'로, '채무자의 재산'을 '물고기'에 바꾸어 보면 될 거 같습니다. 이에 대한 설명을 하기 전에 우선 전제(약속)가 하나 있습니다. 그것은 어부(채권자)는 절대로 바다 밑을 볼 수 없다는 점입니다. 즉, 어부(채권자)는 물고기(채무자의 재산)가 어디에 얼마나 있는지 절대 모른다는 것입니다. 만일 물고기들이 어디에 있는지 알면 가압류는 쉬운 문제이기 때문입니다. 그러나 물고기들이 어디에 얼마나 있는지 알기 어려운 것이 현실입니다. 심지어 부부사이에서도 상대방의 재산이 어디에 얼마나 있는지 모르는 경우도 적지 않은 것이 현실입니다.

이 부분에 대해 일반인들이 가압류에 대해 잘못 생각하고 있는 부분이 있습니다. 일반인들은 대한법률구조공단을 포함해서 법률사무소에 가면 채무자의 재산을 바로 찾아주거나 조회할 수 있는 것으로 잘못 알고 있습니다. 만일 그런 방법을 알고 있다면 이는 발모제를 발명한 것이나 마찬가지로 엄청나게 획기적인 일이지만 그런 일은 아직 발생하지는 않았습니다. 즉, 누구도 위에서 설명한 일반적인 절차(재산명시나 재산조회 등)를 따르지 않고서는 채무자의 재산을 알 수 없다는 것입니다.

이런 조건하에서 어부는 가능한 한 많은 물고기를 잡으려 합니다. 크고 작은 물고기를 전부 잡으면 좋겠지만 그것은 불가능합니다. 왜냐하면 바다 밑을 볼 수 없어 채무자의 재산이라고 추정되는 모든 재산(물고기)에 대한 가압류가 어려울 뿐만 아니라 그물의 던질 수 있는 횟수(법원에서 가압류를 채권자가 원하는 만큼 허용해주지는 않습니다), 그물을 던지는 데 소요되는 비용(인지대와 송달료 이외에 잘못된 가압류로 인한 손해를 담보하기 위한 공탁금을 요구하고 있습니다) 등이 한정되어 있기 때문입니다.

위와 같이 물고기들(채무자의 재산)이 어디에 얼마만큼 있는지 모르는 상태에서 그물을 던지는 행위가 바로 가압류 신청행위라고 이해하시면 됩니다. 이러한 조건 하에서 가능한 물고기를 잡는 방법은, 물고기가 있을 가능성이 높은 곳에 그물을 던지는 방법이 최선입니다.

속된 말로 그물을 제대로 던져서 잡으면 훌륭한 일이고 제대로 못 던진 경우 어쩔 수 없다는 얘기입니다(쉽게 말해 꽝입니다). 어쩌면 운일지도 모른다고 생각할 수도 있으나 물고기들의 종류와 특징, 물고기들이 있을 만한 곳 등을 예상하여 그 길목에 그물을 잘 엮어서 제대로 던져야 고기를 잡을 가능성을 높일 수 있습니다.

이 책에서 알려드리고자 하는 것이 바로 이러한 가능성을 조금이나마 높일 수 있는 방법에 대한 것입니다. 결국, 물고기를 선택 후 물고기가 몰려 있거나 몰려 있을 수 있는 가능한 범위를 좁혀 그물을 촘촘히 엮은 다음에 던져야 합니다.

# Ⅳ. 구체적으로 가압류하는 방법

# Ⅳ. 구체적으로 가압류하는 방법

물고기(채무자의 재산)의 종류와 특징, 물고기들이 있을 만한 곳 등을 예상하여 그 길목에 그물(가압류)을 던져야 잡을 가능성을 높일 수 있는데, 먼저 물고기(가압류할 채무자의 재산)가 어떤 것들이 있는지를 알아야 합니다.

## 1. 물고기(채무자의 재산)의 종류

물고기(채무자의 재산)는 보통은 부동산 등 물권 및 이와 유사한 권리, 유체동산, 채권이 있습니다.

### 가. 부동산 등 물권 및 이와 유사한 물고기

■ 건물·토지 등 부동산 : 부동산의 물리적 일부에 대한 가압류는 할 수 없습니다. 가압류는 등기에 의하여 집행을 하게 되는데, 부동산의 경우 대지는 1필지 단위로, 건물은 1동 단위로, 아파트 등 구분소유건물은 1전유부분 단위로만 등기가 가능하기 때문입니다. 따라서, 부동산의 일부에 대한 가압류는 집행이 불가능하기 때문에 인정되지 않습니다[27].

공유지분에 대한 가압류는 '채무자 ㅇㅇㅇ의 지분 전부[2분의 1]'로 표시합니다. 부동산은 재산권의 정확한 내용을 알아야 부동산등기부등본 등을 열람해 볼 수 있습니다. 채무자나 가족들의 주소지, 실제 거주하는 곳, 기타 의심되는 곳에 관한 부동산 등기부 등본을 발급받아 확인하여 볼 수 있습니다.

■ 상속등기를 하지 아니한 부동산에 관하여 가압류결정이 있을 때에는 가압류채권자는 그 기입등기촉탁 이전에 먼저 대위에 의한 상속등기를 함으로써 등기의무자의 표시가 등기부와 부합하도록 하여야 합니다.

■ 미등기부동산에 대한 가압류도 가능합니다. 채권자가 미등기건물에 대해 가압류신청을 하려면,

① 건물이 채무자의 소유임을 증명할 서류(실무에서는 통상건축허가서나 건축신고서를 제출받고 있고 미흡한 경우 건축도급계약서 등을 추가로 받고 있습니다),

② 건물의 지번과 구조와 면적을 증명할 서류,

③ 건물에 관한 건축허가(신고)를 증명할 서류가 필요합니다. 이에 관하여 민사집행법은 위 ①, ③의 서류를 입수할 수 없는 채권자는 공적 장부를 주관하는 공공기관에 위 서류들에 관한 사항을 증명하여 줄 것을 청구할 수 있고(사실조회신청), 또는 위 ②의 서류를 입수할 수 없는 채권자는 건물의 지번·구조·면적의 조사를 집행법원에 신청할 수 있다(현황조사명령신청)고 규정하고 있습니다[28]. 이와 관련하여 **판례**는,

---

27) 이영창, 보전소송, 진원사, 2011, 152면

28) 법원실무제요 민사집행[Ⅵ], 법원행정처, 2014, 249면

완공되지 아니하여 보존등기가 경료되지 아니하였거나 사용승인되지 아니한 건물이라고 하더라도 채무자의 소유로서 건물로서의 실질과 외관을 갖추고 그의 지번·구조·면적 등이 건축허가 또는 건축신고의 내용과 사회통념상 동일하다고 인정되는 경우에는 보전처분의 대상으로 삼을 수 있다고 할 것이나, 그에 이르지 못한 경우에는 보전처분의 대상이 될 수 없는 것으로서 해당 미등기건물에 대한 보전처분신청은 각하되어야 할 것이다(대법원 2009.05.19.자 2009마406)고 하였습니다. 그러므로, 건축허가를 받지 않거나, 건축신고를 하지 않은 무허가건물의 경우에는 이 규정에 의한 보존등기가 불가능합니다. 왜냐하면 민사집행법상 위 규정은 적법하게 건축허가를 받거나 건축신고를 마쳤음에도 사용승인을 받지 못하거나 받지 않아 소유권보존등기를 할 수 없는 미등기부동산을 위한 규정이기 때문입니다. 다만 이러한 미등기나 무허가 건물에 대한 권리도 법률상·사실상 처분할 수 있는 법적 지위로 보아 그 밖의 재산권에 해당한다고 볼 여지는 있습니다.[29]

■ 부동산 수익권에 대한 가압류도 가능합니다. 강제관리는 부동산, 즉 토지 또는 건물의 수익인 차임 등으로 채권자의 금전채권을 만족하게 하려는 집행방법입니다. 예를 들면, 가압류의 목적물이 빌딩이나 아파트 같은 경우 이를 경매하여 돈으로 바꾸는 것은 매우 어려운 일이지만 채무자가 임대료 등을 임차인으로부터 추심하고 있는 때에는 일정 기간이 지나면 그 수익으로 채권자에게 만족을 줄 수 있기 때문입니다. 부동산 수익권에 대한 가압류는 강제관리 보전을 목적으로 하는 가압류로서 강제관리와 마찬가지 방법으로 집행하나, 본집행과 달리 청구채권액에 해

---

29) 손흥수, 채권집행의 실무, 육법사, 2015. 478면

당하는 금액을 받아 공탁하여야 합니다.

■ 전세권(채무자가 법인인 경우 고액의 상가임대차보증금반환채권을 확보하기 위해 전세권등기를 설정해 놓는 경우가 있습니다.)

■ 공장재단, 광업재단, 광업권, 어업권

■ 등기할 수 있는 선박, 등록된 항공기, 등록된 건설기계·중기·자동차[30]·오토바이는 부동산에 준하여 가압류 할 수 있습니다.

■ 지적재산권(특허권, 실용신안권, 상표권[31], 디자인권, 저작권 등)

■ 그러나, 신탁재산에 대하여는 신탁 전의 원인으로 발생한 권리 또는 신탁사무의 처리상 발생한 권리에 기한 경우를 제외하고는 강제집행, 담보권 실행 등을 위한 경매, 보전처분 또는 국세 등 체납처분을 할 수 없

---

30) 자동차의 경우 차량 번호를 알고 있거나 알 수 있다면, 자동차 등록원부 검색을 통하여 현재 소유자를 확인할 수 있습니다. 자동차 등록원부를 검색하는 방법은 구청이나 민원24(또는 자동차 대국민 포털 www.ecar.go.kr) 등 인터넷을 통하여도 조회가 가능합니다. 한편, 자동차에 대한 집행방법과 자동차 지분에 대한 집행방법은 차이가 있습니다. 자동차나 건설기계의 공유지분에 대한 가압류는 그 밖의 재산권을 가압류하는 방법에 의합니다. 추후 판결 등을 받아 경매하는 경우에도 방법이 다르므로 주의해야 합니다.

31) 실제 상표권 환가와 관련하여, 압류결정을 촉탁할 장소로 특허청이 된다는 점, 등록면허세 납부시 우편환이 이용된다는 점, 별지목록은 서비스표등록원부를 참고하면 된다는 점, 서비스표등록원부상 말소의 표시는 부동산등기와는 달리 주말하지 않고 단지 순위번호상 '음영'으로 표시된다는 점, 매각절차에서 매각대금은 전액 현금으로 납부해야 하고 채권자라 하더라도 상계처리 되지 않는 점, 감정료는 200-300만 원 정도 집행관여비(50-100만 원) 등 소요된다는 점(다만, 감정평가사도 평가하기 곤란한 경우가 많은 바 경매 채권자측에 전화를 걸어 문의하는 경우도 있습니다), 마지막으로 부동산경매처럼 상표권 권리도 뒤처리를 해줘야 하는데 경매로 낙찰 받았으므로 전부이전등록 및 '말소촉탁'도 반드시 해야 한다는 점 등입니다.

어(신탁법 제22조 제1항) 신탁재산에 대하여는 원칙적으로 강제집행이 금지됩니다.

신탁전의 원인으로 발생한 권리라 함은 신탁 전에 이미 신탁부동산에 저당권이 설정된 경우 등 신탁재산 그 자체를 목적으로 하는 채권이 발생된 경우를 말하는 것이고 신탁 전에 위탁자에 관하여 생긴 모든 채권이 이에 포함되는 것은 아닙니다(대법원 1987.05.12. 선고 86다545 판결).

그리고 '신탁사무의 처리상 발생한 채권'에는 수익자의 급부청구권을 비롯하여 신탁재산 수리에 사용된 보존비용에 기한 채권, 신탁재산에 관한 조세·공과금채권, 신탁 목적의 수행을 위하여 적법하게 차용한 경우 상대방의 채권, 신탁재산을 관리 또는 처분하는 과정에서 발생한 부당이득 반환채권, 신탁재산에 속하는 토지공작물의 하자 등으로부터 발생한 피해자의 손해배상청구권, 신탁재산과 타인 재산의 첨부에 의하여 생긴 물건이 수탁자에게 귀속하는 경우 구상권 등이 포함됩니다[32].

여기에 **판례**는 신탁재산의 관리 또는 처분 등 신탁 업무를 수행하는 수탁자의 통상적인 사업 활동상의 행위로 인하여 제3자에게 손해가 발생한 경우 피해자인 제3자가 가지는 불법행위에 기한 손해배상채권도 포함되는 것으로 봄이 상당하다(대법원 2007.06.01. 선고 2005다5843 판결)고 하였습니다.

그러나, 신탁수익권에 대한 강제집행은 신탁관계의 존속에 직접 영향을 주는 것이 아니라서 채권자는 수익권에 기하여 추심 내지 수익권의 환가에 의하여 채권의 만족을 얻을 수 있는 것이 원칙이므로, 수익권에 대한 강제집행으로 신탁이 종료되어도 신탁법 22조 1항이 금지하는 강제집행에 해당하지 않습니다(전게서 192면).

---

32) 신탁법 해설, 법무부, 2012. 188면

## 나. 유체동산 물고기

유체동산은 채무자의 사업장이나 주민등록이 된 곳으로 집행이 들어갈 수 있습니다. 유체동산에 대한 가압류는 일반 가압류와 달리 집행관이 채무자 소유의 유체동산에 직접 압류표지를 부착하는 방법으로 집행하기에, 채무자의 영업용 집기나 생산시설 등에 가압류 집행이 되면 영업상의 손해는 물론 채무자의 신용이 악화되어 가압류만으로 채무자가 도산하게 되는 경우도 있어 다른 가압류에 비하여 채무자에 대한 심리적 압박이 크기에 가압류하는데 보다 신중하고 엄격히 하고 있으며 공탁금도 다른 가압류에 비하여 매우 많습니다.

유체동산의 가압류는 집행관이 목적물을 점유하므로 원칙적으로 채무자의 사용이 금지되나, 집행관이 채무자에게 보관시킨 경우에는 통상의 용법에 따라 사용할 수 있습니다.

예전에는 유체동산 가압류의 경우 가동성이라는 특성으로 인하여 그 대상을 개별적으로 특정하기 곤란하다는 이유로 대상물을 특정하지 않았으나, 요즈음은 (가)압류할 유체동산이 소재하고 있는 장소 및 유체동산의 수량 및 가격 등에 대한 보정명령을 발하는 경우가 많습니다.

유체동산 가압류에서 주의할 것은, 주물이 아닌 종물 그 자체만에 대한 강제집행을 인정하게 된다면 일체로 사용되는 물건의 경제적 가치를 부당하게 손상시키는 결과를 초래하게 되고 이를 금지하더라도 개인의 권리를 부당하게 제한하지는 않는다는 점에 비추어,

종물만에 대한 강제집행은 일반적으로 허용되지 않는다고 할 것이고(울산

지방법원 1998.09.03. 선고 98가단16905 판결),

　공장저당의 목적인 동산은 공장저당법에 의하여 유체동산집행의 대상이 되지 아니하는 이른바 압류금지물에 해당하므로 집행관은 압류하여서는 안 된다는 것입니다(대법원 2003.09.26. 선고 2001다52773 판결).


　실무에서는 가압류할 유체동산에 살림살이나 집기 이외에도 공작기계, 의료장비, 지상에 설치된 자동세차시설, 모래, 종묘 판에 재배중인 종묘[33], 정원수[34] 등 등기되지 않은 입목, 납골당, 비육돈(대법원 2001. 1. 16. 선고 2000도1757 판결) 등 가축, 양복원단·안감·와이셔츠 원단·양복 바지 공단 등 원단 전체(서울중앙지방법원 2007.07.25. 선고 2006가합52285 판결)등의 사례가 있습니다.

---

33) "채권자는 이 사건 유체동산 가압류신청서에서 가압류할 유체동산의 표시로, 전남 장성군 장성읍 단광리 271-4 등의 지상에 있는 비닐하우스 13개 동에서 채무자가 재배하고 있는 채소 및 각종 과일(예 : 방울토마토, 참외, 수박 등)의 종묘 전부라고 적었고, 가압류할 유체동산의 사진을 첨부하였으며, 그 첨부한 사진에 의하면 가압류할 유체동산은 종묘 판에 재배중인 종묘임을 알 수 있는바, 그렇다면 이 사건 종묘판에 재배중인 종묘는 토지의 정착물이라고 할 수 없어 민사집행법 제189조 2항을 적용할 필요 없이 유체동산압류집행의 대상이 된다(대법원 2009. 3. 17.자 2008마1866결정)"고 하였습니다(권창영, 민사보전법, 유로, 2012. 316면 각주).

34) 구 민사소송법 제527조 제2항 제1호는 '등기할 수 없는 토지의 정착물로서 독립하여 거래의 객체가 될 수 있는 것'은 유체동산집행의 대상이 되는 것으로 규정하고 있는데, 여기서 말하는 "등기할 수 없는 토지의 정착물"은 토지에의 정착성은 있으나 현금화한 후 토지로부터 분리하는 것을 전제로 하여 거래의 대상으로서의 가치를 가지는 것이라고 보아야 하고 (대법원 1995. 11. 27. 자 95마820 결정 참조), 독립하여 거래의 객체가 될 수 있는 것인지의 여부는 그 물건의 경제적 가치 및 일반적인 거래의 실정이나 관념에 비추어 판단하여야 할 것이므로, 정원수는 거래의 실정이나 관념에 비추어 구 민사소송법 제527조 제2항 제1호의 유체동산에 해당한다고 볼 수 있는 경우가 많을 것인데도, 원심이 이 사건 정원수가 독립하여 거래의 객체가 될 수 있는 것인지에 관하여 전혀 살펴 보지도 아니하고 특별한 사정이 없는 한 정원수는 토지에 부합되는 것이라고 판단하여 원고들의 주장을 배척하였으므로 원심에는 유체동산집행의 대상에 관한 법리를 오해한 나머지 필요한 심리를 다하지 아니하여 판결에 영향을 미친 위법이 있다(대법원 2003.09.26. 선고 2001다52773).

모래에 대한 가압류의 경우, 가압류할 유체동산의 표시방법은,

① 가압류할 유체동산인 모래의 소재지(전북 익산시 ㅇ),

② 가압류할 유체동산의 품목(모래 13,000루베[입방미터(1m³)]중량환산 8,700톤 상당 [모래 1루베당 단위중량 1.5톤],

③ 가압류할 유체동산의 가액(모래 1루베당 가액 22,000원 [20ㅇㅇ. ㅇ. 경 서울 소재 공개도매시장 형성가격]) 등으로 가압류할 모래를 특정할 수 있습니다.

예전에는 유체동산가압류의 동산의 특정에 대하여 목적물의 특정이 없어도 허가해 주었으나, 최근에는 동산의 소재지와 가액 등을 특정하도록 하고 있습니다. 한편, 모래인도소송에서의 주문도 "피고는 원고에게 … 매월 60,000 m³의 비율에 의한 모래를 인도하라"입니다(대전지방법원 서산지원 2000가합873).

등기되지 않은 입목의 경우 그것은 토지의 구성부분에 지나지 않으므로 지반과 분리하여 독립으로 집행의 대상으로 될 수 있는가, 집행의 대상으로 될 수 있더라도 어떠한 집행절차에 의하여야 하는가가 문제되는바, 그 강제집행의 가능성에 대하여는 대체로 이를 긍정하는 것이 실무의 입장으로 보이고 (사법보좌관실무편람 -채권집행 및 배당절차 편-, 법원행정처, 2010. 129면), 법 제189조 2항 1호가 '등기할 수 없는 토지의 정착물'을 동산집행의 목적물로 하고 있는 점에 비추어 보면 미등기입목에 대한 집행은 원칙적으로 동산집행의 방법에 의하여야 합니다[35].

---

35) 손진홍, 채권집행의 이론과 실무 [上], 법률정보센터, 2016. 352면

납골당에 대한 강제집행은 유체동산의 집행의 방법으로 집행할 수 있을 것으로 보입니다(서울고등법원 2007라1015). 그러나, 법인묘지사업을 허가받은 재단법인이 그 묘지에 설치된 분묘의 이용권을 분양하는 권리는 그 허가받은 법인에게 전속되어 법률상 그 양도가 금지된 것으로서 강제집행의 대상이 될 수 없습니다(대법원 2009. 6. 19.자 2009마901)[36].

## 다. 채권 물고기

채권이란 특정인(채권자)이 다른 특정인(채무자)에 대하여 특정의 행위(급부·급여·작위·부작위)를 청구할 수 있는 권리를 말하는데, 부동산이나 유체동산처럼 어느 정도 고정적인 것이 아니라 너무나 다양하게 존재합니다. 일반적인 금전채권 이외에 유체동산이나 부동산의 인도 또는 권리이전청구권이 포함되어 있습니다.

유체동산 인도 또는 권리이전청구권에 대한 가압류는 채무자의 책임재산에 귀속하여야 할 유체동산을 제3자가 채무자에게 인도할 채무를 지고 있다거나, 제3자가 그에 대한 권리를 채무자에게 이전할 채무를 부담하고 있는 경우에 사용합니다. 이에 대한 집행방법으로서 이 경우에는 채무자의 제3자에 대한 유체동산의 인도 또는 권리이전청구권을 금전채권에 대한 집행방법에 준하여 압류, 추심 받아 그 유체동산을 채무자의 책임재산으로 돌려놓아 강제집행할 수 있는 상태로 만든 뒤 이를 현금화하는 방법으로 집행합니다.

따라서 그 청구권 그 자체를 처분하는 것은 아닙니다. 예를 들면, 유체동산은 원칙적으로 법 제189조에 따라 집행관이 이를 압류하는 방법으로 집행

---

36) 박준의, 신채권집행실무, 유로, 2012. 572면

하여야 할 것이나, 제3자가 유체동산을 점유하고 있는 경우 그 제3자가 물건의 제출을 거부하는 때에는 집행관이 이를 압류할 수 없으므로 먼저 채무자가 제3채무자에 대하여 가지는 그 청구권의 내용을 실현하여 유체동산의 소유와 점유를 채무자에게 귀속시켜 이를 채무자의 책임재산으로 만든 다음 이에 대하여 강제집행을 실시하여 채권을 만족시키는 제도입니다.

실무적으로, 손실보상이 채권으로 공탁된 경우의 공탁유가증권출급청구 및 대여금고 속의 내용물에 대한 집행에서 사용됩니다.

좀 더 살펴보면, 유가증권 자체의 인도청구권 또는 공탁유가증권의 지급청구권은 법 제243조에 따라 유체동산인도청구권에 대한 강제집행절차에 의하고, 대여금고의 내용물에 대해서는 이용자(채무자)의 은행에 대한 대여금고계약상의 내용물 인도청구권을 압류하는 방법에 의해 강제집행을 할 수 있습니다[37].

부동산의 인도나 권리이전의 청구권(아파트분양권이나 수분양권 포함)도 가압류할 수 있습니다.[38] 아파트 분양권 또는 수분양권이란 주택법 등 관계 법률에 의한 사업주체의 관리처분계획의 확정에 의하여 분양을 받은 사업주체의 구성원인 조합원 또는 분양계약의 체결에 의하여 분양을 받은 일반당첨자가 분양처분이 고시 다음날에 소유권을 취득하기 전까지 당해 분양예정의 목적물에 대하여 갖는 권리라고 할 수 있습니다[39].

실무상, 주로 분양계약에 따른 수분양권이나 재건축·재개발 사업 또는 신탁계약 해지 등으로 채무자가 받게 될 부동산에 대한 소유권이전등기청구권

---

37) 사법보좌관실무편람 −채권집행 및 배당절차 편−, 법원행정처, 2010. 116면 이하

38) 부동산소유권이전등기청구권집행과 분양권집행의 차이점은 박준의, 제2판 신채권집행실무, 유로 2015. 855면 이하 참조.

39) 같은 책 177면

에 대한 집행이 많습니다.

예를 들면, 채무자가 임대주택에 살고 있는 임차인인 경우 앞으로 분양전환을 하면 생길 소유권이전등기 청구권에 가압류를 할 수 있습니다. 소유권이전등기청구권을 가압류하면 임대사업자가 채무자에게 분양전환을 해 주지 않을 것입니다.

일반적인 금전채권은 그 내용이 너무 다양합니다. 용어나 명칭은 조금씩 다를 수 있으나 그 내용은 유사하거나 중복되는 것이 많이 있습니다. 아래에서는 다양한 채권 물고기 중 실생활에서 많이 사용되거나 문헌에 나와 있거나 제가 경험한 것들을 중심으로 적어 보았습니다. 다만 채권은 너무 다양하여 아래에서 언급한 것 이외의 것들도 많이 존재하며 앞으로도 새로운 물고기들이 얼마든지 나타날 수 있습니다. 그러므로 아래의 내용은 완결적인 것이 아님을 먼저 밝혀두고자 합니다.

■ 전세권부 채권[40], 저당권부 채권, 질권부 채권, 가등기상 권리(=소유권이전등기청구권, 실무에서는 채무자가 개인인 경우 부동산을 배우자 명의로 이전하는 대신 만약을 위해 채무자 명의의 가등기 등을 경료해 놓는 경우가 있으므로 채무자의 주소지 부동산등기부등본을 반드시 발급받아 확인해 볼 필요가 있습니다.), 등기된 환매권(독립한 재산권으로 볼 수 있으므로 집행의 대상이 됩니다), 전세권에 대하여 설정된 저당권 등도 가압류할 수 있습니다.

---

40) 전세권에 대한 집행과 전세권부 채권(전세금반환청구권)에 대한 (가)압류는 환가방법 등에서 차이가 납니다. 본집행에 있어서 전세권가압류는 '전세권기간 중'에는 특별환가방법에 의한 집행의 방법에 의하고, '전세기간 만료 후'에는 금전채권에 의한 집행의 방법에 의하나, 전세권부채권가압류는 금전채권의 집행만이 가능합니다(자세한 내용은 윤경, 보전처분[가압류·가처분]의 실무, 법률정보센타 및 이영창, 보전소송, 진원자, 2011, 164면 참고).

■ 수당금채권 : 예를 들면, 채무자가 보험설계사로서 제3채무자로부터 보험 실적에 따라 매월 지급받을 기본수당, 모집수당, 수금수당, 성과수당 등

■ 임금채권[41] · 퇴직금채권(의정활동비 포함:2004마336)[42] : 퇴직금 그 밖에 이와 비슷한 성질을 가진 급여채권의 2분의 1에 해당하는 금액은 압류할 수 없습니다(법 제246조 1항 5호).

그러나 **판례**에 의하면 퇴직급여법상의 퇴직연금채권은 그 전액에 관하여 압류가 금지됩니다(대법원 2014.01.23. 선고 2013다71180 판결). 이들의 관계에 관한 내용은 후술하겠습니다.

한편, 공무원이나 군인 및 사립학교 교직원 등의 퇴직연금은 법률상 압류금지채권이나(공무원연금법 제39조 제1항, 군인연금법 제7조 제1항, 사립학교교원연금법 제40조 제1항), 위 연금이 계좌로 입금된 이후에는 「민사집행법」 제195조제3호에서 정하는 금액을 제외하고는 압류할 수

---

41) 대한민국에 거주하면서 주한미군사령부에서 근무하는 갑의 채권자 을이 우리나라 법원에서 제3채무자를 미합중국으로 하여 갑이 미합중국에 대하여 가지는 퇴직금과 임금 등에 대하여 채권압류 및 추심명령을 받은 후 추심금의 지급을 구한 사안에서, 위 채권압류 및 추심명령은 재판권이 없는 법원이 발령한 것으로 무효이고, 우리나라 법원은 추심금 소송에 대하여도 재판권이 인정되지 않는다고 한 사례(대법원 2011.12.13. 선고 2009다16766 판결)

42) 항운노동조합 소속 조합원인 항만근로자 퇴직금을 압류할 수 있는지?
우리나라 항만인력공급체제는 항운노조가 하역업체와 노무도급계약을 체결한 후 자신의 조합원인 항만하역근로자를 하역업체에 파견하는 형식으로 근로제공관계가 이루어지며, 하역업체의 상용근로자를 제외하고는 항운노조의 조합원이 아니면 하역작업에 종사하지 못하도록 하는 이른바 클로즈드 샵(closed shop) 제도를 운영하고 있어 항만하역근로자의 법적 지위가 문제되는바, 판례는 항만하역근로자와 하역업체 사이에 근로기준법상의 개별적 근로관계가 성립하지 않는다고 보고 있고, 또한 항운노조 소속 조합원이었던 근로자가 항운노조를 상대로 퇴직금청구를 한 사안에서도 항운노동조합이 소속 조합원에 대하여 근로기준법상의 퇴직금지급의무를 지는 사용자라고 보기 어렵다고 판시함. 다만, 항만근로자의 퇴직 후 생계보장을 위해 항만하역요금 중 일정비율을 항만근로자 퇴직충당금으로 적립, 지급하도록 사단법인 한국항만물류협회 산하에 [**항만근로자 퇴직충당금 관리위원회, 서울시 서대문구 서소문로 21 충정타워 15층, 대표자 위원장 0 0 0**]를 설치하여 퇴직자들에게 퇴직금을 지급하는 등의 업무를 하도록 하고 있습니다.

있다는 취지로 변경되었음을 유의해야 합니다(공무원연금법 제39조 제2항[2016. 1. 1.시행], 군인연금법 제7조 제2항[2016. 3. 2. 시행], 사립학교교원연금법 제40조 제2항[2013. 12. 30.시행]).

위 규정들은 모두 "수급권자에게 지급된 급여 중 법 제195조 3호에서 정하는 금액 이하는 압류할 수 없다"라고 규정하고 있어 반대해석하면 이를 넘는 금액은 압류가 가능하다는 취지입니다).

또한, 학교법인이 의료기관을 운영하는 경우 의료기관 직원의 퇴직금은 압류할 수 있으므로 소관기관으로 병원명이 기재되어 있다면 압류명령 발령이 가능합니다[43].

채무자가 공무원인 경우 명예퇴직수당(1/2)에 까지 압류의 효력을 미치게 하기 위해 압류대상채권에 명시해야 하고, 명예퇴직금 지급주체가 국가공무원인 경우 대한민국이나 지방공무원은 당해 지방자치단체이므로 주의해야 합니다(박준의 p95).

채무자가 새마을금고 임직원인 경우, 채무자가 제3채무자 재단법인 새마을금고 임직원상조복지회에 대하여 가지는 퇴직공제급여채권을 집행할 수 있습니다.

- (상가 및 주택 등)임대차보증금반환채권 : 예를 들면, 채무자와 제3채무자 주식회사 코엑스 사이에 전시장 임대차 계약을 체결하고 채무자가 제3채무자에게 예치한 [장치·장식등록] 보증금반환채권

- 예금채권 : 계좌번호를 모르더라도 은행과 및 주민등록번호나 사업자등록번호를 특정하면 가능합니다. 휴면예금(및 휴면 보험금)도 가압류할

---

43) 사법보좌관실무편람 49면

수 있습니다. 이 경우 제3채무자는 휴면예금관리재단이 됩니다(예를 들면, 채무자가 제3채무자에 대하여 가지는 휴면예금원권리자로서 지급받을 휴면예금에 갈음하는 금액의 지급청구권)[44]. 다만, 은행 등 금융기관이 보험업무를 취급하는 경우 해당 금융기관은 보험업법 91조 소정의 보험대리점 또는 보험중개사의 지위에 있을 뿐 보험금을 지급할 주체는 아닙니다[45].

또한, **공동명의의 예금에 대해 가압류 가능성에 대해 판례**는, 은행에 공동명의로 예금을 하고 은행에 대하여 그 권리를 함께 행사하기로 한 경우에 만일 동업 자금을 공동명의로 예금한 경우라면 채권의 준합유관계에 있다고 볼 것이나, 공동명의 예금채권자들 각자가 분담하여 출연한 돈을 동업 이외의 특정 목적을 위하여 공동명의로 예치해 둠으로써 그 목적이 달성되기 전에는 공동명의 예금채권자가 단독으로 예금을 인출할 수 없도록 방지·감시하고자 하는 목적으로 공동명의로 예금을 개설한 경우라면, 하나의 예금채권이 분량적으로 분할되어 각 공동명의 예금채권자들에게 공동으로 귀속되고, 각 공동명의 예금채권자들이 예금채권에 대하여 갖는 각자의 지분에 대한 관리처분권은 각자에게 귀속되는 것이고, 다만 은행에 대한 지급 청구만을 공동반환의 특약에 의하여 공동명의 예금채권자들 모두가 공동으로 하여야 하는 것이므로, 공동명의 예금채권자 중 1인에 대한 채권자로서는 그 1인의 지분에 상응하는 예금채권에 대한 압류 및 추심명령 등을 얻어 이를 집행할 수 있다고 하였습니다.

한편 이러한 압류 등을 송달받은 은행으로서는 압류채권자의 압류 명령

---

44) 박준의, 신채권집행실무, 186면
45) 사법보좌관실무편람 36면

등에 기초한 단독 예금반환청구에 대하여, '공동명의 예금채권자가 공동으로 그 반환을 청구하는 절차를 밟아야만 예금청구에 응할 수 있다.'는 공동명의 예금채권자들과 사이의 공동반환특약을 들어 그 지급을 거절할 수는 없다(대법원 2005.09.09. 선고 2003다7319)고 하였습니다.

주의할 점은 가압류명령의 가압류할 채권의 표시에 '채무자가 각 제3채무자들에게 대하여 가지는 다음의 예금채권 중 다음에서 기재한 순서에 따라 위 청구금액에 이를 때까지의 금액'이라고 기재된 사안에서, 위 문언의 기재로써 가압류명령의 송달 이후에 새로 입금되는 예금채권까지 가압류의 대상이 되었다고 해석할 수는 없다(대법원 2011.02.10. 선고 2008다9952)고 보고 있으므로 예금채권 별지작성 할 때 반드시 장래에 입금될 예금채권을 포함하는 내용이 들어가야 한다는 점입니다.

한편, 가압류결정의 집행 이후에 채무자 명의로 새로 개설된 예금계좌에 관하여는 기존 가압류의 효력이 미치지 않는다고 보는 것이 다수의 견해입니다.
그리고, 국내은행의 해외지점은 외국에 소재하면서 본점이나 국내지점과는 달리 별도로 소재지인 외국의 법령에 따른 인가를 받아 외국의 은행으로 간주되고, 은행업을 경영함에 있어서도 외국의 법령에 따라 외국 금융당국의 규제 및 감독을 받으며, 국내은행 해외지점에서 이루어지는 예금거래에 대해서도 소재지인 외국의 법령이 적용됨이 일반적이며, 국내은행 해외지점은 본점 및 국내지점과 전산망이 연결되어 있지 아니하고, 국내은행 해외지점에 예치한 예금은 해외지점이 소재한 외국에서만 인출할 수 있을 뿐 이를 국내에서 처분하기 위해서는 다시 국내로의 송금 절차를 거쳐야만 하므로 과세관청이 납세자에 대한 체납처분으로서 국내은행 해외지점에 예치된 예금에 대한 반환채권을 대상으로 한 압류처분은 국세징수법에 따른 압류의 대상이 될 수 없는 재산에 대한 것으로서 무효입니다(대법원 2014.11.27. 선고 2013다205198 판결).

마이너스 통장계좌에 대하여 채권압류 및 추심명령이 송달된 후 입금되는 돈은 계좌잔액이 마이너스 상태라도 압류의 대상이 되는지에 대해서는 견해의 대립이 있습니다(긍정 : 서울중앙지방법원 2011가합116763 → 부정 : 서울고등법원 2012나99305 → 대법원은 상고를 기각함으로써 원심확정).


■ 보험해약반환금 : 보험계약에 관한 해약환급금 채권은 보험계약자가 해지권을 행사할 것을 조건으로 효력이 발생하는 조건부 권리이기는 하지만 금전 지급을 목적으로 하는 재산적 권리로서 민사집행법(2011. 4. 5. 법률 제10539호로 개정되어 2011. 7. 6. 시행되기 전의 것) 등 법령에서 정한 압류금지재산이 아니어서 압류 및 추심명령의 대상이 되며, 그 채권을 청구하기 위해서는 보험계약의 해지가 필수적이어서 추심명령을 얻은 채권자가 해지권을 행사하는 것은 그 채권을 추심하기 위한 목적 범위 내의 행위로서 허용된다고 봄이 상당하므로, 당해 보험계약자인 채무자의 해지권 행사가 금지되거나 제한되어 있는 경우 등과 같은 특별한 사정이 없는 한, 그 채권에 관하여 추심명령을 얻은 채권자는 채무자의 보험계약 해지권을 자기의 이름으로 행사하여 그 채권의 지급을 청구할 수 있다고 할 것이다(대법원 2009. 6. 23. 선고 2007다26165 판결 및 대법원 2013.07.12. 선고 2012다105161 판결). 다만, 이에 대한 반성으로 민사집행법이 개정되어 일부 압류금지채권으로 변경되었다

는 점은 후술합니다.

■ 보수금 : 예를 들면, 채무자와 제3채무자 사이에 홈페이지 (http://www.○○○.co.kr) 유지 · 보수 계약을 맺고 지급받을 금원

■ 물건의 매매(물품)대금 · 납품결제대금 · 소프트웨어 공급대금 · 채무자가 위탁판매계약에 기초하여 받을 판매대금반환채권 : 예를 들면, 채무자가 제3채무자에게 20○○. ○. ○. 판매한 물품에 대한 물품대금채권

■ (행사대행, 화물운송) 수수료

■ (설계)용역비채권 : 예를 들면, 채무자와 제3채무자사이에 2003.경 부산광역시 부산진구 범천동 ○번지 건축설계도서작성 및 인 · 허가업무대행 계약에 의해 지급 받을 채권

■ 사용료채권 : 예를 들면, 채무자와 제3채무자사이에 '이미지의 클러스터링 방법을 이용하여 문자를 고속으로 입력 및 교정하는 방법' 등 한자 DB구축 프로그램을 제공해주기로 하는 계약을 체결하고 받을 채권

■ 신용카드이용결제대금 : 예를 들면, 채무자가 제3채무자에 대하여 신용카드가맹점계약에 의하여 가지는 신용카드결제반환대금(채무자가 영업을 하면서 발생되는 신용카드 구매, 판매 등의 대금으로 제3채무자로부터 지급받는 신용카드결제대금 반환금)

■ 보험회사 등에 가지는 손해배상금채권

■ 채무자가 가지는 대여금채권 : 예를 들면, 채무자가 제3채무자에 대하여 2
0○○. ○. ○. 변제기 20○○. ○. ○.으로 약정하여 대여한 대여금채권

■ 공탁금지급(회수출급)청구채권 : 공탁물 지급청구권은 공탁자 또는 피공
탁자에게 귀속하는 일종의 지명채권의 성질을 가지며 일신전속권이 아
니므로 상속의 대상이 되고, 양도 등 임의처분은 물론 압류 등 집행의
대상이 될 수 있으며, 채권자대위권의 목적이 될 수 있습니다[46].
한편, 가압류해방공탁금에 대한 집행문제에 대한 논의가 있습니다. 구체
적으로, 가압류채권자를 집행채무자로 하고 해방공탁금에 대한 회수청
구권을 피압류채권으로 한 가압류신청이 가능한지가 문제됩니다. 피압
류채권이 존재하지 않기 때문에 어렵다는 견해도 있고 채권의 피압류적
격으로서 압류 당시 채권이 현실적으로 발생되어 있을 것을 요건으로
하지 않고 정지조건부채권이나 시기부채권 등 장래채권도 압류대상이
되므로 가능하다는 견해도 있습니다[47]
그리고, 혼합공탁 후 사유신고가 이루어진 경우 채권양도가 판결로써 사
해행위로 취소 확정된 경우, 판례에 따를 때 상대적으로 채무자에게 복귀
된 책임재산에 대해 압류하고자 할 때 별지목록 작성은 다음과 같습니다
(즉, 채무자에게 채권이 귀속될 것을 조건으로 채권을 가압류 등 집행을
할 수 있습니다. 재판자료 제109집 민사집행법 실무연구, 법원도서관. 사
례 9. 부동산가압류의 처분금지적 효력과 수용보상청구권 참고).[48]

---

46) 2009 공탁실무편람 462면
47) 자세한 내용과 그에 따른 별지목록 작성례는 박준의, 신채권집행실무 175면 및 공탁선례
1-225 참고

> 서울○○지방법원 20○○가합 ○호 사해행위취소판결에 따라 채무자
> (채권양도인) 갑이 채권자(채권양수인) 병으로부터 원상회복의 방법으
> 로 양도받게 될 공탁금출급청구권

참고로, 사해행위취소 채권자의 사실상 우선변제 받는 것을 막기 위하여 다른 채권자가 취할 수 있는 수단으로서는[49] ① 채무자에 대한 파산을 신청함으로써 집단적 청산절차를 개시하는 방안(2007다37837 판결 참고), ② 채무자의 취소채권자에 대한 금전반환청구채권을 압류나 가압류하는 방안(취소의 상대적 효력과의 관계에서 논란이 있음. 취소의 상대적 효력을 엄밀하게 적용한다면, 취소채권자와 채무자 사이에는 그 취소로 인한 법률관계가 형성되는 것은 아니므로, 채무자가 취소채권자에 대하여 취소채권자가 수익자로부터 수령한 금전에 관하여 반환청구권을 가진다고 볼 수 없다), ③ 다른 채권자가 별도로 채권자취소소송을 제기하여 취소채권자의 소송절차와 병행하거나 그 변론에 병합하는 방안(가장 간편하고 소송실무상 많이 활용) 등을 생각할 수 있다.

■ 부동산경매매득금 중 잔여금에 대한 채무자의 교부청구채권

■ 부동산소유권이전등기청구권(분양권, 입주권 등) 및 매매계약해제시 원상회복으로 인한 계약금 등 반환채권

---

48) 박준의, 제2판 신채권집행실무, 유로 2015. 1152면.

49) 조해섭, 채권자취소권법, 법문사, 2019. 615면 참고

■ 건설공제조합 등 출자증권 : 출자증권에 대한 가압류를 하는 것이 일반
적인 형태이나, 출자증권에 관한 교부청구권을 가압류하기도 합니다(대
전지방법원 천안지원 2015. 3. 24.자 2015카단347). (가)압류할 채권의
표시는 보통 출자증권계좌수, 출자증권번호, 1계좌당 금액을 기재하나,
이를 알 수 없을 경우에는 아는 범위 내에서 기재할 수 밖에 없고 도저
히 알 수 없다면 이를 생략할 수 있습니다. 출자증권은 각 조합으로부
터의 차입금을 담보하기 위하여 조합에 질권으로 제공되어 있고, 질권의
피담보채권액도 출자증권의 출자가액을 초과하는 경우가 많습니다.

출자증권은 제3채무자인 조합이 집행관에게 인도하지 않으면 현금화단
계까지 나아가지 못하고, 인도하더라도 질권자로서 배당요구를 하는 경
우에는 질권자에게 우선배당하면 집행채권자에게 지급될 잔액이 없어
무잉여가 되는 경우가 많은 것이 실무이나[50],

제3채무자가 질권으로 담보된 채권 등을 정산한 후 조합원에게 지급할
잔액이 있을 경우 그 잔액을 공탁함으로써 배당절차로 이어져 배당하는
경우도 있습니다[51].

한편, 출자증권에 대한 압류는 집행관이 위 출자증권을 점유함으로써 효
력이 생기는 것이므로 매각명령 등 현금화명령을 신청한 채권자를 제외
한 다른 채권자들의 압류 등이 있는 경우에도 이들 압류 등에 의하여 집
행관이 증권을 점유하지 못한 경우에는 압류 등이 무효이고 이에 기한
배당을 받을 수 없으므로(위 편람 307면), 증권을 점유하지 못한 채권자
들은 현금화절차를 거쳐 '집행관이 매각대금을 법원에 제출할 때까지' 배
당요구를 함으로써 배당에 참가할 수 있습니다. 출자증권에 대한 가압류

---

50) 법원실무제요 민사집행[Ⅲ], 456면

51) 사법보좌관실무편람 154면

관련된 최근 대법원 2017. 4. 7. 선고 2016다35451 판결에 의하면, 건설공제조합의 조합원에게 발행된 출자증권은 위 조합에 대한 출자지분을 표창하는 유가증권으로서(대법원 1987. 1. 20. 선고 86다카1456 판결 참조), 위 출자증권에 대한 가압류는 민사집행법 제233조에 따른 지시채권 가압류의 방법으로 하고, 법원의 가압류명령으로 집행관이 출자증권을 점유하여야 한다(건설산업기본법 제59조 제4항). 한편 위 출자증권을 채무자가 아닌 제3자가 점유하고 있는 경우에는 채권자는 채무자가 제3자에 대하여 가지는 유체동산인 출자증권의 인도청구권을 가압류하는 방법으로 가압류집행을 할 수 있다(민사집행법 제242조, 제243조).

---

**[신청취지]**

채무자의 제3채무자에 대한 별지 기재 출자증권에 대한 인도청구권을 가압류한다.

제3채무자는 채무자에게 위 출자증권을 인도(교부)하거나 채무자의 지시에 따라 이를 채무자 이외의 자에게 인도(교부)하여서는 아니 된다.

---

한편, 제3채무자 정보통신공제조합에 문의한 결과 이미 채무자 ○○ 주식회사의 출자증권은 처분되었고 공제조합의 조합원에서 탈퇴한 경우, 채무자가 제3채무자에 대해 가지고 있는 "출자금반환채권"에 대해 압류 및 추심명령(제3채무자 진술최고)을 할 필요가 있습니다.

[별지목록]

"제3채무자 정보통신공제조합은 조합원이었던 채무자의 지분을 취득한 이후 이를 처분하였는바, 채무자가 제3채무자로부터 반환받을 출자금반환채권 중 위 금액에 이를 때까지의 금액."

■ 주식(권리주, 주권발행 전·후의 주식, 예탁유가증권, 보호예수 유가증권 포함) : 주식에 대한 집행은 주권이 발행되었는지 여부, 한국예탁결제원에 예탁 또는 보호예수되어 있는지 여부, 회사에 주권불소지 신고 여부, 채무자가 주권을 점유하고 있는지 여부 등에 따라 집행방법이 달라집니다.

모두 다는 아니지만, 일정한 규모 이상 자본금이 큰 회사는 (상장회사가 아니더라도) 금융감독원 홈페이지에 (반기 또는 분기)보고서를 제출하게 있고 이는 공개됩니다. 그 보고서에 주식소유현황 등이 있을 수 있습니다.

주식 등 증권대체결제제도는 주식 그 밖의 유가증권을 일정한 기관에 집중 보관하여 매매거래나 담보거래가 이루어지는 경우에 주식 등의 이전을 증권의 현실인도로 행하지 않고 장부상 계좌의 대체로 행하는 제도로서 한국예탁결제원에서 전담합니다.

증권의 대체결제는 증권의 소유자가 고객으로서 그 소유 증권을 증권회사 등(예탁자)에 예탁하고, 예탁자로부터 투자자계좌부를 개설받습니다. 투자자계좌부에는 고객의 성명과 주소, 예탁증권 등의 종류 및 수와 그 발행인의 명칭 등이 기재됩니다.

예탁자는 고객으로부터 증권을 예탁 받으면 이것을 한국예탁결제원에 예탁합니다.

한국예탁결제원에는 예탁자별로 예탁자계좌부가 작성·비치되어 있고, 이 계좌부에 그 예탁자로부터 한국예탁결제원에 예탁된 증권에 관하여 예탁자의 자기 소유분과 투자자예탁분을 구분하여 장부에 기재되는바, 이 장부에 기재된 자는 그 증권을 점유하는 것으로 봅니다.

즉, 증권소유자는 증권회사의 투자계좌부에, 증권회사는 한국예탁결제원의 예탁자계좌부에 각기 자기 계좌를 개설하면 예탁된 증권의 이전이나 담보권의 설정은 증권의 교부 없이 양도인의 계좌에서 양수인의 계좌로 대상이 된 증권을 대체하는 장부상의 기재만으로 이루어집니다.

투자자와 예탁자는 장부에 기재된 유가증권의 종류, 종목 및 수량에 따라 예탁증권등에 관한 공유지분을 가지는 것으로 추정하고 있는바, 한국예탁결제원에 예탁된 예탁증권등에 대한 강제집행은 예탁된 증권의 공유지분에 대하여 그 밖의 재산권에 대한 집행방법을 따르는 것으로 되어 있습니다(민집규 182조).

실무상 대부분 투자자가 채무자이므로 예탁자(증권회사 등)가 제3채무자가 됩니다. 보호예수의뢰인 또는 보호예수의무자 등이 예탁결제원과 보호예수계약에 의해, 예탁결제원이 보호예수의뢰인 등으로부터 유가증권을 인도받고 이를 보관한 후 기간만료 등 반환시 보호예수 의뢰한 것과 동일한 유가증권으로 반환하는 것으로, 일종의 개별임치계약으로 봅니다. 보호예수된 주권은 예탁유가증권에 대한 방법을 따를 것이 아니고, 유체물인도청구권에 대한 집행방법에 따라야 합니다[52].

한편, 자본시장법의 증권예탁제도는 유가증권의 존재를 전제로 한 것인데, 유가증권은 그 발행이나 관리에 많은 비용이 소요되고, 위조 또는 분실의 위험에도 노출되어 있다는 문제가 있어 유가증권의 존재를 전제

---

52) 김동호·김동일, 2016년판 가압류·가처분 신청취지 실무제요, 법률정보센터, 2016. 155면

하지 않고 주식 등 권리의 이전 및 행사를 일정한 기관의 장부에 전자적 방식의 기재로써만 행하는 전자등록제도가 도입되었습니다(2019. 9. 16. 전자증권법 시행). 예탁유가증권과 전자등록주식등은 유가증권의 존재를 전제로 하는지의 여부에 관하여 차이가 있지만, 양자에 대한 민사집행절차는 그 밖의 재산권에 대한 집행절차를 따르면서 채권집행 등에 관한 규정의 대부분이 준용되므로 집행공탁 등을 제외하면 유사합니다(법원실무제요 민사집행 Ⅳ 532면 참고). 결론적으로, 전자증권법 시행 이후에 상장주식등은 모두 전자등록이 되고, 비상장주식등은 3가지(전자증권법에 따라 전자등록이 되는 경우, 자본시장법에 따라 예탁되는 경우, 전자등록이나 예탁 중 어느 것도 되지 않는 경우)로 분류될 수 있습니다. 이 중에서 전자증권법 시행 이후 실무에서 대부분 사용되는 전자등록주식등에 대한 집행에 대한 자세한 설명은 위 문헌에 맡기기로 합니다(다만, **서식은 대법원→대국민서비스→양식→'전자등록'을 검색하시면 찾을 수 있습니다**).

■ 전화가입권 : 가상전화번호(1688-****, 1588-**** 번호 등)는 사업자 등 서비스가입자가 통신회사(KT 등)에 서비스를 신청하면 통신회사는 위 가상전화번호를 부여하고, 서비스가입자는 위 가상전화번호와 연결할 수 있는 일반전화번호를 지정하면 통신회사는 교환기에 이 전화번호를 입력·연결하여 발신자가 이 가상전화번호를 사용하면 서비스가입자가 지정한 일반전화로 직접 연결하여 주는 서비스로, 약관에 의하면 서비스 이용권은 양도하거나 증여할 수 없으며 질권의 목적으로 사용할 수 없도록 약정하고 있으므로 압류할 수 없을 것으로 보입니다[53].

---

53) 사법보좌관실무편람 133면

■ 각종 회원이 탈퇴시 행사할 수 있는 예치보증금반환청구권(예를 들면 콘도회원권 등) : 콘도회원권 실제 환가와 관련하여, 별지목록(압류할 콘도회원권의 표시) 작성시 회원권 번호를 몰라도 가능하나 매각명령 등 특별현금화명령시 보정이 나오므로 회원권 번호를 모르면 압류신청시 사실조회를 반드시 함께 해야 한다는 점, 매각절차 비용은 감정수수료와 집행관수수료 등을 합하여 100만 원 정도 소요된다는 점, 낙찰되면 집행관이 제3채무자에게 콘도회원권 양도통지서를 발송한다는 점 등입니다. 채무자의 입회보증금은 6,100만 원이었고, 감정평가액은 5,100만 원으로 감정되었던 사례가 있었습니다.

■ 계금 또는 계불입금 : 일반적인 계(번호계)는 각계원이 조합원으로서 상호 출자하여 공동사업을 경영하는 이른바 민법상 조합계약의 성격을 띠고 있는 것이고, 낙찰계는 계주가 자기의 개인사업으로 계를 조직 운영하는 것이라 할 것입니다. 그러므로 낙찰계에서는 계금 및 계불입금등의 계산관계는 오직 계주와 각 계원 사이에 개별적으로 존재하는 것(대법원 1994.10.11. 선고 93다55456)이므로 피압류채권이 여기에 해당한다면 압류가 가능합니다.

■ 회사나 조합에 대한 이익배당청구권 또는 잔여재산분배청구권(합명회사·합자회사·유한회사의 사원지분)

■ (민법상)조합원 지분 : 민법상 조합원은 조합의 존속기간이 정해져 있는 경우 등을 제외하고는 원칙적으로 언제든지 조합에서 탈퇴할 수 있고 (민법 제716조 참조), 조합원이 탈퇴하면 그 당시의 조합재산상태에 따

라 다른 조합원과 사이에 지분의 계산을 하여 지분환급청구권을 가지게 되는바(민법 제719조 참조), 조합원이 조합을 탈퇴할 권리는 그 성질상 조합계약의 해지권으로서 그의 일반재산을 구성하는 재산권의 일종이라 할 것이고 채권자대위가 허용되지 않는 일신전속적 권리라고는 할 수 없습니다.

따라서 채무자의 재산인 조합원 지분을 압류한 채권자는, 당해 채무자가 속한 조합에 존속기간이 정하여져 있다거나 기타 채무자 본인의 조합탈퇴가 허용되지 아니하는 것과 같은 특별한 사유가 있지 않은 한, 채권자대위권에 의하여 채무자의 조합 탈퇴의 의사표시를 대위행사할 수 있다 할 것이고, 일반적으로 조합원이 조합을 탈퇴하면 조합목적의 수행에 지장을 초래할 것이라는 사정만으로는 이를 불허할 사유가 되지 아니합니다.

그러나, 민법 제714조는 "조합원의 지분에 대한 압류는 그 조합원의 장래의 이익배당 및 지분의 반환을 받을 권리에 대하여 효력이 있다."고 규정하여 조합원의 지분에 대한 압류를 허용하고 있으나, 여기에서의 조합원의 지분이란 전체로서의 조합재산에 대한 조합원 지분을 의미하는 것이고, 이와 달리 조합재산을 구성하는 개개의 재산에 대한 합유지분에 대하여는 압류 기타 강제집행의 대상으로 삼을 수 없다 할 것입니다(대법원 2007.11.30. 자 2005마1130).

그러므로, 채권자는 조합원인 채무자가 제3채무자의 조합으로부터 탈퇴함으로써 가지는 조합원지분의 환급청구권을 집행의 대상으로 삼아야 합니다.

예를 들면, 합유로 된 부동산이 있을 경우 '채무자와 제3채무자 간에 별지목록 기재 부동산에 대한 소유관계에 기하여 합유등기를 필하고 이에 따라 채무자가 제3채무자에 대하여 가지는 장래의 이익배당금, 지분의 환급청구권 및 합유종료시 이루어지는 합유물에 대한 협의상 분할 또는 재판상 분할에 따라 채무자가 받게 될 청구채권 중 위 금액에 이르기까지의 부분.'54)

한편, 조합의 목적달성으로 인하여 조합이 해산된 경우 당사자 사이에 별도의 약정이 없는 이상 청산절차를 밟는 것이 통례로서 조합원들에게 분배할 잔여재산과 그 가액은 청산절차가 종료된 때에 확정되는 것이므로 원칙적으로 청산절차가 종료되지 아니한 상태에서 잔여재산의 분배를 청구할 수는 없는 것이지만, 조합의 잔무로서 처리할 일이 없고 다만 잔여재산의 분배만이 남아있을 때에는 따로 청산절차를 밟을 필요가 없이 각 조합원은 자신의 잔여재산분배비율의 범위 내에서 그 분배비율을 초과하여 잔여재산을 보유하고 있는 조합원에 대하여 바로 잔여재산의 분배를 청구할 수 있습니다.

잔여재산이 금전으로 남아 있고, 더구나 따로 청산절차를 밟을 필요 없이 곧바로 분배청구를 할 수 있는 경우라면, 그와 같은 분배청구권에 대하여는 전부명령도 가능합니다(대법원 1995.02.24. 선고 94다13749). 이와 관련하여, 다른 동업자가 동업계약을 위반하였다는 이유로 동업계약을 해제하고 자기가 출자한 돈을 반환하라는 청구(원상회복)는 할 수 없으므로, **동업탈퇴로 인한 지분반환을 청구하거나**(동업계약 체결사실, 다른 동업자 전원에게 탈퇴의사를 표시한 사실, 손액분배의 비율[약정이 없을 때에는 출자가액의 비율]과 탈퇴 당시의 동업재산의 가액), **동업 해산으로 인한 잔여재산분배청구**(동업계약 체결사실, 동업에 해산사유[목적사업의 성공 또는 불가능하게 됨, 존속기간의 만료, 계약

---

54) 이영창, 보전소송, 진원사, 2011. 243면

에서 정한 사유]가 발생하여 다른 동업자 전원에게 해산청구를 한 사실 또는 동업자들 간에 해산합의를 한 사실, 청산절차를 거쳐 잔여재산의 가액이 정해진 사실 또는 처리해야 할 잔무가 업속 잔여재산의 분배만 이 남아있는 사실과 그 재산의 가액[이 경우는 청산절차 불요], 출자가 액의 비율)를 하여야 합니다(민사 집중심리재판부 사건유형별 업무매뉴 얼[참여관], 서울중앙지방법원, 2010. 128면).

■ 판결금채권에 대한 압류(채무자와 제3채무자 사이에 서울북부지방법원 2○○○가단○○ 약정금 사건의 조정조서에 기하여 채무자가 제3채무자로 부터 수령할 약정금 반환 청구채권 중 위 청구금액에 이르기까지의 금원), 즉 판결 결과에 따라 제3채무자가 채무자에게 지급하여야 할 금액을 피압류채권으로 표시한 경우 해당 소송의 소송물인 실체법상의 채권이 채권압류 및 추심명령의 대상이 된다(박준의 p45).

'무안석재가 위 부당이득반환소송에서 소외 1로부터 받게 될 지료청구채권 및 합의로 소가 취하될 경우 합의금 등 청구채권'으로 채권압류 및 추심명령을 받은 사안에 대해, 대법원은 "판결 결과에 따라 제3채무자가 채무자에게 지급하여야 하는 금액을 피압류채권으로 표시한 경우 해당 소송의 소송물인 실체법상의 채권이 채권압류 및 추심명령의 대상이 된다고 볼 수밖에 없고, 결국 채권자가 받은 채권압류 및 추심명령의 효력은 거기에서 지시하는 소송의 소송물인 청구원인 채권에 미친다고 보아야 한다."고 보았습니다(대법원 2018. 6. 28. 선고 2016다203056 판결 참고). '압류 및 추심할 채권의 표시'에 위 부당이득반환소송의 사건번호를 기재하였다고 하더라도 이는 피압류채권을 그 소송에서의 청구원인

채권으로 특정하기 위한 것이지 그 범위를 단순히 그 소송의 결과에 따라 소외 1이 실제 지급하여야 하는 판결금채권만으로 한정하고자 하는 의미로 볼 수는 없습니다(판결 이유 중).

■ 형사보석보증금 : 보석을 허가하는 경우에 내게 하는 보증금. 보석보증금은 소송절차 진행 중에 피고인의 재판 출석을 담보하는 기능뿐만 아니라 형 확정 후에 피고인에 대한 형 집행을 위한 출석을 담보하는 기능도 담당합니다.

예전에는 보석보증금으로 현금이 대부분이었으나 요즈음 보석보증금에 갈음하여 보증서를 제출을 허용하는 재판부도 많이 있는 것 같습니다. 다만, 피고인의 배우자가 자신의 명의로 보석보증금을 납부한 경우에는 그 배우자가 보석보증금의 반환청구권자입니다(대법원 2004.01.05. 자 2003마1667).

■ 의사의 건강보험관리공단에 대한 건강보험금지급채권 : 구체적으로는 제3채무자인 국민건강보험공단으로부터 수령할 국민건강보험법에 의한 요양급여비용 및 의료급여법에 의한 의료급여비용. 다만, 의사의 공단에 대한 위와 같은 가압류는 의사의 생계와 병원의 운영(각종 세금, 공과금 납부, 직원들에 대한 급료지급 등)에 직접적이고 심각한 타격이 가해질 수 있기 때문에 엄격히 심리합니다[55]. 약사의 약제비 등 채권(채무자가 제3채무자로부터 교부받게 될 약제비 등 공단부담금채권)도 집행이 가능합니다. 근로복지공단도 산재처리 등과 관련하여 제3채무자가 되기도 합니다. 다른 문헌에는, 채무자가 제3채무자(국민건강보험공단)에 대하여

---

55) 정상규, 가사보전처분의 실무상 쟁점, 재판자료 제102집 가정법원사건의 제 문제[下], 2003, 335면

가지는 채권으로서 이미 발생하거나 장래 발생할 국민건강보험법에 근거한 요양급여비용 채권과 의료급여법에 근거한 의료급여비용 채권(판례공보스터디 p49) 또는 갑(한방병원 운영)이 국민건강보험공단에 대하여 현재 보유하거나 장래 보유할 요양급여채권(p1566)으로 표시하기도 합니다.

■ 개인택시운송사업면허 등 각종의 사업면허 및 영업허가에 대한 권리 : 기존 **판례**는 소극적이나 견해는 대립하고 있습니다. 순수한 공법상의 권능이나 기대권에 불과한 영업허가권 등은 집행의 대상이 되지 아니하고, 건설업면허나 여객자동차운수사업면허권 등은 사업의 양도에 따라 이전되는 것이므로 그 면허만을 그 밖의 재산권으로서 집행의 대상으로 삼기 어렵다고 보아야 합니다.

그러나 공법상 행정기관을 대상으로 하는 채권이라고 하더라도 독자적으로 양도 가능한 채권의 경우에는 압류할 수 있다고 보아야 합니다56).
공유수면점용허가권(공유수면점용허가권은 공법상의 권리라고 하더라도 허가를 받은 자가 관할 관청의 허가 없이 그 점용허가권을 자유로이 양도할 수 있으므로 독립한 재산적 가치를 가지고 있고, 법률상 압류가 금지된 권리도 아니어서 민사집행법 제251조 소정의 '그 밖의 재산권'에 대한 집행방법에 의하여 강제집행을 할 수 있다-대법원 2005.11.10. 선고 2004다7873 판결),
하천점용허가권(하천의 점용허가를 받은 자는 관할관청의 허가 없이 그 하천점용허가권을 자유로이 양도할 수 있고 하천점용허가권에 대하여 법률상 압류가 금지되어 있지도 아니하다. 이와 같은 하천점용허가권의

---

56) 손진홍, 채권집행의 이론과 실무 [上], 법률정보센터, 2016. 438면

내용 및 법적 성격 등에 비추어 보면, 하천점용허가권에 대하여는 법 제 251조에 정한 '그 밖의 재산권'에 대한 집행방법에 의하여 강제집행을 할 수 있다고 할 것이다-대법원 2014.10.10. 자 2014마1404 결정) 등 은 집행이 가능합니다.

- 운송수입금(2001다10748 판결 참조, 버스카드 사용에 따른 수입금 및 버스표 교환대금)

- 인세반환청구권 : 印稅란 계약에 의하여 저작물을 발행하여 판매하는 사 람이나 단체가 판권 소유자인 저작자에게 저작물이 팔리는 수량에 따라 일정한 비율로 치르는 돈을 말합니다.

- (기사공급계약에 따른)게재료 : 예를 들면, 채무자와 3채무자(주식회사 다음커뮤니케이션 등) 사이의 국·내외 사진 및 기사공급계약에 따른 채 권

- (백화점)매출대금채권 : 예를 들면, 채무자와 제3채무자간 백화점입점계 약을 맺고 채무자가 서울 강동구 천호동 ○소재 ○백화점 내 지하 1층 회 코너를 운영하면서 발생하는 채권

- 국세 등 환급금반환채권(연말정산환급금 등)[57] : 조세환급금채권은 국세 환급금과 지방세환급금의 두 가지가 있습니다. 지방세환급의 경우 제3 채무자는 지방자치단체를 적어야 합니다. 예를 들어 지방세과세관청이

---

57) 박준의, 제2판 신채권집행실무, 유로 2015. 342면.

서초구청인 경우 제3채무자를 '서울특별시 서초구(소관 기획재정국 세무과), 대표자 서초구청장 ○○○'로 기재하여야 합니다.

■ 영치금 등 반환채권(후술함)

■ 자동차손해배상보장법에 의하여 피해자가 보험회사에 대하여 갖는 보험금청구권 내지 보상청구권 또는 가불금청구권은 법이 정한 압류금지채권이나(자동차손해배상보장법 40조), 피해자가 가해자에 대하여 갖는 자동차손해배상보장법상의 청구권은 압류 가능하고 강제보험이 아닌 임의보험에 관련된 청구권은 압류금지의 대상이 되지 않습니다(대법원 2006. 4. 20.자 2005마1141).

■ 신탁수익권 : 신탁재산에 대하여는 신탁 전의 원인으로 발생한 권리 또는 신탁사무의 처리상 발생한 권리에 기한 경우를 제외하고는 강제집행, 담보권 실행 등을 위한 경매, 보전처분 또는 국세 등 체납처분을 할 수 없다(신탁법 22조 1항)고 규정하여 원칙적으로 신탁재산에 대한 강제집행 등을 금지하고 있습니다. 위 조항의 제정취지는 수익자의 채권자에 의한 신탁재산의 압류만을 금지할 뿐이고 신탁수익권에 대한 강제집행을 금지하는 것은 아니므로 수익자의 신탁수익권에 대한 집행문제가 중요합니다.

■ 게임이용료채권 : 예를 들면, 채무자가 제3채무자[야후코리아 주식회사]에게 온라인 게임서비스를 제공함으로써 지급받는 채권

■ 용역비채권 : 물질적 재화의 형태를 취하지 아니하고 생산과 소비에 필요한 노무를 제공하는 일을 해주고 받는 돈. 예를 들면 채무자가 제3채무자에게 영어교육사이트 구축계약에 따른 채권

■ 대여금고[58] : 사회가 변화함에 따라 새롭게 태어나거나 변형된 물고기가 있습니다. 기존의 지식만으로는 이에 대해서 유효·적절한 대응이 어렵습니다. 우선 이러한 새로운 물고기들의 특성이 무엇인지, 어디에 몰려 있는지, 어떤 방법으로 잡을 수 있는지에 대해서 많이 알려져 있지 않기 때문입니다.

'새로운 물고기' 중의 하나인 대여금고는 예전부터 존재하기는 했으나 많이 알려지지 않았었는데 체납압류절차에서 유용하게 이용되고 있다는 점에서 일반 민사에서도 이를 이용할 필요성과 가능성이 있다 할 것입니다.

은행이 거래처를 위해 중요한 비밀서류, 주권, 공사채, 증서, 귀금속 등을 화재나 도난 등의 재해로부터 지키기 위해 수수료를 받고 보관하는 보호예수의 한 형태로 대여금고라는 제도가 있습니다.

이는 금고 중에 설치된 다수의 캐비넷 중 특정한 것을 목적으로 한 임대차계약이라고 보는 것이 통설이라고 합니다. 대여금고의 내용물에 대해서는 이용자의 은행에 대한 대여금고계약상의 내용물 인도청구권을 압류하는 방법에 의해 강제집행을 할 수 있습니다(채권집행의 방법).

대여금고계약상의 내용물 인도청구권에 관한 추심소송에서는 압류채권자는 대여금고를 특정하고, 그에 관해 대여금고 안의 개개의 동산을 특정하여 그 존재를 입증할 필요는 없습니다.

---

58) 이균용, 채권 등 집행절차의 실무상의 제문제 : 채권집행절차의 효율적 운용을 위하여, 재판자료 제112집 전문분야 법관연수 자료집 [中] , 법원도서관, 2007, 340면 이하

■ 체비지 : 체비지란 도시개발사업시행자가 사업에 필요한 경비를 충당하거나 사업계획이 정한 목적을 달성하기 위하여 일정한 토지를 종전의 토지에 대한 환지로 지정하지 아니하고, 시행자의 소유로 귀속시켜 매각처분할 수 있게 한 토지를 말합니다[59]

■ 재활용 분담금채권 : 우리나라는 재활용 활성화를 위해 생산자 책임 제도를 운영하고 있습니다. 제품을 만드는 사람(삼성·LG 등 제조·판매사)이 재활용도 책임지라는 것입니다. 그런데 제조·판매사회사가 폐가전을 수거하는 게 어렵기 때문에, 제조·판매회사는 폐가전을 직접 수거하는 대신 일정한 금원(가전제품 가격에 포함된 재활용 분담금['13년 53억원])을 한국전자산업환경협회에 줍니다. 그러면 협회는 위 돈을 납부 받아 재활용 업체의 처리 실적에 따라 처리비용을 교부하는 공제조합의 역할을 수행합니다.

■ 운송료 등(지입료, 차량임대료)

■ (수용)보상금 : 예를 들면, 채무자가 경기도 광명시 소하동 ○번지 지상에 소재하고 있는 비닐하우스 1동에 대한 보상금으로 제3채무자로부터 지급받을 금원. 실무상 수용보상금이 공탁되기 이전에는 제3채무자를 사업시행자로, 공탁 이후에는 제3채무자를 국가(소관 공탁관)로 해야 합니다.

■ 정산금 : 예를 들면, 채무자가 주식회사 인터파크지마켓에 아이디(○)를

---

59) 이에 대한 강제집행과 관련한 내용은 사법보좌관실무편람 172면 이하 참고

개설하여 미니샵 'ㅇ(영문 ㅇ)'을 통해 제품을 판매하여 취득한 금원

■ 교육훈련비채권 : 예를 들면, 채무자가 제3채무자(대한민국 소관 노동부)
로부터 직업능력개발시설을 인가받아 실업자지원직업능력개발교육을 수
행하고 매월 제3채무자로부터 지급받는 교육훈련비 등 채권

■ 광고비채권 : 예를 들면, 채무자와 제3채무자 사이에 채무자가 발간하는
계간지 'ㅇ'에 광고를 게재해 주기로 하는 계약을 맺고 지급받을 채권

■ (경매에서 지급받을) 배당금 · (공매에서 지급받을) 배분금 채권
배당금수령채권은 배당표가 확정되어야 비로소 발생하는 장래의 채권(소
유자의 잉여금채권이란 배당이의를 거쳐 배당표가 확정된 경우에 소유자
가 배당받을 배당금을 의미). cf. 배당이의권은 배당표가 확정되기 전에
인정되는 절차권이므로, 배당이의가 있다면 그 이의 결과에 따라 소유자
가 배당받을 배당금이 달라질 것이고, 위 채권의 양수인은 배당이의를
거친 후 확정된 배당금을 양수한 것이므로 배당이의의 단계에서는 관여
할 당사자가 될 수 없다(박준의, 전여법 강의자료 2022.)

■ 인터넷 도메인 이름 : 인터넷주소라 함은 인터넷상의 특정컴퓨터를 인식
하기 위하여 전화번호와 같이 숫자의 조합으로 구성된 IP주소를 말한
다. 이와 같이 숫자로 표시된 주소는 인간이 기억하기 어렵기 때문에
영어의 알파벳으로 변환된 도메인이름을 만들어 사용하고 있습니다[60].

---

60) 이와 관련된 집행절차는 사법보좌관실무편람 181면 이하 참고

■ 등록 국·공사채

지역개발공채(제3채무자 인천광역시)

채무자가 시공 참여한 인천도와지구 SPC 인천대학교 송도캠퍼스 이전과 도화지구개발사업의 기성금 청구시 매입한 지역개발공채(관리금고 [주] 신한은행)

■ 개인회생이 폐지될 경우 국가로부터 위 적립금을 반환받을 채권 : 변제계획의 불인가 또는 폐지 등으로 채무자에게 적립금을 반환해야 하는 경우가 있습니다. 이론적으로는 개인회생 인가 후부터 개인회생위원에게 가용소득을 적립하는 것이 원칙이나, 실무적으로는 개인회생 개시결정이 나온 후부터 일정한 금원(예상 가용소득)을 적립합니다. 이 경우 채무자가 개인회생이 폐지될 경우 국가로부터 위 적립금을 반환받을 권리가 있으므로, 위 채권에 대한 집행이 가능합니다. 또한, 회생계획인가 결정으로 인하여 채무자가 회생채권자로서 회생절차 내에서 제3채무자인 관리인으로부터 변제받을 채권도 집행이 가능합니다.

구체적으로 회생의 경우, 제3채무자는 회생회사 관리인, 별지는 회생계획인가결정으로 인하여 채무자가 회생채권자로서 회생절차 내에서 제3채무자인 관리인으로부터 변제 받게 될 채권으로, 필요서류는 회생절차 종결 후 회생채권자표 또는 회생담보권자표+집행문+송달증명이 필요합니다. 개인회생은 개인회생절차폐지 후 개인회생채권자표+집행문+송달증명+확정증명이, 별지는 채무자(주민등록번호)가 제3채무자로부터 개인회생(수원지방법원 2010개회○) 불허가시 반환받게 될 개인회생 가용소득불입금(임치금) 중 위 청구금액에 이르는 금액 정도로 기재합니다.

■ 납유(納乳)쿼터사용권(유업체에 납유하는 원유 물량) : 채무자와 제3채무자 사이에 체결한 ○○유업 납유쿼터사용권 계약에 의하여 채무자가 제3채무자로부터 취득한 다음 표시(목장명, 대표자, 주민등록번호, 주소, 보유쿼터 : ○kg)의 납유쿼터사용권

■ 특허실시료 등 채권[61] : 특허권자가 제3자에게 자신의 특허발명을 실시할 수 있는 권능을 부여하는 대가로 받는 돈을 특허실시료('로열티'라고도 합니다)라고 합니다.
특허권, 실용신안권, 의장권에 관하여는 실시료채권을, 상표권에 관하여는 사용료채권을 가압류합니다. 예를 들면, 채무자가 제3채무자로부터 2011. ○. ○.부터 2014. ○. ○.까지 지급받아야 할 특허번호 ○호 ○ 특허실시료채권.

■ 임료(차임)채권 : 예를 들면, 채무자가 제3채무자와 사이에 별지 기재 부동산의 임대차계약에 기하여 제3채무자에 대하여 갖고 있는 임료채권

■ 상가관리비 채권 : 상가건물의 유지·관리비용과 공공요금을 지불하기 위한 것으로서 그 목적 내지 성질상 특정의 채권자, 즉 상가건물의 유지·관리업무를 수행하는 상가번영회 등 관리주체에 지급되어야 할 금원이라고 봄이 상당하므로, 성질상 양도가 금지된 채권에 해당하여 압류의 대상이 되지 않는다는 하급심 판결이 있으나, 이에 반대하는 견해도 강력합니다.[62]

---

61) 이영창, 보전소송, 진원사, 2011. 172면
62) 손흥수, 채권집행의 실무, 육법사, 2015. 75면

■ 선거비용보전금(공직선거법 122조의2 제1항)은 압류 가능하나, 기탁금은 체납처분이나 강제집행의 대상이 되지 아니한다고 규정하여(공직선거법 56조 2항) 기탁금을 강제집행의 대상에서 명시적으로 제외했습니다.[63]

■ MMF 수익증권, 펀드상품에 대한 환매대금지급청구권[64]

■ 송달료 등 환급채권[65] : 채무자의 제3채무자에 대한 ○○지방법원 2012 가합 ○○ 공사대금 사건의 인지 및 송달료환급청구권

■ 차량정비소의 보험회사에 대한 차량수리비채권 :채무자가 제3채무자에 가입된 회원들의 자동차 등 차량을 수리·정비해주고 제3채무자에 대하여 가지는 차량수리·정비대금채권

## ▌저작권 압류(특허권압류와 비교하여)

### 1. 등록원부 발급 및 수수료

| 압류 목적물 | 발급방법 | 수수료 |
|---|---|---|
| 특허권 | 특허청 (인터넷 특허로 http://www.patent.go.kr/jsp/ka/oncert/ReqDocContent.jsp) | 없음 |
| 저작권 | 한국저작권위원회 (인터넷 한국저작권위원회 저작권등록 사이트, https://www.cros.or.kr/main.cc) | 온라인 : 800원 오프라인 : 1,000원 |

---

63) 손홍수 81면

64) 손홍수 537면, 423면

65) 박준의, 제2판 신채권집행실무, 유로 2015. 346면.

## 2. 제3채무자의 표시

등기, 등록을 요하는 신청 일반과 같이 별도로 제3채무자를 표기하기 않음

## 3. 압류를 촉탁할 기관 및 수수료, 납부방법 등

| 압류 목적물 | 촉탁기관 | 수수료 | 납부방법 |
|---|---|---|---|
| 특허권 | 특허청 (대전 서구 청사로 189 정부대전청사 4동) | 84,000원 | 우편통상환증서 수수료 1,500원 |
| 저작권 | 한국저작권위원회 (서울 용산구 후암로 107, 게이트웨이타워 5/16층) | 88,240원<br>– 수수료 40,000원<br>– 등록면허세 48,240원 | |

※ 저작권 촉탁기관에 대하여, 법원실무제요에는 문화관광체육부인 것으로
  기재되어 있으나   저작권 등록관련 업무를 포괄적으로 한국저작권위원
  회에 위탁하고 저작권등록 등은 모두 직접 한국저작권위원회에 처리하
  고 있어 압류촉탁기관도 대외적으로 한국저작권위원회가 되어야 할 것
  으로 판단됨(법원에서도 문화관광체육부와 저작권위원회에 확인함)

## 압류 촉탁할 장소

한국저작권위원회 (서울 용산구 후암로 107, 게이트웨이타워 5/16층)

## 신 청 취 지

1. 채무자가 가지는 별지목록 표시의 저작권을 압류한다.

2. 채무자는 위 저작권의 매매, 양도 기타 일체의 처분을 하여서는
아니 된다.

[별지]

## 압류할 저작권의 표시

- 등록번호       :
- 제호(제목)       :
- 종류       :   어문저작물〉시놉시스
- 형태 및 수량       :   디지털파일 1
- 창작연월일       :   2015. 01. 20.
- 원저작물       :   해당사항 없음
- 저작자       :   박○○(670000-1000000, 국적 : 대한민국)
                    경기도 광명시 하안로

▌전자어음

제3채무자를 누구로 특정해야 하는지와 신청취지를 어떻게 구성하느냐 하느냐에 대해 통일되어 있지 않아 보입니다. 구체적으로, 하급심은 어음발행인과 사단법인 금융결제원을 동시에 제3채무자로 한 경우(서울남부지법 2016카단 204890호), 어음발행인만을 제3채무자로 한 경우(울산지법 2016카단 3195호), 사단법인 금융결제원만을 제3채무자로 한 경우(서울중앙지법 2017카단33502호)등 통일성을 기하지 못하고 있습니다. 한국사법행정학회지( 2018. 10.발간)에 게시한 자료를 참고하여 인용 받은 사례가 있어 소개합니다.

---

## 신 청 취 지

1. 채무자의 제3채무자 주식회사 ○○시스템에 대한 별지 목록 기재 전자어음에 기초한 채권을 가압류한다.

2. 제3채무자 주식회사 ○○시스템은 채무자에게 위 어음금을 지급하여서는 아니 된다.

3. 채무자는 위 전자어음에 대하여 지급을 위한 제시, 어음금의 추심, 배서양도 그 밖의 일체의 처분행위를 하여서는 아니 된다.

4. 제3채무자 사단법인 금융결제원은 위 전자어음에 관하여 그의 전산정보처리조직을 이용하여 채무자가 배서, 지급 제시, 그 밖의 처분행위에 대한 전자문서의 작성 및 그 송신을 하게 하여서는 아니 된다.

라는 재판을 구합니다.


[별 지]

### 전자어음의 표시

---

1. 어음정보


어음번호 :

발행금액 : 10,000,000원

어음종류 : 전자어음

발행일자 : 2019. 5. 15.

만기일자 : 2019. 8. 15.


2. 발행인 정보


법인명 : 주식회사 ○○시스템

사업자번호 :

등록번호 :

대표자 :               .    끝.


## ■ 암호화폐의 강제집행, 비트코인을 중심[66]

1) '채무자 개인의 전자지갑에 보관된 비트코인'의 경우 현행제도 하에서는 집행대상이 아니므로 입법적 보완이 필요

2) 일본에서와 같이 채무자의 거래소에 대한 반환청구권을 채권압류 내지 가압류하는 것은 가능하고, 여러 사례가 존재

---

66) 박영호, 법률신문 2019. 10.17.자 연구논문 및 사법발전재단에서 나온 사법 제49호[2019년 가을회] 참고

현실적으로 암호화폐 보유자 대부분이 거래소를 통하여 거래를 이용하고 있으므로(우리나라에는 빗썸, 업비트 등을 비롯한 다수의 거래소가 운영되고 있다), 채무자가 이용하는 거래소를 제3채무자로 하면 일응 압류명령이나 가압류 명령을 발할 수 있을 것이다. 제3채무자인 거래소는 암호화폐 거래와 관련하여 약관을 게시하고 있고, 그 약관 내용에 따라 채무자와 제3채무자 사이에는 거래소 이용 계약이 체결되며, 그 계약에 따라 채무자가 거래소에 대하여 가지는 금전반환청구권 등의 채권을 가압류 내지 압류하는 것은 가능하기 때문이다. 즉, 이용자는 거래소에 대하여 거래 정산에 따른 지급청구권 내지 환불청구권을 갖는다. 채무자의 거래소에 대한 위와 같은 청구권을 압류함으로써 거래소를 구속하는 것이 가능할 것이다. 울산지방법원 2018. 1. 5.자 2017카합10471 결정은 비트코인 출급청구채권을, 서울중앙지방법원 2018. 2. 1.자 2017카단817381 결정은 암호화폐 전송, 매각 등 이행청구채권을, 서울중앙지방법원 2018. 3. 19.자 2018카단802743 결정은 암호화폐 반환청구채권을 각 가압류의 대상으로 삼아서 가압류 결정이 발령된 바 있다. 관련 서식은 가상자산에 관한 채권집행 실무처리 방안(2021. 7. 서울중앙지방법원 사법보좌관실) 내용 중에서 발췌하였습니다.

[신청취지]

1. 채무자가 제3채무자에 대하여 가지는 별지 기재의 가상자산반환청구권을 압류한다.

2. 채무자는 위 제1항으로 압류된 가상자산반환청구권에 대하여 권리행사 또는 그 밖의 일체의 처분행위를 하여서는 아니 된다.

3. 제3채무자는 제1항으로 압류된 가상자산반환청구권에 대하여 채무자의 반환청구 또는 그 밖의 권리행사에 응해서는 아니 된다.

**[별지목록] 압류할 가상자산반환청구권의 표시**

---

압류할 가상자산반환청구권의 표시

청구금액 금    원

### 1. 압류의 목적 및 한도

채무자가 제3채무자에 대하여 갖는 가상자산(특정 금융거래정보의 보고 및 이용 등에 관한 법률 제2조 제3호) 반환청구권 중에서, 다음 2.에 기재된 순서에 따라 이 사건 청구금액에 이를 때까지의 금액(단, 위 금액에 이르지 않을 경우에는 장래에 발생되는 가상자산반환청구권에 대하여도 압류한다.).

[가격 환산은 이 사건 압류명령이 제3채무자에게 송달된 날(컴퓨터 고장 등으로 시세가 없는 경우 송달된 날의 다음 날)의 24시 기준으로 가상자산 시세에 의해 대한민국 원으로 환산한 금액(현금화에 필요한 수수료 등을 공제 후의 금액)으로 함]

### 2. 압류의 순서

(1) 압류 · 가압류가 없는 전자지갑(wallet)과 압류 · 가압류가 있는 전자지갑이 있을 때에는 다음 순서에 의한다.

① 선행의 압류 · 가압류가 없을 것

② 선행의 압류 · 가압류가 있는 것

(2) 전자지갑에 복수의 가상자산이 있을 때는 다음 순서에 의한다.

---

① Ripple ② Bitcoin ③ Litecoin ④ Dogecoin ⑤ Stellar ⑥ Ethereum 기타 가상자산

- 회사 매출세액에서 매입세액을 뺀 금액 중 90%를 택시 기사들이 돌려받는 부가가치세 환급금(1인당 월 10만원 정도라고 함)
- 백화점 위탁판매원의 경우 대부분 개인사업자인데, 브랜드사업자 사이에 체결된 상품판매위탁계약 관련하여 이행보증금이 보증보험회사의 보험증권이 아닌 현금으로 임치된 경우
- **예치금반환채권**

  채무자와 제3채무자(한국농어촌공사) 사이에 하리저수지 내 낚시터 운영계약 관련하여 채무자가 제3채무자에게 예치하여 계약종료 등에 의하여 반환받을 예치금반환채권.

- **리스보증금반환채권**

  채무자와 제3채무자(메리츠캐피탈 주식회사) 사이에 자동차 운용리스계약에 의하여 가지는 리스보증금 반환채권.

- 「연근해어업의 구조개선 및 지원에 관한 법률」 제13조제1항제2호 및 같은 법 시행규칙 제6조제4항에 따라 지급받을 (어선)폐업지원금
- 보험회사를 제3채무자로 하여 채무자가 가지는 보험판매수수료 및 유지수수료 채권
- 지역 금융기관 출자금

  채무자가 출자금을 납입한 회원의 자격으로 제3채무자에 대하여 가지는 이익배당금 및 회원탈퇴 또는 제명의 경우 발생하는 출자금반환청구권

- 티켓판매대행계약에 따른 채권(2012다21560)

- **택시결제대금**

  채무자가 제3채무자에 대하여 택시호출 서비스('앱' 등을 통해 탑승을 희망하는 장소에서 택시를 호출하고 택시의 위치를 확인하여 승객과 택시를 연결시켜 주는 위치기반 택시 승차 서비스)계약에 의하여 가지는 결제반환대금 청구채권 중 수수료를 공제한 나머지 금액에서 위 청구금액에 이를 때까지의 금원.(단, 위 금액에 이르지 않을 경우에는 장래에 발생되는 결제반환대금 채권에 대하여도 압류한다.)

- 채무자와 제3채무자(주식회사 엘지유플러스) 간의 계약에 따라 채무자가 제3채무자의 모바일 및 유선(인터넷 등) 회원을 모집, 관리하고 제3채무자가 모집회원들로부터 받은 통신요금 중에서 채무자에게 매달 지급할 회원모집, 관리 수수료(기 발생분 및 장래발생분 포함) 중 위 청구금액에 이를 때까지의 금액

- **서비스표권도 압류의 대상이 됩니다(박준의 p156, 대전지법 2014라82)**

- 채무자가 제3채무자와의 '2012년 하수관조사(CCTV촬영 - 상반기)'계약에 의하여, 채무자가 제3채무자에 대하여 가지는 공사대금채권 중 위 청구금액에 이르기까지의 금액(제3채무자 성남시, 대표자 시장)

- **신용카드결제대금(가맹점 카드매출대금, 신용판매대금청구채권)**

  채무자가 제3채무자에 대하여 신용카드가맹점계약에 의하여 가지는, 신용카드결제반환대금(채무자가 영업을 하면서 발생되는 신용카드 구매, 판매 등의 대금으로 제3채무자로부터 지급받는 신용카드결제대금 반환금) 청구채권 중 신용카드수수료를 공제한 나머지 금액에서 위 청구금액에 이를 때까지의 금원. 단, 위 금액에 이르지 않을 경우에는 추후에 발생되는 신용카드 결제반환 채권에 대하여도 압류한다.

위의 내용을 근거로 실제 (가)압류시 신청취지 등에 대해서는 2018. 11. 1 0. 대한법무사협회에서 민사집행 전문가과정 강의시 이영창 판사님 강의 중 가상화폐 가압류에 대한 내용을 올립니다(위 논문에도 별지가 표시되어 있습니다).

---

**[신청취지]**

채무자의 제3채무자에 대9한 별지 기재 채권을 가압류한다.

제3채무자는 채무자에게 위 채권에 관한 지급을 하여서는 아니 된다.

**[별지목록]**

제3채무자가 운영하는 온라인 가상화폐거래소인 OO.com에서 채무자가 아래의 개인정보를 사용하여 개설한 전자지갑에 보관되어 있는 비트코인 등 가상화폐 일체에 대한 출금청구권.

채무자 :

생년월일 :

휴대폰번호 :

이메일주소:

ID :

---

## 2. 채무자가 수입 또는 소득을 얻거나 취득하는 방식

위와 같이 물고기들을 하나씩 살펴본 후 다음에 할 일은 **'채무자가 수입 또는 소득을 얻거나 취득하는 방식'**의 연구입니다. 채무자와 관련이 깊거나 높은 물고기를 선별하기 위한 일입니다. 그러기 위해서는 우선 채무자에 대해 가능한 한 많은 정보를 파악해야 합니다.

즉, 채무자를 연구할 필요가 있습니다. 채권자가 기본적으로 알고 있는 내용과 채무자에 대한 추가적인 자료를 수집하는 것이 중요합니다. 예전에는 채무자에 관한 정보를 얻는 일이 어려웠으나(한다 하더라도 지인들에게 문의하는 정도), 요즈음에는 IT 기술의 발달로 조금 더 쉽게 정보수집이 가능해졌습니다.

즉, 많은 사람들이 블로그나 카페, 카카오스토리 등 SNS를 이용하고 있습니다. SNS의 가장 대표적인 기능은 신상 정보의 등록 및 공개이어서 이를 이용하면 채무자에 대한 추가정보를 얻을 수 있습니다. 이는 채무자의 재산(물고기)을 찾아내는데 단서를 찾는 열쇠가 될 수 있습니다.

법인이 폐업하거나 개인 채무자가 사망하지 않는 한 보통은 어떤 방식으로든 수입을 얻고 경제생활을 하는 것이 일반적입니다(물론 법인이나 개인 채무자가 특별한 수입이 없는 경우도 있고 이 경우는 제외합니다).

채무자인 법인의 경우 매출을 올리는 방법을 연구하면 가압류할 재산을 찾을 수 있는 가능성이 높아지고, 개인 채무자의 경우에도 수입을 얻는 방식 등을 알게 되면 가압류가 가능한 경우가 있습니다.

즉, 물고기 중에서도 채무자와 가장 밀접한 관련성이 있을 것 같은 내용의 것을 찾는 게 중요합니다. 그래야 비교적 큰 물고기를 찾을 수 있는 가능성이 높아지기 때문입니다 법인의 경우 고정 거래처 등이 있으면 그 곳을 제3 채무자로 하여 가압류를 할 수 있고, 개인 채무자의 경우도 마찬가지입니다.

보통 실무에서는 채무자가 소유할 것으로 예상되는 재산이 있을 수 있어서 (예를 들면, 채무자가 법인이라면 본점이나 주된 사무소 소재지의 주소를 알아 부동산등기부등본을 발급받은 후 채무자인 법인이 소유자라면 부동산가압류를 하고, 소유자가 아니라면 상가임대차보증금반환채권, 주거래은행에 대한 예금반환채권 등) 이에 대해서 가압류를 합니다. 채무자가 개인인 경우에도 위와 같이 부동산가압류 또는 주택임차보증금반환채권에 가압류 및 예금이나 보험금 관련하여 가압류할 수 있습니다. 구체적으로, 채무자의 예금채권이 있는 것은 같은데 이를 특정할 수 있는 은행 등 금융기관을 알기 어려운 경우 대표적인 시중은행 몇 곳 정도에 대한 채권가압류를 신청합니다.

각종 보험금반환채권이나 신용카드결재대금채권 또는 주식 및 펀드 등 간접투자상품 등도 위와 같은 방법으로 가압류를 할 수 있습니다(재산조회신청서 별지 양식을 참조하면 대표적인 은행이나 보험업법에 의한 보험사업자나 증권거래법에 의한 증권회사를 알 수 있고, 카드매출전표 뒷면을 참조하면 대표적인 카드회사를 선택할 수 있습니다).

다만, 총 청구금액을 분할하여 청구하지 않는 경우 과잉가압류라고 보정명령을 내리는 집행법원이 다수이므로 법원의 보정명령을 피해서라도 청구금액을 분할하여 청구하고 있습니다. 그러나, 이와 같은 일반적인 방법에는 한계가 있고 모든 문제에 대해 해결할 수도 없습니다.

이와 구별할 것은, 채권자가 연대채무자 각자에 대하여 동시나 순차로 이행의 청구를 할 수 있되, 다른 연대채무자의 변제 등에 의하여 그 의무를 면할 수 있게 되는 것이므로, 채권자가 연대채무자 각자에 대하여 추심명령을 받을 수 있으며, 다만 다른 연대채무자에 대한 집행절차에서 집행권원상의 채권 전부 또는 일부의 추심을 완료한 경우 연대채무자는 이를 청구이의의 소를 통해 다툴 수 있을 뿐입니다(수원지방법원 2017. 3. 13.자 2017타채3646).

## 3. 물고기 선택방법(가압류하는 순서)에 대하여

위와 같이 여러 물고기(채무자의 재산)들을 살펴본 후 **채무자가 수입 또는 소득을 얻거나 취득하는 방식을 생각하여 채무자와 가장 밀접한 관련이 있는 물고기**를 몇 개 예상할 수 있습니다. 이렇게 선택한 물고기를 채권자는 하나도 빠짐없이 전부 가압류하고자 하나 이는 쉽지 않습니다.

예를 들면, 부동산과 예금채권(정확한 거래은행을 몰라 대표적 시중은행 몇 곳을 선택하는 경우)을 가압류하고자 할 때 법원에서는 보정명령을 내려 두 가지 다른 권리를 반드시 가압류해야하는 이유를 소명하라고 하고 있습니다(부동산이 있음에도 예금채권에 대한 가압류가 필요한 이유 등).

법원에 따라서는 이유가 일응 타당하면 받아주는 곳도 있으나 일부 취하를 권고하는 곳도 있습니다. 만일 채권자가 재판부의 취하의견을 받아들이지 않을 경우 재판부에서도 일부 신청을 기각하는 것은 부담스럽기 때문에 다른 방법으로 해결합니다.

즉, 공탁금의 액수를 올리고 현금공탁금의 비율을 높이는 것입니다. 이는 법원의 재량이고 이를 다투기가 마땅치 않기 때문입니다(다시 가압류를 하는 것보다 항고로 다투는 시간이 훨씬 많이 소요됩니다).

또한, 채권자가 채무자의 주거래은행을 모르는 경우 대부분 많이 이용할 것으로 예상되는 시중은행(7곳 정도)에 대한 가압류를 신청하면서 청구금액을 안분하고 있습니다. 채무자가 지방에 거주하고 있다면 해당지역 지방은행을 추가하게 됩니다.

현실적으로 채무자에 대한 정보가 없어 어쩔 수 없는 일이기는 하지만 이 경우에도 법원에서는 무작위로 가압류하는 것으로 보고 현금으로 공탁하는 비율을 상향 조절하는 것 같습니다(경험상 제3채무자의 수도 공탁금을 정할 때 고려하는 것 같습니다).

가압류는 돈을 받고자 할 때 하는데 가압류시 돈(공탁금)이 많이 들어간다 면 가압류가 망설여질 수 밖에 없습니다. 이와 같은 이유로 가능하다면 물고 기 중에서도 선택을 해야 합니다. 이 때 채무자와 가장 밀접한 물고기를 선 택하는 것이 좋으나, 일반적으로는 '**환금성이 높은 물고기(현금 유사의 권리)**'에 가압류를 하는 것이 중요합니다. 통상적으로 법원에서는 채무자 소 유 부동산이 있으면 부동산에 먼저 가압류를 하고 없을 경우에 한하여 채권 등에 가압류를 신청하기를 바랍니다.

그러나 실무에서는 그 반대로 해야 채무자에 대한 실효적인 가압류를 할 수 있습니다. 왜냐하면, 부동산보다는 채권이 환금성이 높고 채무자에 대한 실효 적인 압박이 될 수 있기 때문입니다. 채무자가 부동산이 있더라도 완전히 깨 끗한 부동산이 아닌 한(근저당이 설정되어 있거나 임차인들이 많이 있는 등) 담보가치가 없거나 적어서 가압류할 실익이 없다고 주장하면 얼마든지(또는 현금공탁을 조건으로) 가압류를 받아주고 있습니다.

그리고 위와 같은 원칙에 의해 가압류를 할 경우에도 '**가압류 후 크기가 변하지 않는 물고기(가치가 줄지 않는 권리)**'를 선택하여야 합니다. 예 를 들어, 개인 채무자가 주택임대차보증금도 있고 상가 임대차보증금도 있다 고 가정할 경우 둘 다 하면 가장 좋겠지만 하나만 가압류해야 한다면 상가 임대차보증금보다는 주택 임대차보증금에 대한 가압류가 훨씬 낫습니다. 왜 냐하면, 상가 임대차보증금은 보증금은 크지 않고 월세는 많아 채무자가 가압류당한 사실을 알게 되면 월세를 연체하여 보증금에서 공제당하여 거의 남는 게 없지만, 주택 임대차보증금은 그 반대이기 때문입니다.

위와 같은 내용을 바탕으로 채무자의 일반적 재산이 아닌 좀 더 특수한 재산을 찾는 방법을 좀 더 구체적으로 설명하고자 합니다. 다만, 이와 같은 원칙들은 경험상 터득한 것으로 모든 사례에 일률적으로 적용될 수는 없습니다. 구체적인 채무자의 상황에 따라 얼마든지 가압류할 내용이 바뀔 수 있습니다.

마지막으로 고려할 내용은 채무자가 **고정적인 거래하는 곳이나 국가나 지방자치단체 및 공공기관 등 공적인 거래처**가 있을 경우 이에 대해 가압류 등 보전처분을 집행하면 채무자에 대한 압박이 매우 커질 수 있고, 이에 따라 문제가 해결될 가능성이 매우 높아진다는 점입니다.

---

## 【사례 1】 버스운송수입금

버스 운전을 하던 근로자가 부당해고를 당한 사례입니다. 부당해고를 당한 근로자는 노동위원회에 부당해고구제신청을 낼 수도 있고 법원에 부당해고임을 이유로 해고무효확인소송 및 임금상당의 금원을 구하는 소송을 제기할 수 있습니다. 그러나 본안소송은 시일이 오래 걸리는데 그 동안 먹고 살 돈이 필요합니다. 여기에서 해고된 근로자는 추후 본안소송에서 승소 후 집행을 위해 가압류도 할 수 있고, 본안 승소 판결시까지 급여상당 금원을 지급해달라는 취지의 임시의 지위를 정하는 가처분의 일종으로서 금전지급단행가처분[67]을 할 수도

---

67) 교통사고의 피해자가 그 사고로 인하여 노동을 할 수 없게 되어 생활에 곤란이 생긴 경우에 장차 손해배상청구소송을 제기하여 승소판결을 받고 그에 기하여 강제집행을 할 때까지 기다리게 한다면 생계가 곤란하므로 피해자는 장래의 판결이 확정되면 얻을 수 있을 상태를 일단 누리게 해 달라고 하면서 금전의 지급을 구하는 가처분을 신청할 수 있

있습니다. 근로자가 가처분이 아닌 회사의 재산에 대한 가압류를 하려고 할 때 어느 곳에다 가압류하는 것이 가장 실효적인 가압류가 될 수 있는가를 생각해봅니다.

이 경우 보통은 채무자가 버스회사이므로 버스에 대한 가압류를 먼저 생각한다. 그러나 버스는 이미 근저당권이 설정되어 있고 버스에 가압류하더라도 사용이 금지되지 않으므로 버스회사에 큰 영향을 미치지 못한다. 그리고 영업장에 컴퓨터 등 영업용 집기 등에 대한 유체동산 가압류도 생각해 볼 수 있습니다. 하지만, 이러한 유체동산은 그 가격이 많이 나가지도 않고 법원에서 가압류결정도 잘 해주지 않을 뿐만 아니라 결정이 난다 하더라도 현금공탁금이 많이 들어 현실적으로 쉽지 않습니다.

그러므로 가압류로 버스회사에 큰 영향을 미치기 위해서는 버스회사가 수입을 얻거나 소득을 취득하는 방식을 생각해보아야 한다. 버스 회사가 수입을 얻는 방식은 크게 일반인들이 버스를 이용하고 지급하는 버스운송수입금 수입과 국가나 지방자치단에서 주는 일정한 보조금 수입이 있습니다. 일반인들이 버스를 이용할 때 예전에는 토큰이나 현금을 이용했으나 지금은 현금이나 티머니(T-money) 등으로 결제를 하고 있습니다. 매일 버스로 모이는 현금(동전)에 대한 가압류가 불가능한 것은 아니나 티머니 등의 결제금액에 비해 상대적으로 너무 적고 번거로워 효과적이지 않습니다. 그리고 버스회사는 국가나 지방자치단체에서 주는 일정한 보조금이 있습니다. 그러나 국가

---

고(이영창, 보전소송, 진원사, 2011, 10면), 손해배상청구소송 중의 치료비 우선지급, 해고무효확인소송 중의 생계비 지급 등과 같이 본안소송 확정시까지 채권자가 금전을 지급받을 수 없다면 채권자가 현저한 손해를 피할 수 없는 경우에 임시로 금전의 지급을 명하는 가처분을 신청할 수 있습니다.

나 지방자치단체에서 지급하는 보조금은 이른바 압류금지채권으로 가압류하기 어렵습니다(후술하는 압류금지채권 참고). 결국, 해고 근로자가 버스회사에 대한 청구권을 보전하기 위한 가압류시에는 버스운송수입금을 가압류하는 것이 가장 효과적일 수 있습니다[68].

## 【사례 2】 카드매출채권

음식점에서 음식을 먹다가 음식 안에 섞인 이물질로 인해 이가 다치는 피해자는 음식점 주인을 상대로 손해배상을 청구할 수 있습니다. 이 경우에도 추후 소송을 제기하여 승소판결을 받아도 주인이 돈이 없으면 어려우므로 미리 가압류를 하는데 과연 어느 곳에다 하는 것이 가장 효과가 클지 생각해 봅니다.

보통 음식점 주인은 자신의 영업장의 소유자가 아닌 이상 대부분 임차하여 장사하는 경우이므로 상가보증금반환채권이 있을 것입니다. 그리고 영업용 집기 등도 재산이 됩니다. 또한 개인 채무자이므로 주택 보증금반환채권이나 주거래 은행 등에 대한 가압류도 할 수 있을

---

68) 서울시는 버스준공영제를 운영하면서 버스운송수입을 서울특별시버스운송사업조합에서 '연간 총운송수입금'을 인건비, 연료비, 적정이윤 등을 지급기준에 따라 수입금을 배분해 왔습니다. 즉, 버스 교통카드 결재 대금은 버스, 택시, 지하철로 구분하여 버스운송대금은 전부 서울특별시 버스운송사업조합 내 운송수입금 공동관리업체 협의회로 보내지고 이 협의회에서 해당 운송사업자로 분배하고 있습니다. 이 경우 버스운송사업자(시내버스의 경우)를 채무자로 하여 승객의 교통카드 결재대금의 정산금에 대하여 가압류 할 경우 제3채무자를 누구로 할 것인지 문제되는데 서울특별시와 서울특별시버스운송사업조합, 한국스마트카드 주식회사와 협의하여 각 운송사업자에 대한 운송수입 정산금을 운송수입금 공동관리업체 협의회에서 지급하기로 약정하였으며 운송수입금 공동관리업체 협의회는 서울특별시버스운송사업조합 내에 설치되어 있습니다. 따라서 제3채무자를 한국스마트카드주식회사(서울특별시는 제3채무자가 아님)로 하기보다는 서울특별시버스운송사업조합(소관 : 운송수입금 공동관리업체 협의회)으로 기재하는 것이 타당해 보입니다. 다만 이는 서울의 경우에만 해당되며 각 지자체 별로 차이가 있을 수 있습니다(대한법률구조공단 지식관리시스템에서 가져옴).

것입니다. 여기에다가 음식점 주인이 수입 또는 소득을 얻거나 취득하는 방식도 생각해 볼 수 있습니다. 음식점 주인인 채무자와 가장 밀접한 관련이 있는 물고기를 생각하면 다른 가압류도 생각할 수 있기 때문입니다. 즉, 음식점 주인은 음식을 팔아서 수입이나 소득을 얻습니다. 그는 현금매출이나 카드매출을 올리면서 수입을 얻고 있습니다. 현금매출에 대해서는 현실적으로 가압류가 거의 불가능하나(물론 현금을 거래 은행에 입금할 경우를 대비하여 거래은행에 대한 가압류를 할 수 있습니다), 카드매출채권에 대한 가압류는 가능합니다(예금채권 가압류와 마찬가지로 대표적인 카드사를 제3채무자로 하여 가압류할 수 있습니다).

이 경우 피해자(채권자) 입장에서는 위에서 살펴본(예상할 수 있는) 음식점 주인의 모든 재산을 가압류하는 것이 가장 안전합니다. 채무자의 재산이 어디에 얼마나 있는지 모르는 상태이어서 어디에 가압류하는 것이 가장 효과적일지 알 수 없기 때문입니다. 그러나, 법원에서 위의 모든 재산에 대한 가압류를 허용해주지 않는 것이 실무입니다. 그렇기 때문에 어쩔 수 없이 선택을 해야 합니다. 선택을 하기 위해서는 우선 각 가압류에 대해 알아보아야 합니다. 상가보증금은 주택보증금에 비하여 보증금은 적고 월세는 큰 게 보통인데 가압류가 들어가면 월세를 연체하면 실효성이 적어질 수 있습니다. 그리고 집기 등 유체동산은 그 가격이 많이 나가지도 않고 법원에서 가압류결정도 잘 해주지 않을 뿐만 아니라 결정이 난 다 하더라도 현금공탁금이 많이 들어 현실적으로 쉽지 않습니다. 또한 주택의 임차보증금의 경우 사업하는 사람들은 사업을 시작할 때부터 보증금 명의를 배우자로 돌려 놓고 하는 경우가 적지 않으며, 채무자의 주거래 은행을 알기 어려워 이 부분에 대한 가압류를 한다면 어쩔 수 없이 시중은행에 대한 투망식 가압류를 할 수 밖에 없습니다. 마지막으로 카드매출채권에 대한 가압류도 영업이 부진하거나 현금매출에 비해 카드매출이 적다면 그다지 효과적인 가압류가 되지는 못할 수 있습니다. 결국, 채무자가 개인 사업자라 하더라도 이러한 사안에 따른 일률적인 정답은 없습니다. 실무에서는 위의 위험성을 안 상태에서 사안에 따라 가장 효과가 높을 것으로 보여지는 물고기를 선택할 수 밖에 없습니다.

## 【사례 2-1】 쇼핑몰의 PG사에 대한 매출채권

이번에는 채무자가 쇼핑몰을 운영하는 경우는 어떨까요? 위 사례에 추가되는 점은 채무자의 거래 은행정도는 알 수 있다는 점입니다. 쇼핑몰 홈페이지 등을 검색하면 거래하는 은행 정도는 알 수가 있으나 문제는 그 거래은행에 잔고가 얼마 인지 모른다는 점입니다(이에 대해서는 예금채권가압류를 할 수 있으나 이는 제외합니다). 채무자가 쇼핑몰을 운영하는 있다는 점을 고려하면 채무자와 가장 밀접한 관련이 있는 물고기를 생각할 수 있고 이에 따라 다른 가압류도 할 수 있습니다.

위 사례에서 채무자가 쇼핑몰을 통하여 얻는 소득을 얻는 방법은 소비자가 물품 등을 구매한 후 대금 등을 신용카드 등으로 결제를 하는 것입니다. 이 부분에 대한 물고기를 잡기 위해서는 우선 인터넷에서 신용카드 결제가 되는 순서를 알아야 합니다. 이를 간략하게 살펴보자면, ①소비자가 쇼핑몰에서 물품을 구매하고, ②카드 결제를 선택하면, ③ PG 시스템에 연동이 되어서 신용카드번호, 주민번호, 비밀번호 등을 입력, ④PG 시스템은 VAN을 타고 카드사 시스템에 접속하여 결제가 이루어집니다. 위의 ②,③번을 하기 위해서 쇼핑몰은 PG사[69]와 계약을 맺고 시스템을 연동하여야 합니다. 쉽게 말해서, 카드사와 PG사가 계약을 맺고, PG사는 쇼핑몰과 계약을 맺습니다. 그러므로 채무자가 쇼핑몰을 운영하는 경우 쇼핑몰의 PG사에 대한 매출채권을 가압류하는 방법이 있습니다.[70]

---

69) PG사(전자지불결제대행서비스)란 Payment Gateway의 약자로서 전자상거래 시장의 핵심인 전자지불 서비스를 대행하는 회사를 말합니다. 전자 지불(인터넷 결제)의 종류에는 신용카드, 핸드폰, 800ARS, 폰빌, 계좌이체 등이 있습니다. KSNET, KCP, 이니시스, 데이콤, 티지코프, 텔렉, 페이게이트, 나이스 등이 있습니다.

70) 성남시 분당구에서 전자결제지급대행사 매출채권 압류 기법으로 상당한 금액의 지방세를 징수했다는 취지의 내용이 방송된 적이 있었는데 체납압류가 가능하다면 민사집행법상 가압류도 가능합니다. 먼저 전자지불결제대행을 이해하기 전에 Van사를 이해해야 합니다. 소비자가 가맹점에서 신용카드 결제를 위해서는 가맹점과 신용카드사간 계약 등이 있어야 하는데 이에는 여러 가지 문제점이 있습니다. 즉, 카드사들은 개별적으로 가맹점을 모집하고, 신용카드 전표 수거 업무를 직접 해야 하는 등 번거로운데 이러한 업무를 대행해주는 곳이 Van사입니다(승인 건수에 대해 가맹점과 신용카드사에게서 수수료를 받는데 가맹점에는 경쟁으로 인해 안 받기도 합니다). 대금결제 절차를 살펴보면, 카드회원이 가맹점 단말기에 결제하면, Van사가 전표 또는 전표를 대신하는 정보를 매입하여 카드사에 전송하고, '카드사는 매입된 전표를 통해 거래여부를 확인하고 카드회사에서 가맹점에 대금을 입금하는 구조'입니다. 위와 같은 거래는 대부분의 오프라인에서 이루어지는 거래로 통상 가맹점의 신용카드사에 대한 매출채권을 가압류함으로써 집행이 가능합니다. 이와 달리, 전자지불결제대행(Payment Gateway)사는 신용카드사, 은행, 통신사 등 결제를 취급하는 회사와 온라인상에서 상품을 판매하고자 하는 전자상거래업체 사이에서 결제를 대행해주는 결제 대행사입니다(쉽게 말해 PG사는 카드결제라던지, 가상계좌라던지 결제관련 대행해주는 회사입니다.). 카드사 등과 PG사가 계약을 맺고, PG사는 전자상거래업체와 계약을 맺는 구조입니다. 그래서 신용카드사 등은 결제대금을 PG사로 지급하고, PG사는 수수료를 제외한 결제대금을 인터넷쇼핑몰(가맹점)에 지급하는 구조입니다(구매자가 PG사를 통해 결제를 하고 거래가 완료되어지면 정산 받고, 가상계좌라면 PG사 가상계좌로 입금 구매자가 하면 PG사에서 돈을 예치하고 있다가 거래 종료시 정산 받는 구조입니다.). 위와 같은 거래에서는 통상적인 쇼핑몰의 신용카드 매출채권 등을 가압류하고자 할 때는 Van사와는 달리 "해당 쇼핑몰의 PG사에 대한 매출 등 채권을 가압류해야 한다"는 것입니다. 앞으로는 여기에서 더 나아가 핀테크 열풍을 타고 등장한 모바일 간편결제 서비스(보통 '페이')도 보편화 될 것으로 보입니다.

# 【사례 3】 영치금 등 반환채권

채권자 중에는 사기 등 범죄피해자가 많이 있습니다. 상대방(채무자)이 초범이고 피해자를 위해 일정한 금원을 공탁하거나 피해자와 합의한 경우 집행유예를 받지만, 다수 범죄경력이 있거나 피해 금액이 큼에도 합의 등이 이루어지지 않을 경우 실형을 받아 교도소에 수감됩니다. 특히 사기 등 범죄를 저지른 채무자의 특징은 통상 자기명의로 아무런 재산이 없는 것입니다. 심지어 자기 명의의 은행 계좌조차 없는 경우도 있습니다. 과연 이런 경우에도 채무자의 재산을 찾을 수 있을까요? 이 업계에 계시는 분들(구치소나 교도소에 근무)에 의하면 사기꾼들은 통상 영치금(죄를 지어 교도소에 갇힌 사람이 교도소의 관계부서에 임시로 맡겨 두는 돈으로, 수감자가 체포 당시 지니고 있었거나 가족, 친지 등이 수용자 앞으로 넣어준 돈을 말한다. 보통 교도소를 통하여 음식이나 물품 등을 구입하는 데 사용한다고 합니다.)이나 영치물을 교도소 내 보관하는 경우가 많다고 한다. 그리고 수감자는 징역형을 선고 받는 경우 강제노역을 해야 하고 이에 대한 대가로 일정한 금원(근로보상금)을 출소 후에 국가로부터 지급받게 됩니다.

이러한 경우 채권자(피해자)는 구속 수감된 채무자(상대방)의 영치금과 영치물반환청구채권 및 출소 후 수령하게 되는 근로보상금에 대하여 가압류를 할 수 있습니다(다만 이 중에서 출소 후 수령하게 되는 근로보상금은 복역시 강제노역의 대가로 지급되는 금원으로 민사집행법상 압류금지채권에 해당된다고 볼 여지는 있습니다.).

이와 관련하여 최근 서울중앙지검은 한명숙 전 총리의 교도소 영치금 250만 원을 추징해 국고에 환수했습니다(2016. 3. 14.자 뉴스).

참고로, 징역형을 복역하고 있는 재소자들은 두 가지 경로로 경제활동을 하고 있습니다. 영치금을 통하는 방법(방문우체국을 통한 우편접수 온라인송금의 방법으로 접수가 가능하며, 액수와 관계 없이 접수가 가능하나 교정시설에 보관하고 수용자가 사용할 수 있는 금액은 개인당 300만원으로 하며 이를 초과하는 금액에 대해서는 수용자 명의의 계좌를 개설하여 입금보관하며, 석방할 때 지급한다)과 예탁금을 통하는 방법(2014년 이전 입소자는 농협은행계좌를, 2015년 이후 입소자는 우리은행 계좌[제주교도소는 제주은행]를 각 보유하며, 위 계좌는 전국 교도소에서 일괄적으로 생성하므로 모든 재소자는 특별한 사정이 없는 한 위와 같은 계좌를 보유하고 있다)이 그것입니다. 영치금과 예탁금 계좌가 모두 (가)압류 되면, 재소자로서는 친목활동을 위한 경제활동을 할 수 없어 상당한 심리적 압박을 느낀다고 합니다.

이와 관련하여, 법에 영치금 규정을 둔 취지, 수용자에게 꼭 필요한 정도의 영치금은 최소한도 생활비로서의 성격도 가진다고 볼 수도 있어 압류금지채권을 규정한 민사집행법 제246조를 유추해석할 수 있는 점, 영치금으로 구매할 수 있는 물품의 종류, 교정현장에서의 영치금 보관의 범위, 채무자에게 영치금이 필요한 사정 및 채무자의 가족이나 친지 등이 접견을 통하여 필요한 금원을 수시로 영치할 수 있는 점 등 이 사건 기록에 나타난 제반 사정에 비추어 볼 때, 이 사건과 관련하여 채무자의 수용생활을 위하여 필요한 영치금의 액수는 100만 원이라고 봄이 상당하다고 한 하급심 판결례도 있습니다(서울중앙지방법원 2013. 2. 5.자 2012카단58459 결정).

# 【사례 3-1】 환부청구권

이름을 모르는 가해자들(예전에는 보통 중화민국공화국 국적의 외국인들이 대부분이었으나 요즈음엔 내국인도 상당수 있습니다)이 피해자들을 속여 피해자들 명의의 계좌로부터 금원을 제3자 명의의 계좌로 이체시키는 방법으로 금원을 편취한 경우, 금원이 제3자의 계좌에 남아 있는 경우에는 '통장 명의자 등 제3자'를 상대로 부당이득반환청구 또는 손해배상청구소송을 제기하여 (전부 또는 일부)구제받을 수 있습니다. 만일, 가해자들로부터 압수된 현금이나 수표가 있을 경우(보통 한국은행 일만 원권 지폐 ○매 등으로 특정), 위 압수물은 가해자들이 자신들의 예금채권을 행사하여 인출한 금원이지만 대체로 피해자들로부터 송금받은 돈의 일부를 인출한 것이고, 위 금전이 장물 그 자체라고 보기 어려울뿐더러 다수의 피해자 중 어떤 특정한 피해자가 위 금전의 인도를 청구할 권리가 있는지 명백하지 아니하다는 점 등을 비추어 이를 몰수하거나 또는 피해자들에게 환부할 수 없습니다. 그러므로 형사재판에서는 이에 관하여 몰수 또는 피해자 환부의 선고를 하지 않아 보입니다. 이 경우 형사소송법 제332조에 의하여 몰수를 해제한 것으로 간주되어 피압수자는 국가에 대하여 민사상 청구권으로서 압수물환부청구권을 행사할 수 있습니다(대법원 2000. 12. 22. 선고 2000다27725 판결 참고). 즉, 이에 관한 권리의 귀속은 압수물환부청구와 관련된 민사 재판에서 가려야 합니다. 이 경우 피해자들이 취해야 할 조치는 2가지가 있습니다. 우선 압수한 물건이 피해자들에게 환부할 이유가 명백한 경우라면 환부신청을 할 수 있습니다. 피해자가 여러 명이어서 피해자에 대한 환부사유가 불명확하다면 부득이 국가를 상대로 압수물환부청구소송을 제기할 수도 있습니다. 그러나, 가해자(채무자)가 국가에 가지는 환부청구권(예를 들면, 부산지방법원 동부지원 영장번호 2005-○호에 기하여 2005. ○. ○. 부산

해운대구 반여1동 소재 ○아파트 ○동 ○호 가내에서 압수한 채무자 소유의 현금 ○원에 대한 채무자의 제3채무자인 국가에 대한 환부청구채권)에 대해 보전처분을 하고 이에 기한 본안소송을 통하여 구제를 받는 방법도 있습니다. 이와 관련하여, 압수물환부청구권은 원칙적으로 압수물 자체에 대한 유체물인도청구권을 의미하는 것이지만, 압수물이 통화인 경우에 보관기관에 의하여 그 특정성을 상실하였다면 압수물의 권면액에 해당하는 보관금의 반환채권 등을 포함하는 것이라는 견해(서울중앙지방법원 2010. 7. 16. 선고 2009가합60072 판결)와, 압수란 유체물에 대한 점유의 취득 및 그 점유의 계속을 내용으로 하는 강제처분으로 압수물환부청구권은 결국 금전채권이 아닌 압수물 자체에 대한 유체물인도청구권이라고 봄이 상당하므로 압수물환부청구권은 피전부채권의 적격이 없다고 하는 견해(수원지방법원 2013. 3. 5.자 2012라1845)[71]가 있으므로 주의해야 합니다.

---

71) 압수는 증거물 또는 몰수할 것으로 사료하는 물건으로서 그 대상이 특정된 것에 대하여 행해지는 처분이다. 비록 금전이라 하더라도 압수가 된 이상 특정성을 가진다고 보아야 한다. 그리고 압수물의 환부는 단지 압수를 해제하여 압수 이전의 상태로 환원시키는 것이므로, 압수물의 환부청구권은 유체물의 인도청구권에 해당하고, 이는 압수물이 현금이나 자기앞수표인 경우에도 마찬가지이다. 나아가 제3채무자가 압수한 현금이나 자기앞수표를 은행에 별단예금으로 보관한다고 할지라도, 이는 보관방법에 관한 제3채무자와 은행 사이의 별개의 법률관계일 뿐이어서 그에 따라 압수물환부청구권의 성격이 유체물인도청구권에서 금전채권으로 변한다고 볼 수는 없다. 한편, 유체물의 인도청구권을 목적으로 하여 압류 및 추심명령을 하는 것은 가능하나(다만 전부명령은 허용되지 않는다. 민사집행법 제245조), 그 집행절차는 금전채권을 목적으로 하는 압류 및 추심명령과는 다르다. 즉 금전채권을 압류할 때에는 법원은 제3채무자에게 채무자에 대한 지급을 금지하고 채무자에게 채권의 처분과 영수를 금지하여야 하고(민사집행법 제227조 제1항), 그 현금화는 추심명령, 전부명령 등에 의하여 금전채권 자체를 목적으로 하여 이루어지지만(같은 법 제229조), 유체동산에 관한 청구권을 압류하는 경우에는 법원이 제3채무자에 대하여 그 동산을 채권자의 위임을 받은 '집행관에게'인도하도록 명하고(같은 법 제43조 제1항), 그 현금화에 대하여는 압류한 '유체동산의 현금화'에 관한 규정을 적용한다(같은 조 제3항). 그러므로 압수물환부청구권에 대한 강제집행은 그 압수물이 금전인 경우에도 유체물인도청구권에 대한 강제집행의 절차에 따라야 한다. 따라서 압수물환부청구권은 금전채권에 대한 압류 및 추심명령의 목적이 될 수 없다(서울남부지방법원 2019. 10. 30.자 2019타채9957 결정 참고).

# 【사례 4】이직 위로금채권

채무자가 개인 택시기사인 경우가 있었습니다. 이 경우 이미 자동차에는 저당권 등이 설정되어 있어서 가압류의 실익이 크지 않았습니다. 그래도 우선 자동차에 대한 가압류를 집행한 후 본안판결을 받은 후 자동차 경매신청의 실익이 크지 않아 채무자가 수입을 얻는 곳이 없을까 고민하였습니다. 채무자가 개인 택시기사라 택시회사에서 지급받을 돈도 없고 수입도 거의 현금으로 들어오는 경우가 대부분이기 때문에 물고기를 잡기가 쉽지 않았습니다. 그러나 **채무자가 소득이나 수입을 얻는 방식 말고도 '채무자가 가입하고 있는 단체 등에서 장래에 받을 돈이나 예치한 돈이 있는 경우**가 꽤 있습니다. 예를 들면, 군인 등이 군복무 중 숨질 경우 사망보험금으로 1억원을 지급하는 전우사랑보험도 있습니다(지난해에는 상근예비역을 포함해 현역으로 복무 중인 병사만 가입했으나, 2006년부터는 사관생도와 장교·부사관 후보생도 가입 대상에 포함됐고, 보험 적용 기간은 병사의 경우 훈련소 입소를 위해 병영에 도착한 시점부터 전역 명령일 밤 12시까지 입니다. 사관생도는 가입교 등록을 위해 학교에 도착한 시점부터 임관일 밤 12시까지입니다.). 국가정보원도 양우공제회를 통하여 직원들이 급여 중 일정 금액을 매달 적립했다가 퇴직 때 지원한다고 합니다. 또한, 국내 건설사들은 일정한 자본금(종합건설은 토복 7억원, 건축 5억원, 토목건축은 12억원 이상, 전문건설업은 업종에 따라 최소 2억원 이상 등)을 유지해야 합니다. 매년 결산일 전후 60일 동안 보통 예금 잔고로 자본금을 증명해야 하는데 이 기준을 충족하지 못할 경우 영업정지 또는 등록말소 처분을 받게 돼 사실상 시장에서 퇴출됩니다. 그러므로 건설법인(회사) 결산일이 12월 31일인 경우 (전)후 60일 동안은 건설회사(법인) 명의의 예금채권이 있을 수 있습니다(실질적으로는 빌려온 돈이나 회사 명의로 예치된 금원입니다).

이 사례에서도 서울특별시개인택시운송사업조합은 조합원이 매달 납부하는 회비 중 일부를 이직위로금으로 적립하여 두었다가 조합원이 이직 등의 이유로 개인택시면허를 처분하게 되면 이직위로금을 지급한다는 사실을 알게 되었습니다. 그래서 채무자가 제3채무자인 서울특별시개인택시운송사업조합에 대한 조합탈퇴에 따른 이직위로금 청구채권을 압류할 수 있었습니다.

## 4. 그물을 엮거나 던지는 방법(방법론)

다음으로 그물에 관련된 내용입니다. 즉 가압류 방법론에 대한 부분입니다. 물고기를 얼마나 구체적으로 특정해야 하는지, 그물을 어떻게 촘촘히 엮어야 하는지 등에 관한 방법에 대한 것입니다.

### 가. 물고기의 특정(피압류채권의 특정)

채권자는 부동산가압류나 채권가압류의 경우에는 피압류물을 구체적으로 특정하여야 합니다. 부동산의 경우에는 부동산등기부등본이 첨부되어 정형적으로 가압류할 부동산을 표시하고 있으므로 특별한 문제가 되지 않으나, 채권가압류의 경우는 문제가 됩니다. 채권이란 어떤 사람에 대하여 특정의 행위를 하게 할 수 있는 권리이어서 그 내용이 매우 다양한데 그 내용을 어느 정도까지 구체적으로 표현해야 가압류가 효력이 있는지가 문제됩니다.

실무상 가압류할 채권의 표시가 정형화된 것도 있기는 하나 이는 예시에 불과하므로 채권자는 이를 그대로 사용하지 않고 더 추가하거나 삭제할 수 있습니다.

채권자가 가압류하면서 '채무자가 제3채무자에 대하여 가지는 일체의 공사대금 및 물품대금 청구채권'의 가압류를 신청한 경우 가압류의 효력이 있는지가 문제됩니다. 이는 법적으로는 가압류의 특정방법과 관련된 내용인데 먼저 관련 법리(대법원 2013.12.26. 선고 2013다26296 판결)를 살펴보아야 합니다.

채권에 대한 가압류 또는 압류명령을 신청하는 채권자는 신청서에 압류할 채권의 종류와 액수를 밝혀야 하고(민사집행법 제225조, 제291조), 특히 압류할 채권 중 일부에 대하여만 압류명령을 신청하는 때에는 그 범위를 밝혀 적어야 한다(민사집행규칙 제159조 제1항 제3호, 제218조). 그럼에도 채권자가 가압류나 압류를 신청하면서 압류할 채권의 대상과 범위를 특정하지 않음으로 인해 가압류결정 및 압류명령(이하 '압류 등 결정'이라 한다)에서도 **피압류채권이 특정되지 아니한 경우에는 그 압류 등 결정에 의해서는 압류 등의 효력이 발생하지 않는다** 할 것이다. 이러한 법리는 채무자가 제3채무자에 대하여 여러 개의 채권을 가지고 있고, 채권자가 그 각 채권 전부를 대상으로 하여 압류 등의 신청을 할 때에도 마찬가지로 적용되므로, 그 경우 채권자는 여러 개의 채권 중 어느 채권에 대하여 어느 범위에서 압류 등을 신청하는지 신청취지 자체로 명확하게 인식할 수 있도록 특정하여야 한다. **다만 압류의 대상인 여러 채권의 합계액이 집행채권액보다 오히려 적다거나 복수의 채권이 모두 하나의 계약에 기하여 발생하였거나 제3채무자가 채무자에게 그 채무를 일괄 이행하기로 약정하였다는 등 특별한 사정이 있는 경우에는 압류할 대상인 채권별로 압류될 부분을 따로 특정하지 아니하였더라도 그 압류 등 결정은 유효**한 것으로 볼 수 있다.

한편 피압류채권의 구체적인 범위는 압류 등 결정의 '압류할 채권의 표시'에 기재된 문언의 해석에 따라 결정되는 것이 원칙이다. 그런데 제3채무자는 순전히 타의에 의하여 다른 사람들 사이의 법률분쟁에 편입되어 압류 등 결정에서 정한 의무를 부담하는 것이므로 이러한 제3채무자가 압류된 채권이나 그 범위를 파악함에 있어 과도한 부담을 가지지 않도록 보호할 필요가 있다. 따라서 '압류할 채권의 표시'에 기재된 문언은 그 문언 자체의 내용에 따라 객관적으로 엄격하게 해석하여야 하고, 그 문언의 의미가 불명확한 경우 그로 인한 불이익은 압류 등 신청채권자에게 부담시키는 것이 타당하므로, 제3채무자가 통상의 주의력을 가진 사회평균인을 기준으로 그 문언을 이해할 때 포함 여부에 의문을 가질 수 있는 채권은 특별한 사정이 없는 한 압류 등의 대상에 포함되었다고 보아서는 아니 된다.

## 【판례사안 1】

채권자인 갑 주식회사의 신청내용대로 가압류와 압류 및 추심할 채권을 '채무자인 을 주식회사가 병 주식회사에 대하여 가지는 정 아파트, 무 아파트, 기 아파트 신축공사대금채권 중 집행채권액에 해당하는 금액'으로 표시한 가압류결정과 압류 및 추심명령이 있었는데, 가압류결정과 압류 및 추심명령이 병 회사에 송달될 당시 위 각 신축공사대금채권액의 합계가 집행채권액을 현저히 초과하고 있었던 사안에서, 위 가압류결정과 압류 및 추심명령은 압류의 효력이 위 각 신축공사대금채권 중 어느 신축공사대금채권에 대하여 어느 범위에서 미치는지를 알 수 없는 것으로 압류의 대상 또는 범위가 특정되지 않아 효력이 없다고 한 사례(대법원 2012.11.15. 선고 2011다38394 판결)

# 【판례사안 2】

이 사건 추심명령의 '압류할 채권의 표시'에 기재된 소외 1의 피고에 대한 채권은 '소외 1과 피고 사이의 이 사건 토지 상 건물신축공사계약에 따라 소외 1이 피고에 대하여 가지는 공사대금반환청구 채권 중 청구금액 78,639,725원에 이를 때까지의 금액'으로서, 문언상 이는 소외 1과 피고 사이에 이 사건 토지에 건물을 신축하는 공사계약이 체결되었음을 전제로 그 계약과 관련하여 소외 1이 피고에 대하여 공사대금 또는 그 상당 금원의 반환을 청구할 수 있는 채권이라고 이해되는 반면, 이 사건 잔여재산 분배금 채권은 소외 1과 피고 사이에 체결된 이 사건 동업약정이 해지됨으로 인하여 조합원인 소외 1이 다른 조합원인 피고에 대하여 민법 제724조 제2항 등에 따라 잔여 동업재산의 분배를 청구할 수 있는 채권이다. 따라서 이 사건 공사대금반환청구 채권과 이 사건 잔여재산 분배금 채권은 그 명칭은 물론 법적 성격이나 내용 등 실질이 확연히 다르다. 그리고 비록 두 채권이 모두 이 사건 동업약정에 따른 다세대주택 신축공사와 관련이 있더라도 그 성립원인이 다를 뿐만 아니라 그 법적 효력이나 존속도 함께 한다고 단정할 수 없다. 설령 소외 1과 피고 사이에 다른 사업장에서의 동업관계 등 다른 법률관계가 존재하지 아니하더라도 제3채무자인 피고가 통상의 주의력을 가진 사회평균인을 기준으로 이 사건 추심명령에서 '압류할 채권의 표시'에 기재된 이 사건 공사대금반환청구 채권에 관한 문언을 이해할 때 그것이 이 사건 동업약정의 해지에 따라 소외 1이 피고에 대하여 가지는 이 사건 잔여재산 분배금 채권을 포함하는 것으로 쉽사리 인식된다고 볼 수 없고, 오히려 그 채권이 포함되는지 여부에 대하여 충분히 의문을 가질 수 있다고 봄이 타당하다. 따라서 이 사건 잔여재산 분배금 채권은 이 사건 추심명령의 대상이 되었다고 볼 수 없고, 이 사건 추심명령의 효력은 이 사건 잔여재산 분배금 채권에 미치지 아니한다고 보아야 할 것이다(대법원 2013.09.12. 선고 2013다40377).

## 【판례사안 3】

이 사건 압류 및 전부명령의 집행채권액은 151,119,920원인 반면 이 사건 소송에서 최종적으로 확정된 피압류채권의 액수는 82,000,000원에 불과하므로, 이는 압류의 대상인 여러 채권의 합계액이 집행채권액보다 오히려 적은 경우라고 볼 수 있다. 또한 이 사건 소송에서 승대건설이 구하였던 위 4가지 채권(공사대금, 공사지원금, 자재대금, 하도급업자에게 지급한 자재비 대위변제금)은 모두 이 사건 공사계약에서 파생되어 발생한 채권들로 보인다. 따라서 위 4가지 채권별로 압류될 부분을 따로 특정하지 아니하였다고 하여 이 사건 압류 및 전부명령이 무효라고 단정하기는 어렵다. 아울러 '승대건설이 수원지방법원 성남지원 2009가합17208 공사대금 사건으로 피고로부터 지급받을 금원 중 151,119,920원에 이를 때까지의 금액'이라는 문언은 단지 1심 승소금액을 뜻하는 것이 아니라 '위 사건이 최종적으로 확정되어 승대건설이 피고로부터 지급받게 될 금원 중 151,119,920원에 이를 때까지의 금액'을 의미하는 것으로 충분히 볼 수 있고, 이러한 해석이 통상의 주의력을 가진 제3자가 의문을 가질 정도라고는 보이지 아니한다(대법원 2013.12.26. 선고 2013다26296 판결).

## 【판례사안 4】

갑 주식회사와 을 주식회사가 병 토지구획정리조합과 토지구획정리에 관한 공사계약을 체결하면서 특약에 따라 갑, 을 회사가 병 조합에 운영경비 2억 원을 대여하였는데, 정이 갑 회사의 병 조합에 대한 공사예치금반환채권에 대한 채권압류 및 추심명령을 받은 사안에서, 공사예치금반환채권과 대여금반환채권은 명칭은 물론 법적 성격이나 내용 등 실질에 있어서도 확연히 다른 채권인 점 등 제반 사정을 종합하여 병 조합이 통상의 주의력을 가진 사회평균인을 기준으로 '압류할 채권의 표시'에 기재된 '공사예치금반환채권'이라는 문언을 이해할 때 그것이 위 특약에 따른 대여금반환채권과 동일한 것으로 쉽게 인식된다고 볼 수 없고, 오히려 그 채권이 포함되는지에 관하여 충분히 의문을 가질 수 있다는 이유로, 위 추심명령의 효력이 갑 회사의 병 조합에 대한 대여금반환채권에는 미치지 않는다고 한 사례(대법원 2013.06.13. 선고 2013다10628 판결)

## 【판례사안 5】

압류의 대상인 수인의 채무자들의 채권 합계액이나 수인의 제3채무자들에 대한 채권 합계액이 집행채권액을 초과하지 않는다 하더라도, 개별 채무자 및 제3채무자로서는 자신을 제외한 다른 모든 채무자들의 채권액이나 모든 제3채무자들의 채무액을 구체적으로 알고 있는 특별한 경우가 아니라면 자신에 대한 집행의 범위를 알 수 없음은 마찬가지이므로 달리 볼 것은 아니다.

① 원고가 2008. 6. 18. 소외 1에 대한 31억 5,000만 원의 매매대금 반환채권(또는 각서에 의한 채권)을 청구채권으로 삼아 수원지방법원 2008카단102382호로 소외 1이 피고들에 대하여 가지는 이 사건 각 토지에 관한 매매대금 반환채권들 중 31억 5,000만 원에 대하여 가압류결정(이하 '이 사건 가압류결정'이라 한다)을 받았고, 이 사건 가압류결정은 2008. 6. 20. 피고들에게 도달한 사실, ② 그런데 이 사건 가압류결정은 가압류할 채권들의 표시를 제3채무자별로 특정하지 않은 채 **"2003. 8. 12.자 매매계약의 효력이 소멸함에 따라 소외 1이 제3채무자들에게 갖는 매매대금 반환채권 중 위 청구금액에 이르기까지의 금액"**이라는 형식으로 발령된 사실, ③ 이후 원고는 2010. 4. 26. 수원지방법원 2010가합7396호로 소외 1, 2, 주식회사 파인그로브, 주식회사 솔뫼마을 등을 상대로 매매대금반환 등 청구소송을 제기하여 2010. 10. 21. 승소판결을 선고받아 2010. 11. 24. 위 판결이 확정된 사실, ④ 이에 따라 원고는 2011. 8. 29. 수원지방법원 2011타채23428호로 압류 및 추심할 채권을 **"2003. 8. 12.자 매매계약의 효력이 소멸함에 따라 소외 1이 제3채무자들에게 갖는 매매대금 반환채권 중 2,547,788,126원에 이르기까지의 금액"**으로 표시하여 위와 같이 가압류된 31억 5,000만 원의 채권 중 2,547,788,126원에 대하여 본압류로 이전하는 내용의 채권압류 및 추심명령(이하 '이 사건 추심명령'이라 한다)을 받았고 … (중략) … 이 사건 가압류결정 및 이 사건 추심명령에 기재된 가압류할 채권의 표시 및 압류할 채권의 표시 자체에 의하더라도 제3채무자가 복수인 이 사건에서 제3채무자인 피고별로 그 가압류 및 압류에 의하여 얼마씩의 지급이 금지되는 것인지 구분되지 아니하고, 제3채무자인

피고들로서는 결정문만으로는 자신의 채무 중 어느 금액 범위 내에서 가압류 및 압류의 대상이 되는지를 명확하게 인식하기 어려우므로, 가압류 및 압류할 채권이 특정되었다고 볼 수 없다. 따라서 이 사건 가압류결정 및 이 사건 추심명령은 그 집행의 범위가 명확하지 아니하여 모두 무효라고 보아야 하고, 달리 제3채무자별로 가압류 및 압류될 금액을 따로 특정하지 아니하였더라도 유효하다고 볼 특별한 사정을 찾아볼 수도 없다(대법원 2014.5.16. 선고 2013다52547 판결).

위 대법원 판결들을 종합해보면, 하나의 그물로 여러 가지 물고기들을 한꺼번에 잡을 수는 있으나 이 때에 어부(채권자)는 여러 개의 물고기(채권) 중 어느 물고기(채권)에 대하여 어느 범위에서 (가)압류 등을 신청하는지 신청취지 자체를 명확하게 인식할 수 있도록 특정해야 한다는 것입니다. 그렇지 않으면 피압류채권이 특정되지 않아 무효가 될 수도 있다는 것입니다[72]. 위에서 문제된 사례에서는 채무자의 재산권행사를 본질적으로 제한하는 것으로 헌법상 기본권제한에 관한 비례의 원칙에 위반되어 허용될 수 없다는 이유로 신청을 각하였다고 합니다[73]. 피압류채권이 특정되지 않은 대표적인 사례입니다.

위와 같은 판례의 내용을 고려하여 공사대금 (가)압류별지는 작성해 보면 일응 다음과 같습니다. '제3채무자로부터 채무자 회사로 지급될 도급공사대금에 대하여 다음의 순서에 따라 압류한다. ①지급기일이 가까운 것의 순서로 ②지급기일이 같다면 가압류가 없는 것을 선순위로, 가압류가 있는 것을

---

72) 이영창, 채권가압류에서 복수의 피압류채권들의 특정방법, 대법원판례해설 제93호 2012년 下, 법원도서관

73) 서울남부지법 2009. 7. 9.자 2009카단7713 사안, 권창영, 민사보전법, 유로, 2012. 315면 각주 참고.

후순위로 하여 현재의 잔액과 향후 지급될 공사대금으로서 위 청구금액에 이르기까지의 금원(단, 건설산업기본법 제88조 제1항에 따른 임금채권은 제외한다).'

또한, 국세징수법상 체납처분에 의한 채권압류는 채무자(이하 '제3채무자'라 한다)에게 체납자에 대한 채무이행을 금지시켜 조세채권을 확보하는 것을 본질적 내용으로 하는 것이므로, 제3채무자에 대한 채권압류통지서의 문언에 비추어 피압류채권이 특정되지 않거나 체납자에 대한 채무이행을 금지하는 문언이 기재되어 있지 않다면 채권압류는 효력이 없는바, 이러한 법리는 지방세외수입금의 징수 등에 관한 법률의 적용을 받는 지방자치단체의 과징금, 이행강제금 및 부담금 등의 압류절차에도 그대로 적용됩니다(대법원 2017. 6. 15. 선고 2017다213678 판결, 수용으로 인한 수용보상금 채권을 압류하면서 통지서에 '붙임 세외수입 체납자에 대하여 지방세외수입금의 징수 등에 관한 법률 제9조 규정에 의거 보상금을 압류합니다.'라는 기재가 있을 뿐 체납자인 원고에 대한 채무이행을 금지하는 취지의 문언이 없었던 사례).

## 나. 그물을 촘촘히 엮는 방법

다음으로, 가압류할 채무자의 재산을 선택했다면 그 범위 안에서 가능한 한 그물을 촘촘히 만들어 큰 물고기 뿐만 아니라 작은 물고기도 잡는 방법을 소개하고자 합니다.

교통사고를 당한 피해자(의뢰자)가 있었습니다. 의뢰자는 상대방이 은행에 근무하고 있다는 사실을 알고 방문하여 '상대방의 급여 등 임금채권'에 대한 가압류를 희망했습니다. 의뢰를 받은 분은 '의뢰자의 요구대로' 상대방의 임금과 퇴직금에 대해서만 별지목록을 작성해서 접수해 가압류신청이 들어간 상태였습니다. 의뢰자의 가압류 청구금액이 2억원이 넘고 상대방의 임금 등에 대한 가압류라 법원에서 청구금액 중 일부에 대해 담보제공명령이 나왔는데, 1/2에 대해서는 보증보험으로, 1/2에 대해서는 현금공탁으로 결정되었습니다. 현금 공탁금이 무려 4,300만 원이 나왔습니다. 단일 사건에 대한 공탁금액이 적지 않아 고민하던 중, 어차피 법원에 납부해야 할 공탁금은 어쩔 수 없지만[74] '상대방을 더 압박할 수 있는 방법이 없을까'하는 생각 중에 상대방이 은행원이고 제3채무자가 은행이라는 점에 착안하여 제3채무자를 추가하지 아니하는 범위 안에서 『기존의 가압류의 별지에 임금(퇴직금 포함) 이외에 '상대방이 자기 은행(제3채무자)에 개설하고 있는 예금' 등에 대한 내용을 추가』한다면 압박의 정도를 매우 높일 수 있다는 생각이 들었습니다. 그리고 가압류결정이 된 상태가 아니므로 별지의 보정(정확히는 추가)은 그리 어렵지 않다고 생각하고 해 보았습니다. 다행히 추가적인 보정 없이 예상했던 대로 결정문이 나왔습니다. 상대방은 은행원이었는데 월급 통장까지도 막을 수 있어 압박의 정도가 매우 컸습니다.

위 사례에서 그물을 더 촘촘히 만드는 방법도 소개합니다. 바로 채무자가 연말정산에 따른 근로소득세환급금채권이나 실적수당 및 성과급에 대한 가압

---

74) 이론적으로 그렇다는 것이지 실무는 다를 수 있습니다. 즉, 담보제공액이 너무 많을 경우 담보액을 감액해달라는 취지의 신청을 낼 수 있습니다. 신청서 작성시 중요한 내용은 본안에서 승소할 가능성이 높다는 점, 예규(재민 2003-5)가 변경되어 청구이의 소의 제기가 있는 때의 강제집행의 일시정지를 위한 담보나 이에 준하는 경우 이미 압류의 효력이 발생하여 강제집행의 확실성 등이 확보됨에 따라 강제집행의 일시정지에 따른 손해액만을 담보할 필요가 있는 때에는 담보제공을 보증보험으로 가능하다는 점, 기타 현재 의뢰자의 자력 등을 구체적으로 진술해야 합니다. 강제집행의 일시정지에 관한 재판은 부수적이고 잠정적인 것에 불과하며 확정된 경우에도 기판력이 생기지 않으므로 한 번 신청하였다가 그 전부 또는 일부를 배척당한 신청인이라도 주장과 소명을 보충하여 다시 신청하는 것이 가능합니다(이시윤, 신민사집행법, 박영사, 2013. 117면).

류를 추가하는 것입니다. 가압류한 임금 등 채권 안에 채무자가 받을 근로소득세환급금채권이나 성과급 등이 포함되는지에 대해 다툼이 있고, 포함되지 않는다고 보는 견해가 다수이기 때문에 이를 명시적으로 추가해야 다툼이 없습니다.

대법원은, 제3채무자는 순전히 타의에 의하여 다른 사람들 사이의 법률분쟁에 편입되어 가압류명령에서 정한 의무를 부담하는 것이므로 이러한 제3채무자가 가압류된 채권이나 그 범위를 파악함에 있어 과도한 부담을 가지지 않도록 보호할 필요가 있으므로 '가압류할 채권의 표시'에 기재된 문언은 그 문언 자체의 내용에 따라 객관적으로 엄격하게 해석하여야 하고, 그 문언의 의미가 불명확한 경우 그로 인한 불이익은 가압류 신청채권자에게 부담시키는 것이 타당하므로, 제3채무자가 통상의 주의력을 가진 사회평균인을 기준으로 그 문언을 이해할 때 포함 여부에 의문을 가질 수 있는 채권은 특별한 사정이 없는 한 가압류의 대상에 포함되었다고 보아서는 아니 된다(대법원 2011.02.10. 선고 2008다9952 판결)고 판시하고 있기 때문입니다.

이와 유사하게 자영업자의 경우도 국가에 대하여 부가가치세 등 각종 세금에 대한 환급금반환채권이 있으므로 이에 대한 가압류도 생각해 볼 수 있습니다. 또한, 채무자가 공무원인 경우 급여채권에 대한 압류결정문의 효력이 명예퇴직수당까지 미치게 하기 위해서는 압류대상채권이 명예퇴직수당임을 명시하여야 하고, 단순히 급료, 상여금, 수당 등과 같이 압류대상채권을 별지목록에 기재한 경우에는 압류의 효력이 없습니다[75].

또한, 명예퇴직(또는 희망퇴직)시 위로금(과거 근로제공에 대한 수고의 위

---

75) 박준의, 신채권집행실무, 2012. 36면

로조로 지급하는 금품으로 해당 위로금은 퇴직금 외에 생계유지 등을 위해 수개월 혹은 수 십개월 급여를 일시급으로 지급을 하기도 합니다)을 지급하는 경우를 대비하여 별지 작성시 이에 대한 문구도 추가해야 합니다.

그리고, 공탁금에 대한 가압류시에도 공탁금에 대한 이자도 빠뜨리지 않도록 주의해야 한다. 압류의 효력은 종된 권리에도 미치므로 공탁원금만을 명시하여 압류명령이 발해진 때에도 원칙적으로 압류의 효력발생 이후의 공탁금의 이자에 압류의 효력이 미치나, 압류의 효력발생 당시 이미 변제기가 도래한 공탁금의 이자에 대하여는 원본채권으로부터의 독립성이 있으므로 압류명령에 목적채권으로 명시된 경우에만 그 효력이 미친다고 할 것입니다[76]. 그러므로 가압류할 채권의 표시를 별지로 작성할 때 공탁금 및 이에 대하여 발생한 이자를 포함하도록 별지를 작성해야 가압류 이전에 발생한 이자까지 가압류의 효력이 미칩니다. 유사하게 공탁금출급청구권에 대하여 압류 및 추심명령이 발해진 경우에 그 명령에 공탁금의 이자채권에 대하여 언급이 없을 때에는 압류 전의 이자에 대한 추심권이 없고, 그 이자채권에 대하여 추심권을 행사하려면 별도의 압류 및 추심명령을 받아야 합니다(공탁선례 1-231).

이와 같이 압류의 효력은 압류효력발생 후 이자나 지연손해금에도 당연히 미치나 압류효력발생 전에 이미 발생한 이자 등에는 미치지 않는 점을 고려한다면 채권가압류시 항상 다음과 같은 문구를 추가할 필요가 있습니다. 예컨대 피압류채권이 '대여금채권'인 경우에 별지목록을 작성하자면 다음과 같습니다.[77]

---

76) 2009 공탁실무편람, 법원행정처, 477면
77) 박준의, 제2판 신채권집행실무, 유로 2015. 407면.

채무자와 제3채무자 사이의 20○○. ○. ○.자 대여금채권 원금 및 **이에**
**대한 이자 및 지연손해금채권 전부**

또한, 예탁유가증권 가압류시 예탁유가증권만 가압류 할 것이 아니라 현재
있거나 장래 입금될 금액을 포함한 예수금 채권(주식 매매를 위해 증권회사
에 계좌를 개설한 뒤 입금한 투자 금액으로 매매 결제 대금으로 사용하지 않
은 금액입니다. 매매 주문시 증거금으로 사용되거나 인출 가능한 금액입니
다.)에 대한 가압류도 빠뜨리지 말아야 하고, 다른 증권계좌나 펀드(수익증
권)계좌에 대한 가압류도 포함시키는 취지의 목록을 작성해야 한다. 다만,
하나의 신청서로 예탁유가증권과 예수금에 대하여 압류신청을 하여 온 경우
이는 금전집행과 그 밖의 재산권에 대한 집행신청을 하나의 신청서로 하여
온 경우에 해당하므로 이를 분리하여 예수금에 대하여는 별도의 금전집행을
신청하도록 함이 실무입니다.[78]

## 5. 기타

법률관계는 1개이나 이와 관련하여 2개 이상의 권리가 발생하는 경우 모
든 권리를 가압류를 해야 한다는 점입니다. 다만, 아래와 같은 사례들의 경
우에 권리가 2개 이상이 발생하므로 권리마다 청구금액을 나누지 않으면 전
부가 무효가 될 수 있음을 매우 주의하여야 합니다(전술한 물고기의 특정 부
분 참조).

---

78) 박준의, 신채권집행실무, 유로, 2012, 517면

## [부동산 매매계약 관련][79]

갑과 을 사이에 부동산의 매매계약이 이루어진 경우, 갑의 채권자 병이 매매계약이 원활히 이행될 경우에 갑이 을에 대하여 갖는 소유권이전등기청구권과 매매계약이 해제될 경우에 갑이 을에 대하여 갖는 매매대금반환채권을 동시에 가압류대상으로 하여 가압류를 신청할 수 있습니다. 양 채권이 동시에 양립될 수 없음을 이유로 하나를 취하시키고 별건으로 신청을 하도록 하는 실무례도 있으나, 서울중앙지방법원의 경우에는 선택적인 신청을 허용하고 있습니다.

## [재산분할 관련]

이혼한 자의 일방은 다른 일방에 대하여 재산분할을 청구할 수 있습니다(민법 제839조의2). 재산분할의 방법으로는 현물분할, 경매분할, 대상분할(가액분할 혹은 현금분할) 등의 방법이 있으므로, 본안에서의 재산분할방법을 전제로 보전처분에 있어서는 재산분할청구권을 피보전권리로 하는 가압류와 가처분이 가능합니다[80].

이와 관련하여 발생하는 문제가 하나 있습니다. 즉, 당사자가 기여도가 적어 본안심판에서 현물분할이 명하여질 가능성이 적으면서도 처분금지가처분을 신청하여 결정된 경우(가압류에 비하여 가처분이 채무자에 대하여 더 큰 타격이 되므로), 본안심판에서 현금분할의 심판이 확정된 경우 현금분할의 심판으로 위 가처분에 대하여 본집행을 할 수는 없으므로, 위와 같은 사유는 사정변경에 의한 가처분취소사유가 된다는 점입니다(예를 들면, 가처분의 피

---

79) 이영창, 보전소송, 진원사, 2011. 187면

80) 정상규, 가사보전처분의 실무상 쟁점, 재판자료 제102집 가정법원사건의 제문제[下], 법원도서관, 2003. 319면

보전권리는 재산분할을 원인으로 한 이전등기청구인데, 본안에서 금전지급을 명한 이상 이전등기청구권이라는 피보전권리는 존재하지 않음이 밝혀졌다고 할 수 있습니다.).

이에 대한 해결방법으로는 사전적(보전처분 신청시 당사자측의 조치)인 조치가 있습니다. 본안에서 현금분할이 명하여질 것으로 예상되는 경우(분할대상재산이 채무자가 혼인 이전에 취득한 경우, 혼인이후 상속 등을 통해 채무자가 취득한 경우 등 신청채권자에게 기여도가 적은 경우) 가압류를, 본안에서 현물분할될 가능성이 높은 경우(대상 재산의 취득·유지에 관한 채권자의 기여내용 및 기여도가 높은 경우) 가처분신청을 하도록 신청인에게 법률적인 조언이 필요하다. 다만, 이러한 판단이 어려운 경우 동일한 부동산에 대하여 처분금지가처분을 신청함과 아울러 가압류를 신청하는 경우도 있습니다.

사후적(법원측의 조치) 조치도 있습니다. 즉, 상대방의 재산에 대하여 처분금지가처분을 한 후 본안에서 현물분할을 구하였는데 본안에서는 금전분할을 명하는 판결 또는 심판이 있었음을 이유로 채무자가 가처분의 취소신청을 한 경우 처리에 대하여 실무적으로는 다음과 같이 처리하고 있다고 합니다(위 같은 책 356면).

본안확정 전에 이미 채권자가 대상 재산에 대하여 가압류를 하였다면 곧바로 취소판결을 하여도 무방하나, 가압류를 하지 않았다면 취소판결이 선고되는 경우 채권자로서는 금전지급의 집행을 담보할 아무런 방법이 없게 되므로, 채권자가 적절한 조치를 취할 수 있도록 본안확정 전인 경우에는 본안확정시까지 또는 항소심 변론종결시까지 취소사건의 변론기일을 추정하고, 본안확정 후인 경우에는 채권자와 채무자 사이에 조정을 시도한다고 합니다.

## [신탁관련81)]

수익자가 갖는 권리 중 금전 또는 재산의 급부와 관련되는 것들, 즉 민사집행의 대상이 될 수 있는 것들을 분석해보면,

① 수익권의 여러 모습 전체를 포괄하는 권리로서의 수익권 그 자체(기본적 수익권, 신탁에 있어 수익권 자체는 주식회사에서 주주의 권리에 해당되며 수익자는 주주의 지위에 있다고 볼 수 있다),

② 신탁계약에 의하여 수탁자가 지급하여야 할 의무로 이미 발생하였거나 신탁종료시까지 발생할 권리(구체화된 수익권),

③ 신탁이 종료하고 나서 귀속권리자로서 남은 신탁재산을 교부받을 권리(신탁이 종료되면 종래의 신탁은 일종의 법정신탁으로 바뀌게 되고, 귀속권리자는 그 법정신탁의 수익자로 간주되므로 신탁종료 전후의 수익자의 지위 및 수익권의 의미가 달라지게 되므로 수익자가 귀속권리자가 되는 경우 그 귀속권리자의 권리도 압류하기 위해서는 그 권리도 압류함을 명백히 표시함이 바람직하다)가 있습니다82).


## [(토지수용)보상 관련]

수용보상금은 기업자가 현금 또는 채권으로 보상하게 되는데, 현금보상을 하는 경우인지 채권보상을 하는 경우인지에 따라 가압류의 내용이 달라지고 추후 집행방법이 달라집니다. 집행채권자로서는 그 보상방법이 무엇인지 알 수 없는 경우가 많을 것이므로 실무에서는 병행하여 신청해야 한다는 점입니다. 왜냐하면, 기업자가 현금 또는 채권(채권) 중 어느 것으로 지급할 것인지 여부를 선택하지 아니한 상태에 있는 경우, 손실보상금채권에 대한 압류 및

---

81) 신탁과 강제집행 관련 내용을 부록으로 보충하였으므로 참고하시기 바랍니다.

82) 손진홍 322면의 내용을 일부 변형하였습니다

전부명령은 기업자가 장래에 보상을 현금으로 지급하기로 선택하는 것을 정지조건으로 하여 발생하는 손실보상금채권을 그 대상으로 하는 것이라고 할 것이고, 위와 같은 장래의 조건부채권에 대한 전부명령이 확정된 후에 그 피압류채권의 전부 또는 일부가 존재하지 아니한 것으로 밝혀졌다면 민사집행법 제231조 단서에 의하여 그 부분에 대한 전부명령의 실체적 효력은 소급하여 실효되기 때문입니다(대법원 2004.08.20. 선고 2004다24168 판결).

수용보상금이 현금이 경우 금전채권에 대한 집행으로 보상금채권에 대한 가압류를, 채권보상인 경우 유가증권인도청구권에 대한 가압류(예를 들면, 채무자가 제3채무자로부터 아래 부동산에 대한 손실(또는 수용)보상으로 지급받을 유가증권 중 위 청구금액에 이르기까지의 유가증권에 대한 인도청구권)를 해야 합니다. 사업시행자가 채권으로 공탁하였을 경우 이에 대한 출급청구권은 유체물인도를 목적으로 하는 채권의 일종이므로 그에 대한 강제집행은 유체동산인도청구권에 대한 강제집행절차를 따라야 합니다.[83]

주의할 것은, 기업자는 토지를 수용한 날에 그 소유권을 취득하고 그 토지에 관한 다른 권리는 소멸하므로, 수용되는 토지에 대하여 가압류가 집행되어 있더라도 토지수용으로 기업자가 그 소유권을 원시취득하게 됨에 따라 그 토지 가압류의 효력은 소멸하는 것이고, 이 경우에 그 토지 가압류가 수용보상금채권에 당연히 전이되어 그 효력이 미치게 된다고는 할 수 없으므로, 수용 전 토지에 대한 가압류채권자가 다시 수용보상금채권에 대하여 가압류를 하여야 한다는 점입니다.

그리고 수용보상금채권에 가압류를 하였다 하더라도, 수용 전 토지에 대하

---

83) 손흥수, 채권집행의 실무, 육법사, 2015. 141면

여 위 토지 가압류 이후 저당권을 취득하였다가 위 수용보상금채권에 대하여 물상대위에 따른 압류를 한 자에 대하여는, 수용 전 토지에 관하여 주장할 수 있었던 사유를 수용보상금채권에 대한 배당절차에서까지 주장할 수는 없다고 보아야 한다는 점입니다(대법원 2004.04.16. 선고 2003다64206)

## [지입계약 관련]

채무자와 제3채무자가 지입계약을 맺은 경우에도 2개의 권리가 발생합니다. 위·수탁 관리계약(이른바 지입계약)이 유지될 경우 정산금채권과 위 계약이 종료될 경우 발생하는 소유권이전등록청구권이 그것입니다. 별지를 작성해보면 아래와 같습니다.

---

채무자와 제3채무자 사이에 차량(       )에 대한 위·수탁 관리계약(이른바 지입계약)을 체결하여 채무자가 제3채무자로부터 지급받을 정산금채권

채무자와 제3채무자 사이에 차량(       )에 대한 위·수탁 관리계약(이른바 지입계약) 종료를 원인으로 한 소유권이전등록청구권

---

## [제3채무자의 특정]

『지방자치단체의 구매요청에 따라 조달청이 갑 회사와 조달물자구매계약을 체결하면서 지급방법을 '대지급'으로 정한 사안에서 위 조달계약의 당사자로서 그 대금지급의무를 부담하는 자는 조달청이고, 갑 회사의 채권자가 수요기관인 지방자치단체를 제3채무자로 하여 전부금을 청구할 수 없다.』고 판시(대법원 2010. 1. 28. 선고 2009다56160 판결)하여 대지급 방식에 의한 조달물자 구매계약에 있어서 수요기관은 비록 지방자치단체이지만, 지방자치단체는 단지 계약상의 수익자에 불과하고, 조달청이 조달계약의 당사자로서 대금지급 의무를 부담하므로 결과적으로 제3채무자는 지방자치단체가 아니라 대한민국(조달청이 국가기관이므로)이 되어야 합니다. 이에 대한 자세한 논의는 이헌재, 조달청조달계약 대금채권 압류시 주의점, 법무사 2014년 9월호 참고.

# V. 도산절차와 채무자의
# 재산(도산 물고기)

# V. 도산절차와 채무자의 재산(도산 물고기)

도산절차는 회생절차, 개인회생절차, 파산절차의 세 부분으로 크게 나눌 수 있습니다. 개인이나 기업의 경제적 실패를 다루는 도산절차 중에서 재건형 절차인 '회생'은 사업의 재건과 영업의 계속을 통한 채무변제가 주된 목적인 반면 청산형 절차인 '파산'은 채무자의 재산의 처분·환가와 채권자들에 대한 공평한 배당이 주된 목적입니다. 도산절차에서는 위 3가지 제도와 각 채권의 종류와 채무자의 재산에 따라 법률관계가 달라지게 됩니다. 그리고 도산절차에서는 판결이 없다고 하더라도 일정한 경우 집행권원(회생절차종결 후의 회생채권자표 또는 회생담보권자표[84], 개인회생절차폐지결정이 확정된 후 개인회생채권자표, 파산종결 후의 파산채권자표)이 되는 것이 있습니다.

---

84) 회생채권에 관하여 회생절차개시 이전부터 회생채권 또는 회생담보권에 관하여 집행권원이 있었다 하더라도, 회생계획인가결정이 있은 후에는 채무자회생법 제252조에 의하여 모든 권리가 변경·확정되고 종전의 회생채권 또는 회생담보권에 관한 집행권원에 의하여 강제집행 등은 할 수 없으며, 회생채권자표와 회생담보권자표의 기재만이 집행권원이 된다(대법원 2017. 5. 23. 자 2016마1256 결정).

# 1. 회생절차

회생절차는 재정적 어려움으로 파탄에 직면해 있는 채무자에 대하여 채권자, 주주, 지분권자 등 여러 이해관계인의 법률관계를 조정하여 채무자 또는 그 사업의 효율적인 회생을 도모하는 제도입니다. 회생채권[85], 회생담보권[86]에 기한 강제집행과 공익채권[87]에 기한 강제집행이 서로 다릅니다.

---

85) 채무자에 대하여 회생절차개시 전의 원인으로 생긴 재산상의 청구권, 회생절차개시 후의 이자, 회생절차개시 후의 불이행으로 인한 손해배상금 및 위약금, 회생절차참가의 비용(법 118조)

86) 회생채권이나 회생절차개시 전의 원인으로 생긴 채무자 외의 자에 대한 재산상의 청구권으로서 회생절차개시 당시 채무자의 재산상에 존재하는 유치권·질권·저당권·양도담보권·가등기담보권·「동산·채권 등의 담보에 관한 법률」에 따른 담보권·전세권 또는 우선특권으로 담보된 범위의 것은 회생담보권으로 한다(법 141조 1항).

87) 제179조(공익채권이 되는 청구권) ① 다음 각호의 어느 하나에 해당하는 청구권은 공익채권으로 한다. 〈개정 2006.12.30., 2007.12.31., 2009.10.21., 2014.5.20.〉
   1. 회생채권자, 회생담보권자와 주주·지분권자의 공동의 이익을 위하여 한 재판상 비용청구권
   2. 회생절차개시 후의 채무자의 업무 및 재산의 관리와 처분에 관한 비용청구권
   3. 회생계획의 수행을 위한 비용청구권. 다만, 회생절차종료 후에 생긴 것을 제외한다.
   4. 제30조 및 제31조의 규정에 의한 비용·보수·보상금 및 특별보상금청구권
   5. 채무자의 업무 및 재산에 관하여 관리인이 회생절차개시 후에 한 자금의 차입 그 밖의 행위로 인하여 생긴 청구권
   6. 사무관리 또는 부당이득으로 인하여 회생절차개시 이후 채무자에 대하여 생긴 청구권
   7. 제119조제1항의 규정에 의하여 관리인이 채무의 이행을 하는 때에 상대방이 갖는 청구권
   8. 계속적 공급의무를 부담하는 쌍무계약의 상대방이 회생절차개시신청 후 회생절차개시 전까지 한 공급으로 생긴 청구권
   9. 다음 각목의 조세로서 회생절차개시 당시 아직 납부기한이 도래하지 아니한 것
      가. 원천징수하는 조세. 다만, 「법인세법」 제67조(소득처분)의 규정에 의하여 대표자에게 귀속된 것으로 보는 상여에 대한 조세는 원천징수된 것에 한한다.
      나. 부가가치세·개별소비세·주세 및 교통·에너지·환경세
      다. 본세의 부과징수의 예에 따라 부과징수하는 교육세 및 농어촌특별세
      라. 특별징수의무자가 징수하여 납부하여야 하는 지방세
   10. 채무자의 근로자의 임금·퇴직금 및 재해보상금
   11. 회생절차개시 전의 원인으로 생긴 채무자의 근로자의 임치금 및 신원보증금의 반환청구권
   12. 채무자 또는 보전관리인이 회생절차개시신청 후 그 개시 전에 법원의 허가를 받아

회생계획인가의 결정이 있는 때에는 회생계획이나 이 법의 규정에 의하여 인정된 권리를 제외하고는 채무자는 모든 회생채권과 회생담보권에 관하여 그 책임을 면하며, 주주·지분권자의 권리와 채무자의 재산상에 있던 모든 담보권은 소멸합니다(채무자회생법 제251조 본문).

즉, 회생절차에서는 회생계획인가결정이 있는 때에는 채권자들의 권리가 축소되는 등 법률관계가 변경되므로 인가 후 중도에 폐지되거나 회생계획을 수행하지 못하는 경우라도 회생채권자의 권리행사는 회생계획에 따라 변경된 범위로 제한되고, 회생절차 중에 목록에 기재되지 아니하거나 신고하지 않은 권리, 회생계획에서 존속할 것을 정하지 않은 권리는 모두 실권하게 됩니다.

그러나 회생절차개시 전의 벌금·과료·형사소송비용·추징금 및 과태료의 청구권에 관하여는 회생계획에서 감면 그 밖의 권리에 영향을 미치는 내용을 정하지 못합니다(채무자 회생 및 파산에 관한 법률 제140조 제1항). 그러나 공익채권은 면책되거나 소멸하지 않습니다. 즉, 회생계획에는 공익채권의 변제에 대한 사항을 기재하여야 하지만, 공익채권의 변제기의 유예 또는 채권의 감면 등 공익채권자의 권리에 영향을 미치는 규정을 정할 수는 없으며, 설령 회생계획에서 그와 같은 규정을 두었다 하더라도 그 공익채권자가 동의하지 않는 한 권리변경의 효력은 공익 채권자에게 미치지 않습니다.[88]

회생채권자 등은 채무자회생법 제255조 제2항에 따라 회생채권자표 등에 기하여 채무자 및 회생을 위하여 채무를 부담하거나 담보를 제공한 자에 대하여 강제집행을 할 수 있습니다(회생사건실무[下], 서울중앙지방법원 파산부

---

행한 자금의 차입, 자재의 구입 그 밖에 채무자의 사업을 계속하는 데에 불가결한 행위로 인하여 생긴 청구권

13. 제21조제3항의 규정에 의하여 법원이 결정한 채권자협의회의 활동에 필요한 비용
14. 채무자 및 그 부양을 받는 자의 부양료
15. 제1호부터 제14호까지에 규정된 것 외의 것으로서 채무자를 위하여 지출하여야 하는 부득이한 비용

88) 회생사건실무(上), 서울중앙지방법원 파산부 실무연구회 저, 박영사, 2014. 726면

실무연구회, 박영사, 2014. 253면).

즉, 회생계획에 의하여 회생채권자와 회생담보권자에게 인정된 권리가 금전의 지급 기타 이행의 청구를 내용으로 하는 때에는 그 권리에 관한 회생채권자표와 회생담보권자표의 기재는 집행력을 갖고, 인정된 권리자는 회생절차 종료 후에 채무자와 회생을 위하여 채무를 부담한 자에 대하여 회생채권자표와 회생담보권자표에 의하여 강제집행을 할 수 있습니다(채무자회생법 제255조 제2항).

다만, 회생채권자표와 회생담보권자표의 기재에 의한 강제집행은 회생절차 종결[89] 후에 한하여 허용됩니다. 회생절차 중에는 비록 회생계획에 정해진 변제기에 변제가 되지 않더라도 강제집행은 허용되지 않습니다. 회생채권자표와 회생담보권자표에 의한 강제집행은 그 집행문을 붙인 정본에 기하여 집행하는바, 집행문 부여기관은 회생법원의 법원사무관 등이 됩니다(제4판 회생사건실무 [下] 113면 이하 참고).

실무상 회생채권자표 등에 기한 강제집행시 송달증명이 필요한지 여부가

---

[89] 법률은 회생절차의 '종결 후'에 강제집행을 할 수 있다고 되어 있습니다. 다만, 그 내용상 폐지의 경우를 포함하는 '종료 후'의 의미로 해석하여야 한다. 종결이라 함은 회생계획이 이미 수행되었거나 앞으로 회생계획의 수행에 지장이 있다고 인정되지 않아 회생절차의 목적을 달성할 수 있다고 판단되는 경우 법원이 관리인 또는 이행관리인의 신청이나 직권으로 회생절차를 종료시키는 것을 말한다. 회생절차의 폐지는 회생절차 개시 후에 당해 회생절차가 그 목적을 달성하지 못한 채 법원이 그 절차를 중도에 종료시키는 것을 말한다. 회생절차의 폐지는 크게 회생계획인가 전의 폐지와 회생계획 인가 후의 폐지로 나눌 수 있습니다. 회생절차가 폐지되어 종료되면 회생채권자는 개별적으로 소구하거나 강제집행을 할 수 있습니다. 다만, 회생절차 진행 중에 이미 실권된 채권이나 회생계획에서 보호되지 않는 권리는 회생절차가 폐지되더라도 부활하지 않습니다. 실무에서는 회생계획에 따른 변제가 시작되면 원칙적으로 회생절차를 종결시킵니다. 회생절차 중에는 회생채권자는 회생절차에 의하지 아니하고는 채무자로부터 채무의 변제를 받을 수 없으므로(법 131조), 개별적으로 가압류 등의 보전처분을 하거나 강제집행을 할 수 없습니다. 그러나 회생절차가 종결되면 채무자는 회생계획에서 정한대로 채무를 변제하는 등 회생계획을 계속하여 수행할 의무를 부담하게 되고 회생채권자는 기한이 도래한 회생채권에 대하여 개별적으로 소구하거나 강제집행을 할 수 있게 됩니다. 다만, 회생절차 중에 이미 실권된 채권이나 회생계획에서 보호되지 않는 권리는 회생절차가 종결되더라도 부활하지 않습니다.

문제되나, 특별규정이 없으므로 회생채권자표 등의 송달증명 없이 강제집행을 개시하는 것은 부적법하다 할 것입니다(윤경·손흥수, 개정·증보 민사집행[부동산경매]의 실무, 육법사, 2013. 135면).

## 2. 개인회생절차

개인회생이란, 파산의 원인인 사실이 있거나 그러한 사실이 생길 염려가 있는 개인인 채무자로서 총 채무액이 무담보채무의 경우에는 10억 원, 담보부채무의 경우에는 15억 원 이하인 급여소득자 또는 영업소득자가 원칙적으로 '3'년간(2018. 6. 13.부터) 일정한 금액을 변제하면 잔액에 대하여 면책을 받을 수 있는 절차입니다. 개인회생채권[90]에 기한 강제집행과 별제권[91] 및 개인회생재단채권[92][93]에 기한 강제집행이 서로 다릅니다.

---

[90] 개인회생채권은 채무자에 대하여 개인회생절차개시결정 전의 원인으로 생긴 재산상의 청구권을 말하며(법 581조 1항), 개인회생절차개시 후에 생긴 채권이라 하더라도 법이 예외적으로 이를 개인회생채권으로 하는 것이 있습니다(581조 2항, 439조, 446조). 개인회생채권에 대하여는 원칙적으로 개인회생절차에 의하지 않고서는 변제 등 채무소멸행위를 하는 것이 금지되고, 개인회생절차개시결정 후 인가시까지 강제집행 및 가압류, 가처분 등의 보전처분이 중지 또는 금지됩니다.

[91] 채무자의 개인회생재단에 속하는 재산상에 존재하는 유치권·질권·저당권·「동산·채권 등의 담보에 관한 법률」에 따른 담보권 또는 전세권을 가진 자는 별제권자로서(법 586조), 개인회생절차의 변제계획에 의하지 아니하고 그 권리를 행사하여 자신의 채권의 만족을 받을 수 있고, 그러한 권리행사에 의하여 변제를 받을 수 없는 채권액에 관해서만 개인회생채권자로서 그 권리를 행사할 수 있습니다. 다만, 파산절차와는 달리 개인회생 개시결정이 있으면 담보권실행경매 등이 중지·금지되며 인가결정에 의하여 속행할 수 있습니다. 적어도 개인회생절차 진행 중에는 중지시키겠다는 것입니다.

[92] 제583조(개인회생재단채권) ① 다음 각호의 청구권은 개인회생재단채권으로 한다.
  1. 회생위원의 보수 및 비용의 청구권
  2. 「국세징수법」 또는 「지방세기본법」에 의하여 징수할 수 있는 다음 각목의 청구권. 다만, 개인회생절차개시 당시 아직 납부기한이 도래하지 아니한 것에 한한다.
    가. 원천징수하는 조세
    나. 부가가치세·개별소비세·주세 및 교통·에너지·환경세
    다. 특별징수의무자가 징수하여 납부하여야 하는 지방세
    라. 가목 내지 다목의 규정에 의한 조세의 부과·징수의 예에 따라 부과·징수하는 교육세 및 농어촌특별세

개인회생절차개시결정 당시 채무자가 가진 모든 재산, 채무자가 개인회생절차 개시결정 전에 생긴 원인으로 장래에 행사할 청구권, 개인회생절차진행 중에 채무자가 취득한 재산 및 소득은 개인회생재단에 속합니다(채무자회생법 제580조 제1항). 그러나, 압류할 수 없는 재산, 채무자의 신청에 의하여 법원이 면제재산으로 결정한 재산[94](주거용 건물에 관한 임차보증금반환청구권 중 일정액 및 6개월간의 생계비에 사용할 특정한 재산)은 개인회생재단에서 면제됩니다(동조 제3항).

채무자회생법은 면제재산에 대하여는 개인회생절차의 폐지결정 또는 면책결정이 확정될 때까지 개인회생채권에 기한 강제집행·가압류 또는 가처분을 할 수 없도록 하였는데(동조 제4항), 이는 개인회생채권자목록에 기재된 채권에 한하지 않고 모든 개인회생채권에 기한 강제집행을 금지한다는 의미입니다.


채무자가 변제계획에 따른 변제를 완료하면 면책을 받게 됩니다. 변제계획에 따른 변제를 완료하지 못하게 된 경우에는 일정한 요건이 갖추어진 때에는 면책을 받을 수 있습니다.

---

3. 채무자의 근로자의 임금·퇴직금 및 재해보상금
4. 개인회생절차개시결정 전의 원인으로 생긴 채무자의 근로자의 임치금 및 신원보증금의 반환청구권
5. 채무자가 개인회생절차개시신청 후 개시결정 전에 법원의 허가를 받아 행한 자금의 차입, 자재의 구입 그 밖에 채무자의 사업을 계속하는데 불가결한 행위로 인하여 생긴 청구권
6. 제1호 내지 제5호에 규정된 것 외의 것으로서 채무자를 위하여 지출하여야 하는 부득이한 비용

93) 개인회생채권이 원칙적으로 변제계획에 의하지 아니하고는 변제할 수 없는데 반하여, 개인회생재단채권은 개인회생절차에 의하지 아니하고 채무자가 수시로 변제할 수 있습니다. 따라서 채무자는 개인회생재단에 대하여 본래의 변제기에 따라 그때그때 변제하여야 하며, 채무자가 변제를 해태하는 경우에는 강제집행을 당할 수 있습니다.

94) 개인회생절차에서 법 614조에 의한 청산가치의 산정에 있어 법 383조 1항의 재단제외재산은 당연히 제외되고, 법 383조 2항의 면제재산에 대하여는 채무자의 신청에 따른 면제재산결정이 있는 경우 제외되는 것으로 보아야 하므로 채무자로서는 면제재산신청을 할 실익이 있습니다(470면).

면책이란 채무에 관하여 책임이 면제된다는 것을 의미하며 채무가 소멸하는 것은 아닙니다. 개인회생채권자목록에 기재된 채권 중 변제계획에 따라 변제한 부분을 제외한 나머지 부분이 면책됩니다.

개인회생절차에서는 변제계획의 인가에 권리변경의 효력이 없기 때문에 인가된 변제계획을 수행한 후 법원의 면책결정으로 개인회생채권자목록에 기재된 개인회생채권자에 대한 채무에 대해 비로소 잔여 채무의 지급의무를 면하게 되므로, 인가 후 개인회생절차가 폐지되면 채권자는 원래 내용대로 채권을 행사할 수 있습니다.


개인회생절차의 폐지는 개인회생절차개시 후 그 개인회생절차가 목적을 달성하지 못하고 법원이 그 절차를 중도에 종료시키는 것을 말합니다.

개인회생절차폐지는 변제계획인가 전의 폐지와 인가 후 폐지가 있습니다.

인가 전 폐지된 경우 개시결정으로 중지 또는 금지되었던 채무자에 대한 강제집행 등은 그 중지·금지에서 해당되어 속행되고 아직 강제집행이 이루어지지 않은 경우에는 집행이 가능하게 됩니다.

인가 후 폐지된 경우에는 변제계획인가에 권리변경효력이 없으므로 채권자는 원래의 채권 내용대로 채권을 행사할 수 있고 집행할 수 있습니다. 이 경우 별도의 집행권원이 없더라도 개인회생채권자는 채무자에 대하여 개인회생채권자표에 기하여 강제집행을 할 수 있습니다(채무자회생법 제603조 제4항).

개인회생채권자목록의 제출 또는 개인회생절차참가에 의하여 중단된 시효는 폐지시부터 새로(즉 남은 시효기간만 진행되면 되는 것이 아니라 처음부터 다시) 진행됩니다. 이 경우 집행문 등을 부여받아야 하고 송달증명 등을 첨부하여야 합니다[95].

---

95) 사법보좌관실무편람 348면, 참고로 개인회생절차가 폐지되면 이미 행한 변제 부분은 당초의 채권의 원금, 이자, 지연손해금 등에 어떻게 충당되는지에 관한 매우 복잡한 문제가

비면책채권[96]도 개인회생채권의 일종이므로 개인회생신청 당시에 비면책채권(채무자회생법 제625조 제2항)이 존재하는 경우라 하더라도 일단은 개인회생채권자목록에 기재하고 개인회생절차를 진행하여야 한다. 만약에 이를 누락한 채 개인회생절차를 진행한다면 누락된 채권자의 강제집행 등으로 인하여 변제수행이 불가능할 수 있기 때문입니다[97].

---

발생하게 되는데, 법은 이와 같은 충당문제에 대비한 규정을 두고 있지 않으므로, 민법의 규정에 따른 법정충당의 방법으로 처리할 수 밖에 없습니다(같은 책 616면). 즉, 대부분은 폐지결정을 받고 그대로 확정되어 애초의 채무 원리금이 부활함에 따라 그 동안 납입되었던 변제수행금이 법정충당 순서에 의하여 이자부터 차곡차곡 쌓이는 비극을 맞이하게 됩니다(다만 시중 금융기관 중에서는 인가된 변제계획의 변제예정액표상 원금을 기준으로 확정채권액이 기재되어 있는 경우에 개인회생사건이 추후 폐지되더라도 법정충당 순서와 상관없이 그 동안의 납부액을 원금부터 충당하는 것으로 통상 처리하는 곳도 있기는 합니다(2014년 파산부 WORKSHOP 자료집, 서울중앙지방법원, 64면).

96) 제625조(면책결정의 효력) ① 면책의 결정은 확정된 후가 아니면 그 효력이 생기지 아니한다.
② 면책을 받은 채무자는 변제계획에 따라 변제한 것을 제외하고 개인회생채권자에 대한 채무에 관하여 그 책임이 면제된다. 다만, 다음 각호의 청구권에 관하여는 책임이 면제되지 아니한다.
1. 개인회생채권자목록에 기재되지 아니한 청구권
2. 제583조제1항제2호의 규정에 의한 조세 등의 청구권
3. 벌금·과료·형사소송비용·추징금 및 과태료
4. 채무자가 고의로 가한 불법행위로 인한 손해배상
5. 채무자가 중대한 과실로 타인의 생명 또는 신체를 침해한 불법행위로 인하여 발생한 손해배상
6. 채무자의 근로자의 임금·퇴직금 및 재해보상금
7. 채무자의 근로자의 임치금 및 신원보증금
8. 채무자가 양육자 또는 부양의무자로서 부담하여야 할 비용

97) 개정판 회생위원 직무편람, 법원도서관 2015. 305면. 면책결정 후 비면책채권을 주장하는 경우 채권자는 별도의 소송을 제기하여야 합니다. 예컨대, 면책 후 채권자가 본안소송을 제기하는 경우에 채무자는 면책 받은 사실을 항변으로 주장하여야 하고, 채권자는 재항변으로 사기죄 등 판결문을 제출하면서 비면책채권인 점을 입증하면 됩니다(같은 책 307면).

## 3. 파산절차

파산절차는 채무자에게 파산의 원인이 있을 때 파산선고를 하고 채권조사 절차를 통하여 채권자의 권리를 확정한 다음, 채무자의 재산을 환가하여 권리의 우선순위와 채권액에 따라 환가된 금원을 분배하는 과정이고, 개인인 채무자의 경우 면책을 받으면 파산채무에 관하여 책임이 면제됩니다.

채권자의 채권은 크게 파산채권[98]과 재단채권[99] 및 별제권[100] 등으로 구분될 수 있습니다. 채무자의 재산은 파산재단[101], 압류금지, 면제재산[102], 환가포

---

98) 채무자에 대하여 파산선고 전의 원인으로 생긴 재산상의 청구권은 파산채권으로 한다(법 423조).

99) 제473조(재단채권의 범위) 다음 각호의 어느 하나에 해당하는 청구권은 재단채권으로 한다.
  1. 파산채권자의 공동의 이익을 위한 재판상 비용에 대한 청구권
  2. 「국세징수법」또는「지방세기본법」에 의하여 징수할 수 있는 청구권(국세징수의 예에 의하여 징수할 수 있는 청구권으로서 그 징수우선순위가 일반 파산채권보다 우선하는 것을 포함하며, 제446조의 규정에 의한 후순위파산채권을 제외한다). 다만, 파산선고 후의 원인으로 인한 청구권은 파산재단에 관하여 생긴 것에 한한다.
  3. 파산재단의 관리·환가 및 배당에 관한 비용
  4. 파산재단에 관하여 파산관재인이 한 행위로 인하여 생긴 청구권
  5. 사무관리 또는 부당이득으로 인하여 파산선고 후 파산재단에 대하여 생긴 청구권
  6. 위임의 종료 또는 대리권의 소멸 후에 긴급한 필요에 의하여 한 행위로 인하여 파산재단에 대하여 생긴 청구권
  7. 제335조제1항의 규정에 의하여 파산관재인이 채무를 이행하는 경우에 상대방이 가지는 청구권
  8. 파산선고로 인하여 쌍무계약이 해지된 경우 그 때까지 생긴 청구권
  9. 채무자 및 그 부양을 받는 자의 부양료
  10. 채무자의 근로자의 임금·퇴직금 및 재해보상금
  11. 파산선고 전의 원인으로 생긴 채무자의 근로자의 임치금 및 신원보증금의 반환청구권

100) 파산재단에 속하는 재산상에 존재하는 유치권·질권·저당권·「동산·채권 등의 담보에 관한 법률」에 따른 담보권 또는 전세권을 가진 자는 그 목적인 재산에 관하여 별제권을 가진다(법 411조).

101) 파산재단재산은 파산선고에 의하여 채무자가 파산선고 당시에 가진 국내외의 모든 재산, 파산선고 당시에 채무자에 속한 적극재산으로서 압류가 가능한 것을 말한다. 압류할 수 없는 재산은 파산재단에 속하지 아니하기 때문입니다(383조 1항).

기(재단포기)재산[103], 신득재산[104]에 따라 강제집행이 달라집니다.

최후배당을 마치면 채권자집회를 열어 계산보고를 하고, 이 집회에서 채권

---

102) 법원은 개인채무자의 신청에 의하여 채무자가 가진 주거용 건물에 관한 임차보증금반환 청구권 중 일부(소액임차보증금)와 채무자 및 그 피부양자의 생활에 필요한 6개월간 생계비에 사용할 특정한 재산으로서 대통령령이 정하는 금액을 초과하지 아니하는 부분(900만 원)을 파산재단에서 면제할 수 있습니다(법 383조 2항, 3항). 이는 채무자의 새로운 출발을 위하여 필요한 최소한도의 기본적인 생활수단을 계속 채무자에게 보유케 하고자 하는 제도입니다. 면제재산으로 결정된 재산은 파산재단에서 제외되므로, 파산관재인의 관리·처분권이 미치지 않고 채무자는 이를 자유롭게 처분할 수 있습니다. 파산절차가 진행되는 동안에 파산채권자는 그 면제재산에 대하여 강제집행을 할 수 없고(법 424조, 다만 면제재산에 대하여 중지·금지를 할 수 있는 것은 파산채권에 한하고 재단채권은 이에 해당하지 않습니다), 파산절차가 종료되더라도 면책절차가 계속 중인 경우에는 면책신청에 관한 재판이 확정될 때까지는 면제재산을 포함한 채무자의 재산에 대하여 강제집행을 할 수 없습니다(법 557조).

103) 파산관재인은 파산재단 소속의 모든 재산을 환가하여야 하는 것이 원칙이나, 환가가 불가능하거나 환가비용을 공제하면 남는 것이 없는 경우에는 파산재단에는 이익이 없고, 오히려 파산재단의 보유로 인하여 세금이나 관리비용의 부담이 증가하는 불이익만 초래될 수 있으며 파산절차의 종결이 지연될 우려가 있으므로 신속하고 효율적인 파산절차 진행을 위하여 파산관재인은 그 재산을 파산재단으로부터 포기할 수 있습니다(법 492조 12호). 또한 포기의 필요성을 검토할 때 채무자의 경제적 새출발의 기회를 부여하고자 하는 개인파산제도의 취지를 살려 채무자의 생계유지와 기본적 생활 보장에 필수적인 재산은 그 재산가액, 환가의 용이성, 면책의 효력을 받는 파산채권자들과의 형평을 종합적으로 고려하여 재단포기를 보다 적극적으로 고려하는 것이 타당하다는 견해가 있습니다(개인파산·회생실무, 서울중앙지방법원 파산부 실무연구회, 박영사, 2014. 207면). 포기는 파산재단에서 제외되어 채무자 또는 별제권자의 자유로운 처분에 맡기는 것이므로(이른바 상대적 포기), 당해 재산은 포기에 의하여 채무자의 자유재산이 되어 그에 대한 채무자의 관리처분권이 회복됩니다. 법인파산의 경우 파산재단 중 파산관재인이 법원의 허가를 얻어 포기한 재산에 대하여는 파산선고 후 새로운 강제집행 등이 허용된다. 그러나 개인파산의 경우 채무자의 경제적 갱생을 고려할 필요가 있으므로 법인파산과는 다릅니다.

104) 개인채무자가 파산선고 후에 취득한 신득재산은 파산재단의 고정주의 원칙에 따라 파산재단에 속하지 아니하므로 신득재산(채무자가 파산 선고 후에 새로이 취득한 재산)에 대한 기존 강제집행의 실효문제는 발생할 여지가 없습니다. 파산선고 후 파산채권에 기해 신득재산에 대한 새로운 강제집행 등이 가능한지 여부에 관하여는 채무자의 경제적 갱생, 파산선고 후의 새로운 채권자의 보호라는 관점에서 이를 부정하는 것이 타당하다(도산절차와 소송 및 집행절차 227면). 예를 들면, 임금채권이 압류된 후에 채무자가 파산선고를 받은 경우, 그 압류의 효력은 압류 후에 받을 급료에 미치게 되므로, 신득재산에 속하는 임금부분에 대하여도 압류의 효력이 미치게 됩니다. 이 경우 파산재단에 속하는 부분(파산선고 전일까지의 노동의 대가)에 대한 집행절차는 실효되므로 파산관재인에게 추심을 허용하고, 신득재산에 속하는 부분에 대한 집행절차는 중지 후 면책결정이 확정된 채무자로 하여금 이를 수령할 수 있도록 함이 상당할 것입니다(같은 책 229면).

자의 이의가 없으면 법원이 파산종결 결정을 합니다. 절차비용이 없는 경우와 채권자의 동의가 있는 경우에 폐지를 합니다. 파산선고와 동시에 폐지결정이 되면 그것으로 파산절차는 종료합니다(도산절차와 소송 및 집행절차 171면).

파산채권자는 파산선고 후에도 파산재단에서 포기된 재산에 대한 강제집행을 할 수 있습니다(도산절차와 소송 및 집행절차 227면). 확정채권에 대하여 채무자가 채권조사의 기일에 이의를 진술하지 아니한 때에는 파산채권자표의 기재는 파산선고를 받은 채무자에 대하여 확정판결과 동일한 효력을 가지고, 채권자는 파산종결 후에 파산채권자표의 기재에 의하여 강제집행을 할 수 있습니다(법 535조).[105]

개인파산 및 면책 관련하여 법은, 면책신청이 있고, 파산폐지결정의 확정 또는 파산종결결정이 있는 때에는 면책신청에 관한 재판이 확정될 때까지 채무자의 재산에 대하여 파산채권에 기한 강제집행·가압류 또는 가처분을 할 수 없고, 채무자의 재산에 대하여 파산선고 전에 이미 행하여지고 있던 강제집행·가압류 또는 가처분은 중지되며, 면책결정이 확정된 때에는 제1항의 규정에 의하여 중지한 절차는 그 효력을 잃는다(채무자회생법 제557조)고 규정하고 있습니다[106].

이에 대해 파산재단에 한정하지 않고 '채무자의 재산'이라고 하였으므로, 이로써 신득재산 등 파산재단에 해당하지 아니하는 재산에 대하여도 파산폐

---

105) 동의파산폐지나 이시파산폐지, 파산절차종결의 경우에 확정된 파산채권자표의 기재에 의하여 강제집행이 가능하나, 동시파산폐지의 경우에는 채권확정절차를 거치지 않고, 파산취소의 경우에는 파산선고의 효력이 소급적으로 소멸하므로 본조(535조)의 적용이 없다고 한다(김유환, 개인파산과 금전채권집행, 사법논집 제60집, 2015. 81면).

106) 채무자는 별도의 강제집행 정지결정을 받지 않더라도 면책신청이 있고 파산폐지결정(동시폐지 또는 이시폐지)의 확정 또는 파산종결결정이 있다는 점을 소명하는 서면을 집행관 등에게 제출함으로써 진행 중인 강제집행을 중단시킬 수 있습니다.

지결정의 확정 또는 파산종결결정 이후에도 강제집행을 제한하는 법적 근거가 마련되었다고 보며, 그 이전이라도 면책결정에 대한 결정이 있기 전까지는 새로운 강제집행이 금지된다고 해석함이 상당하다고 합니다(개인파산ㆍ회생실무, 서울중앙지방법원 파산부 실무연구회, 박영사, 2014. 330면).

파산채권은 채무자에 대하여 면책허가결정에 의하여 그 책임이 면제됩니다(채무자회생법 제566조 본문). 면책의 효력은 파산채권에 대한 것이므로 소유권에 기한 반환청구권 등의 환취권이나 별제권 등에는 면책의 효력이 미치지 아니한다.

또한, 이른바 비면책채권[107]은 면책대상에서 제외됩니다.

---

107) 제566조(면책의 효력) 면책을 받은 채무자는 파산절차에 의한 배당을 제외하고는 파산채권자에 대한 채무의 전부에 관하여 그 책임이 면제된다. 다만, 다음 각호의 청구권에 대하여는 책임이 면제되지 아니한다. 〈개정 2010.1.22.〉
  1. 조세
  2. 벌금ㆍ과료ㆍ형사소송비용ㆍ추징금 및 과태료
  3. 채무자가 고의로 가한 불법행위로 인한 손해배상
  4. 채무자가 중대한 과실로 타인의 생명 또는 신체를 침해한 불법행위로 인하여 발생한 손해배상
  5. 채무자의 근로자의 임금ㆍ퇴직금 및 재해보상금
  6. 채무자의 근로자의 임치금 및 신원보증금
  7. 채무자가 악의로 채권자목록에 기재하지 아니한 청구권. 다만, 채권자가 파산선고가 있음을 안 때에는 그러하지 아니하다.
  8. 채무자가 양육자 또는 부양의무자로서 부담하여야 하는 비용
  9. 「취업 후 학자금 상환 특별법」에 따른 취업 후 상환 학자금대출 원리금

## 4. 도산절차와 법률관계

### 가. 도산절차와 임금

(도산절차와 소송 및 집행절차, 서울중앙지방법원 파산부 실무연구회, 박영사, 2011. 참조)

#### ① 법인회생과 임금

㉮ 채무자의 근로자의 임금·퇴직금 및 재해보상금은 개시 전후를 불문하고 **공익채권임**(채무자 회생 및 파산에 관한 법률 제179조 제1호 제10호). 회생채권 및 회생담보권은 원칙적으로 회생절차에 의하지 아니하면 변제할 수 없음에 반하여, 공익채권은 회생절차에 의하지 아니하고 수시로 변제할 수 있다. 따라서 공익채권은 본래의 변제기에 따라 그 때 그 때 변제하여야 하며, 관리인이 변제를 해태하면 강제집행을 할 수 있다(제3판 회생사건실무(上), 서울중앙지방법원 파산부 실무연구회, 박영사, 2011. 424면).

㉯ 회생절차 개시신청

1) 개시신청이 소송절차에 미치는 영향

회생절차 개시를 신청하였다는 사유만으로 소송절차 등의 법률관계에 특별한 영향을 미치는 것은 아니나, 회생절차의 개시의 신청이 있는 경우 법원은 필요하다고 인정하는 때에는 이해관계인의 신청 또는 직권에 의하여 채무자의 재산에 관한 소송절차에 한하여 중지를 명할 수 있다. 재산에 관한 소송이라면 회생채권 또는 회생담보권으로 될 채권에 관한 소송이냐 그렇지 않은 소송이냐를 불문한다(단, 공익채권에 대한 언급은 없음. 위 책 32면).

2) 개시신청이 집행절차에 미치는 영향

법원은 이해관계인의 신청 또는 직권으로 채무자의 업무 및 재산에 관하여 가압류·가처분 그 밖에 필요한 보전처분을 명할 수 있으나 이는 채무자의 행위만 제한할 뿐이고, 회생채권자나 회생담보권자들의 강제집행·가압류·가처분 및 담보권실행을 위한 경매절차를 막기 위해서는 개별적인 강제집행 등의 중지·취소명령 또는 포괄적 금지명령 등을 이용할 수 있으나 공익채권에 기한 절차는 이에 해당되지 않는다.


㉰ 회생절차 개시결정

1) 회생절차 개시결정이 소송에 미치는 영향

회생절차 개시결정이 있으면 법인 채무자의 업무수행권과 재산의 관리처분권이 관리인에게 전속하게 되고, 회생절차 개시결정이 있으면 채무자의 재산에 관한 소송절차는 중단되고(회생절차 개시에 의하여 중단되는 소송은 회생채권·회생담보권에 관한 소송뿐만 아니라 공익채권 등 어떠한 채권에 기한 것이라도 채무자의 재산에 관한 소송이라면 모두 중단되고, 회생절차 개시결정이 있으면 법원이나 당사자의 지·부지와는 관계없이 또한 소송대리인이 소송수행 중인지를 불문하고 소송절차는 중단된다), 중단된 소송절차 중 회생채권 또는 회생담보권과 관계없는 것은 관리인 또는 상대방이 이를 수계할 수 있으며, 관리인은 채무자의 재산에 관한 소에 있어 원고 또는 피고가 된다. 회생절차가 개시된 이후에는 회생채권자 또는 회생담보권자는 목록의 기재 또는 채권신고와 채권조사의 결과를 기다리지 않고 곧바로 확정을 위한 소를 제기할 수 없는 반면, 공익채권자는 이러한 제한 없이 그 이행 또는 확인의 소를 제기하는 것이 가능하다. 다만, 고용관계가 계속되더라도 회생절차 개시결정이 있으면 미지급 임금에 대한 지연이자의 특례가 적용되지 않으므로(근로기준법 제37조, 같은 법 시행령 제18조 제1호, 임금채권보장법 시행령 제4조 제3호) 채무자는 지연이자의 부담을 덜 수 있다(관리인직무편람 47면).

2) 회생절차 개시결정이 집행에 미치는 영향

회생절차 개시결정이 있는 때에는, 회생신청 또는 회생담보권에 기한 강제집행 등 신청이 금지되고, 이미 진행중인 절차는 중지되나, 공익채권에 기한 강제집행 등은 금지나 중지의 대상이 아니다. 다만, 법원은 강제집행 또는 가압류가 회생에 현저하게 지장을 초래하고 채무자에게 환가하기 쉬운 다른 재산이 있는 때나 채무자의 재산이 공익채권의 총액을 변제하기에 부족한 것이 명백하게 된 때에 해당하는 때에는 관리인의 신청에 의하거나 직권으로 담보를 제공하게 하거나 담보를 제공하게 하지 아니하고 공익채권에 기하여 채무자의 재산에 대하여 한 강제집행 또는 가압류의 중지나 취소를 명할 수 있다(법 제180조 제3항).

㉕ 회생계획 인가결정

1) 회생계획 인가결정이 있으면, 채무자는 회생계획이나 법의 규정에 의하여 인정된 권리를 제외한 모든 회생채권과 회생담보권에 관하여 그 책임을 면하며, 주주·지분권자의 권리와 채무자의 재산상에 있던 모든 담보권은 소멸한다(법 제251조). 따라서 회생절차 중에 목록에 기재되지 아니하거나 신고하지 않은 권리, 회생계획에서 존속할 것을 정하지 않은 권리는 모두 실권하게 된다. 그러나 공익채권은 면책되거나 소멸하지 않는다.

2) 회생계획에는 공익채권의 변제에 관한 조항을 정하여야 한다(법 193조 1항 2호). 이는 채무자의 영업상의 지출은 대부분 공익채권에 해당하는 것이

기 때문에 이를 명시하여 회생계획의 수행 가능성에 대한 하나의 판단자료로 활용 등을 위한 것이다. 통상적으로는 "회생계획안 작성일 현재 미지급 공익 채권 및 이후 발생하는 공익채권은 이 회생절차의 종료시까지 영업수입금과 기타의 재원으로 법원의 허가를 얻어 수시로 변제한다"라고 기재한다. 공익 채권 변제를 자금수지계획에 반영함에 있어서는 공익채권자자들과의 변제기 유예의 합의, 변제기 미도래 등의 사정이 없는 한, 원칙적으로 준비연도 또 는 제1차년도에 전액 변제하는 것으로 작성하여야 한다(같은 책 635면)

3) 회생절차 인가결정이 소송에 미치는 영향

회생계획의 인가결정 이후 회생계획이나 법에서 인정되지 않은 회생채권이 나 회생담보권에 기하여 소송을 제기하는 경우 그러한 청구권은 면책되어 그 이행을 강제할 수 없으므로 법원으로서는 그 소를 각하하여야 할 것이나, 공 익채권에 기한 청구는 가능하다.

4) 회생절차 인가결정이 집행에 미치는 영향

회생계획 인가결정이 있은 후에도 강제집행이 가능하다(관리인직무편람, 법원도서관, 2011. 27면)

5) 회생계획에는 공익채권의 변제에 대한 사항을 기재하여야 하지만, 공익 채권의 변제기의 유예 또는 채권의 감면 등 공익채권자의 권리에 영향을 미 치는 규정을 정할 수는 없으며, 설령 회생계획에서 그와 같은 규정을 두었다 하더라도 그 공익채권자가 동의하지 않는 한 권리변경의 효력은 공익채권자 에게 미치지 않는다. 다만, 대법원 1991. 3. 12. 선고 90누2833 판결은 공 익채권에 관하여 채권자와의 합의하에 변제기를 연장하는 등 권리변동에 관

한 사항을 정하고 그 취지를 정리계획에 기재한 때에는 채권자도 이에 구속된다고 보았는바, 이는 인가된 회생계획의 효력이라기보다는 채무자와 채권자 사시의 합의에 따른 효력으로 보인다(같은 책 424면). 관리인이 지급시기를 유예하는 내용의 동의서 등을 징구하지 못하면 공익채권자는 회생계획과 별도로 채무자에 대한 강제집행을 착수할 수 있으므로 관리인은 회생계획안의 수행가능성에 문제가 없는지 검토한다(관리인직무편람 153면).

㉳ 종결결정

회생계획에 따른 변제가 시작되면 법원은 관리인 등의 신청이나 직권으로 회생절차 종결결정을 한다. 회생절차 종결 후에 변제계획이 계획대로 이행되지 아니하면 채권자는 강제집행 등 개별적 권리행사를 시도할 수 있다(관리인직무편람 177면).

㉴ 공익채권자의 회생채권 신고 등

1) 공익채권자가 자신의 채권이 공익채권인지 회생채권인지 여부에 대하여 정확한 판단이 어려운 경우에 회생채권으로 신고를 하지 아니하였다가 나중에 공익채권으로 인정받지 못하게 되면, 그 권리를 잃게 될 것을 우려하여 일단 회생채권으로 신고할 수도 있다. 따라서 공익채권자가 자신의 채권을 회생채권으로 신고한 것만 가지고 바로 공익채권자가 자신의 채권을 회생채권으로 취급하는 것에 대하여 명시적으로 동의를 하였다거나 공익채권자의 지위를 포기한 것으로 볼 수는 없으며, 나아가 공익채권을 단순히 회생채권으로 신고한 결과 회생채권자표 등에 기재되었다 하더라도 공익채권의 성질이 회생채권으로 변경되었다고 볼 수 없다(회생사건실무(상) 421면).

2) 이러한 경우 관리인으로서는 당해 채권신고인에게 공익채권임을 명확하게 하여 준다는 의미에서 공익채권임을 이유로 부인하는 것이 실무관행이다. 즉, 공익채권의 경우에는 채권조사대상이 아니기 때문에 특별히 시·부인의 내용을 기재할 필요가 없지만, 채권신고인에 대하여 당해 채권이 공익채권임을 명확하게 해 주는 의미가 있으므로 "공익채권이므로 부인"한다는 취지로 기재해도 무방하다. 공익채권자가 이러한 이유로 부인된다면 따로 권리확정소송을 제기할 필요가 없고, 직접 이행소송을 통하여 권리의 만족을 얻으면 된다(같은 책 485면).

② **법인파산과 임금**

(제3판 법인파산실무, 서울중앙지방법원 파산부 실무연구회 저, 박영사, 2011.)

㉮ 채무자의 근로자의 임금퇴직금 및 재해보상금은 **재단채권**임(법 제473조 10호).

㉯ 파산신청

1) 파산신청이 있으면, 채무자의 재산상태가 도산상태에 이르렀음이 사실상 대외적으로 공표되는 경우가 있지만, 법적으로는 파산은 파산선고를 한 때부터 그 효력이 발생한다.

2) 파산신청이 소송절차에 미치는 영향

3) 파산신청이 집행절차에 미치는 영향
법원은 파산선고 전이라도 이해관계인의 신청에 의하거나 직권으로 채무자의 재산에 관하여 가압류·가처분 그 밖에 필요한 보전처분을 명할 수 있는 바(법 323조 1항), 채무자의 재산에 관한 가압류·가처분은 채무자의 행위만 제한할 뿐 파산채권자의 채무자에 대한 강제집행, 가압류·가처분에는 영향을 미치지 않는다. 그 밖에 필요한 보전처분으로 파산채권에 기한 강제집행, 가압류·가처분 절차가 진행 중인 경우 파산선고시까지 그 중지를 명하는 내용의 가처분이 포함된다고 보는 것이 일반적이며, 임금채권 등 재단채권에 기한 강제집행절차 역시 강제집행중지명령의 대상이 된다고 할 수 있다(도산절차와 소송 및 집행절차 178면).

  ㉰ 파산선고
  1) 파산선고에 의하여 파산재산의 관리처분권이 파산관재인에게 이전되는 결과 파산재단에 관한 소송에 관하여는 파산관재인이 당사자가 되고 파산선고 전의 소송절차 중 파산재단에 속하는 재산에 관하여 계속 중인 소송절차는 중단되며, 원칙적으로 파산관재인이 이를 수계한다(법 347조). 또한 파산선고에 의하여 파산채권자의 개별적인 권리행사가 금지되어 파산채권자는 파산절차에 참가하여서만 그 채권의 만족을 얻을 수 있으므로(법 424조), 파산선고 전에 파산채권에 기하여 파산재단 소송의 재산에 대하여 한 강제집행, 보전처분은 파산재단에 대하여 그 효력을 잃는다(법 348조).

  2) 파산선고가 소송절차에 미치는 영향
  가) 파선선고 당시 이미 소송이 계속 중인 경우 파산재단에 관한 소송은 소송대리인이 있는 경우에도 파산선고에 의하여 소송절차는 중단된다. 재단채권에 관한 소송도 중단되고 파산관재인이 이를 수계한다.

나) 파산선고 이후 소송이 제기된 경우 파산선고 후에는 파산채권자의 개별적 권리행사가 금지되므로, 수소법원은 강제집행을 전제로 한 이행판결은 할수 없으나, 재단채권자의 경우 이행주문을 구하는 청구취지가 가능하고 채무자가 파산절차가 진행 중이더라도 이행판결을 받아 파산재단으로부터 포기된 재산에 대하여 강제집행 등을 할 수 있다. 즉, 파산선고 후 재단채권자가 주장하는 채권액에 대하여 파산관재인이 그 채권의 존부 및 범위를 다투는 경우, 재단채권자가 파산관재인을 상대로 재단채권에 관한 이행의 소를 제기하는 것은 가능하다.

3) 파산선고가 집행절차에 미치는 영향

가) **파산선고 후**에는 재단채권에 기하여 파산재단에 속하는 재산에 대한 강제집행은 허용되지 아니한다(채무자에 대한 파산선고는 새로운 강제집행 등에 대한 집행장애 사유이어서 파산선고 후에는 파산채권이나 재단채권에 기한 새로운 강제집행은 허용되지 않는다).

나) 임금채권 등 재단채권에 기하여 **파산선고 전**에 강제집행이 이루어진 경우에도 그 강제집행은 파산선고로 인하여 그 효력을 잃는다고 판시하였다 (대법원 2008. 6. 27.자 2006마260결정).

㉣ 임금채권자의 채권신고 등

1) 재단채권자가 자기 채권을 파산채권으로 신고하는 경우가 많이 있는데 (재단채권자는 파산선고 후 파산관재인에게 **이행청구 또는 교부청구**를 할 수 있고, 이 경우 파산관재인은 재단채권자가 제출한 증빙을 검토하여 재단채권의 존부 및 범위를 검토한 후 법원의 허가를 받아 재단채권을 승인할 수

있다), 통상 재단채권임을 이유로 부인하나, 파산관재인이 이를 파산채권으로 시인한 경우 채권의 성질이 파산채권으로 바뀌는지 문제된다.

2) 재단채권은 파산절차에 의하지 않고 파산관재인이 수시로 변제하여야 한다(법 제475조). 파산관재인은 재산채권 승인 및 임치금반환 허가서를 법원에 제출하여 그 허가를 받고(제492조 제13호), 이 허가서 등본을 임치금 보관장소에 제시하고 금전을 인출하여 재단채권을 변제한다.

3) 재단채권자의 정당한 변제요구에 대하여 파산관재인이 응하지 아니하면 재단채권자는 법원에 대하여 구 파산법 제151조, 제157조에 기한 감독권 발동을 촉구하든지, 파산관재인을 상대로 불법행위 손해배상청구를 하는 등의 별도의 조치를 취할 수는 있다(대법원 2007. 7. 12.자 2006마1277결정 참조).

㉯ 파산절차에서의 임금채권의 특별보호 조항 신설

다만, 근로자의 최종 3개월분의 임금·재해보상금 및 최종 3년분의 퇴직금 채권을 두텁게 보장하기 위하여, 파산절차에서도 근로자가 행사하는 근로자의 최종 3개월분의 임금·재해보상금 및 최종 3년분의 퇴직금 채권에 대하여 최우선변제권을 인정하고자 아래 조문을 신설하였습니다(시행 2015.7.1.).

> 제415조의2(임금채권자 등) 「근로기준법」 제38조제2항 각 호에 따른 채권과 「근로자퇴직급여 보장법」 제12조제2항에 따른 최종 3년간의 퇴직급여등 채권의 채권자는 해당 채권을 파산재단에 속하는 재산에 대한 별제권 행사 또는 제349조제1항의 체납처분에 따른 환가대금에서 다른 담보물권자보다 우선하여 변제받을 권리가 있다. 다만, 「임금채권보장법」 제8조에 따라 해당 채권을 대위하는 경우에는 그러하지 아니하다.

### ③ 개인회생과 임금

채무자의 근로자의 임금·퇴직금 및 재해보상금은 **개인회생재단채권**임(법 제583조 1항). 영업소득자의 경우에 발생할 가능성이 있는데, 개인회생재단채권자는 채무자가 변제를 해태하는 경우 회생절차상의 변제계획과 무관하게 강제집행을 실시할 수 있으므로, 이로 인하여 변제계획의 수행이 불가능하게 되어 개인회생절차가 폐지될 수 있다. 개인회생재단채권은 채권자목록에는 기재할 필요는 없고, 변제계획(안) 제3항 개인회생재단채권에 대한 변제에만 기재하면 될 것이다(회생위원 직무편람, 법원도서관, 2012. 4.).

## 나. 도산절차와 담보권

### ① 회생절차와 담보권

회생담보권자는 회생절차에 의하지 아니한 담보권실행이 금지되므로, 특별한 사정이 없는 한 담보권실행을 위한 경매절차를 속행하거나 개시할 수 없다. 다만 대부분의 회생계획에서는 부동산매각에 의한 담보권의 조기변제를 예외없이 규정하고 있다(청산가치보장의 원칙을 규정하고 있으므로 회생담보권자의 권리를 변경할 때에는 적어도 회생담보권자가 담보권을 실행하였을 경우에 얻을 수 있는 이익 이상을 분배받을 수 있도록 하여야 하므로 실무례는 대부분의 회생계획안에서 회생담보권자에 대하여 분할변제와 담보물건 처분을 통한 변제를 혼합한 형태의 조항을 규정하고 있다.). …중략… 최근에는 부동산의 임의매각이 여의치 않을 경우, 근저당권자인 회생담보권자가 집행법원에 경매신청을 할 수 있도록 하는 내용을 회생계획안에 포함시켜 달라고 요구하는 회생담보권자가 나타나고 있고, 실제로 위와 같은 내용이 포함된 회생계획안이 작성되어 인가된 사례도 있으나(**서울중앙지방법원 실무례는 담보권 실행경매 조항을 넣지 않는 경우가 대부분이다**. 664면), 회생담보권자의 경매신청이 가능한지 여부에 관하여 견해가 갈리고 있고, 가능하더라도 그 경매의 성격은 무엇인지, 배당권자 및 배당순위를 정하는 기준은 무엇인지 등에 관하여 논란이 있을 수 있다(4판 회생사건실무 162면 각주).

회생계획이 인가되면 회생계획이나 법에서 인정되는 권리를 제외하고 채무자의 재산상에 있던 모든 담보권은 소멸한다. 그러나 실무에서는 대부분의 경우 담보권의 존속조항을 두고 있는데, 다만 이 경우에도 존속되는 담보권의 피담보채권은 권리변경 전의 것이 아니라 회생계획을 통하여 권리변경된 회생담보권이라는 점을 명시하여야 한다(같은 책 657면).

---

【회생담보권을 일시에 변제하는 경우】

회생담보권 대여채무

(1) 원금 및 개시 전 이자

전액을 제1차연도(2014)에 현금으로 변제한다.

(2) 개시 후 이자

미변제 원금 및 개시 전 이자에 대하여 연 6%의 이자율을 적용하여 준비연도(2013) 및 제1차연도(2014)에 발생한 이자를 제1차연도에 현금으로 변제한다.

---

② 파산절차와 담보권

저당권 등 담보권을 보유한 자는 별제권자로서 파산절차와는 무관하게 그 권리를 행사할 수 있다(412조).

파산을 선고받은 채무자의 재산에 대한 별제권자는 면책결정 후에도 그 재산에 대해 별제권을 행사할 수 있는바, 별제권의 행사는 채무자의 재산에 대한 것이므로 별제권의 행사 후 남은 채권은 파산채권으로 이에 대해서는 면책결정을 효력을 미친다고 할 것이다. 채무자의 면책결정이 확정된 후 자신 소유의 자동차에 대한 저당권자를 상대로 면책결정으로 인하여 피담보채무가 소멸되었음을 이유로 저당권설정등록의 말소등록절차의 이행을 구한 사안에서 면책결정 후에도 별제권을 행사할 수 있음을 이유로 이를 기각한 사례(서울중앙지방법원 2010가단33260, 서울남부지방법원 2009가단58856 등)가 있다(도산절차와 소송 및 집행절차 251면 본문 및 각주).

또한, 채무자 회생 및 파산에 관한 법률 제566조는 "면책을 받은 채무자는 파산절차에 의한 배당을 제외하고는 파산채권자에 대한 채무의 전부에 관하여 그 책임이 면제된다. 다만 다음 각 호의 청구권에 대하여는 책임이 면제되지 아니한다."고 규정하면서 같은 법 제411조의 별제권자가 채무자에 대하여 가지는 파산채권을 면책에서 제외되는 청구권으로 규정하고 있지 아니하므로, 같은 법 제564조에 의한 면책결정의 효력은 **별제권자의 파산채권**에도 미친다. 따라서 별제권자가 별제권을 행사하지 아니한 상태에서 파산절차가 폐지되었다고 하더라도, 같은 법 제564조에 의한 면책결정이 확정된 이상, 별제권자였던 자로서는 담보권을 실행할 수 있을 뿐 채무자를 상대로 종전 파산채권의 이행을 소구할 수는 없다(대법원 2011.11.10. 선고 2011다27219 판결)고 하였다(대여금반환채권을 담보하기 위하여 매매예약을 원인으로 하여 소유권이전청구권가등기를 마친 사례).

한편, 실무적으로 대여금채권의 담보로 부동산에 대한 임대차보증금반환채권을 양도받는 경우가 있는데 이는 위 임대차보증금반환채권에 양도담보를 설정한 것과 같다고 할 수 있다. 만일, 화해권고결정의 이자지급채무 등의 불이행으로 부동산 인도의무는 그 발생 요건이 충족되어 원고의 파산 및 면책신청 이전에 이미 확정적으로 성립하였을 가능성이 있는 경우에는 화해권고결정의 부동산인도의무의 강제이행을 위한 집행은 별제권자의 권리행사에 준하여 허용되어야 할 것이라고 하였습니다(대법원 2016. 4. 29. 선고 2015다71177 판결).

③ 개인회생절차와 담보권

㉮ 개인회생절차 개시결정이 있는 때에는 변제계획의 인가결정일 또는 개인회생절차 폐지결정의 확정일 중 먼저 도래하는 날까지 개인회생재단에 속하는 재산에 대한 담보권의 설정 또는 담보권의 실행 등을 위한 경매는 중지 또는 금지된다(법 600조 2항). 담보권의 실행으로 채무자의 영업이나 생계를 위하여 필수적인 재산이 상실될 수 있으므로, 적어도 개인회생절차 진행 중에는 이를 중지시키겠다는 것이 그 입법취지이다(같은 책 144면).

㉯ 다만, 주택담보대출자가 경제적 어려움에서 벗어나고자 법원에 개인회생을 신청했는데, 이후 법원의 '변제 중지·금지' 명령에 따라 주택담보대출을 해준 은행이 이자를 수령하지 않아 연체가 발생하고, 결국에는 집이 경매로 넘어가게 되었다며, 개인회생신청으로 인해 오히려 불이익을 볼 수 있는 경우도 있으므로(개인회생과 별제권자[금감원 보도자료]) 유의해야 합니다.

## 다. 도산절차와 임대차

① 회생절차와 임대차

㉮ **임대인인 채무자에 대하여 회생절차가 개시된 경우**, 임차인이 주택임대차보호법 제3조 제1항의 대항요건을 갖춘 때나 상가건물 임대차보호법 제3조의 대항요건을 갖춘 때에는 **관리인은 해제권 또는 해지권을 행사할 수 없다(제124조 제4항)**.

회생채권이나 회생절차개시 전의 원인으로 생긴 채무자 외의 자에 대한 재산상의 청구권으로서 회생절차개시 당시 채무자의 재산상에 존재하는 유치권·질권·저당권·양도담보권·가등기담보권·「동산·채권 등의 담보에 관한 법률」에 따른 담보권·전세권 또는 우선특권으로 담보된 범위의 것은 회생담보권으로 한다(법 141조). 법이 우선특권을 회생담보권으로 규정하고 있다고 하여, 모든 우선특권이 회생담보권으로 취급되는 것이 아니다. 우선특권 중에서 회생담보권으로 취급되는 것은 채무자의 특정 재산에 대한 우선특권이다. 주택임차인 및 상가임차인의 보증금 우선변제권이 여기에 속한다(4판 회생사건실무 [上] 427면).

**우선변제권이 있는 임대차보증금 반환채권은 법상 회생담보권에 해당한다는 주장이 이론적으로는 설득력이 있으나, 실무는 이러한 채권을 회생채권으로 분류한 다음 그 권리변경 및 변제방법으로 대항력 및 확정일자 구비 여부에 관계 없이 전액 변제하는 것으로 정하는 방법을 취하는 경우가 많다.** 이와 같은 실무례는 상당히 오랜 기간에 걸쳐 형성되었는데, 그 이유로는 첫째, 우선변제권을 가지는 임차인이 임대차보증금 반환채권을 회생담보권으로 신고해 오는 경우가 거의 없을 뿐만 아니라, 채권자목록을 제출하는 관리인 역시 회생담보권으로 목록에 기재하는 경우가 거의 없다. 이러한 상황에서 임대차보증금 반환채권을 일단 회생채권으로 시인하되 전액 변제하는 것으로 회생계획안을 작성함으로써 사실상 회생담보권으로 해 온 것으로 볼 수 있다. 둘째, 우선변제권이 없는 임대차보증금반환채권을 감면하는 것으로 권리변경한 다음 일부만을 변제하고 임차인한테 목적물의 인도를 요구할 경우 임차인이 인도의무를 제때 이행하지 않아 임대차목적물의 재임대, 매각 또는 채무자의 회생에 지장이 생길 수 있다. 이러한 상황을 우려하여 회생채권으로 취급하되 전액 변제하는 권리변경 방법을 취함으로써 궁극적으로 채무자의 효율적인 회생을 도모해 왔다고 할 수 있다(같은 책 674면 각주).

한편, 회생절차에서의 신고하지 않은 채권은 원칙적으로 실권된다는 일반적 법리와는 달리, 회생절차에서 관리인이 임대차보증금 반환채권을 채권자목록에 기재하지 않았고, 회생계획에도 위 채권의 권리변경 여부에 관하여 정하여 지지 아니한 채 위 회생절차가 종결된 사안에서, 임대차보증금반환채권이 실권되었다고 볼 수 없고, 회생계획의 해석상 원고를 상대로 보증금 전액의 반환을 구할 수 있다고 판단하여 상고기각한 사례가 있습니다(2015다236028).

㉯ 임차인에 대하여 회생절차가 개시된 경우[108]

**임차인에 대하여 회생절차가 개시된 경우**, 임대차계약은 쌍방미이행 쌍무계약으로서 제119조에 따라 관리인은 계약을 해지하거나 이행을 선택할 수 있다. **해지가 선택된 경우** 회생절차개시 전 미지급 임료는 회생채권으로, 회생절차개시시로부터 해지 효과가 발생할 때까지 및 해지효과 발생시로부터 건물 인도시까지의 임료 및 임료 상당 부당이득금은 공익채권이 된다(제179조 제1항 제5호, 제15호). **이행이 선택되었다면** 임대인의 임료채권은 회생절차개시 전의 것은 회생채권, 회생절차개시 후의 것은 공익채권으로 된다(제179조 제1항 제7호).

**【사례】**[109]

> 1. 채권자 甲(원고)이 채무자 乙(피고)을 상대로 법원에 임대차계약 해지를 원인으로 한 **건물인도, 임료청구소송을 제기한 후 채무자에**

---

108) 전대규, 제3판 채무자회생법, 법문사, 2019. 1. 249면
109) 위 책 847면

대하여 **회생절차개시결정을 한 경우**, ① **건물인도부분**. 이는 환취권의 행사에 해당하므로 소송절차는 중단되고 관리인이 이를 수계하여 진행하면 되고 청구취지는 변경할 필요 없다. ② **임료청구부분**. ㉮ 회생절차개시결정 전 임료부분은 회생채권이므로 먼저 회생절차에서 채권신고를 하여야 한다. 신고한 채권에 대하여 이의가 없으면 확정되므로 이 부분 소를 취하하도록 하거나 취하하지 아니할 경우 소의 이익이 없어 각하한다. 이의가 있으면 관리인이 이를 수계한다. 청구취지의 채권확정의 소로 변경하여야 한다. ㉯ 회생절차개시결정 후 임료부분은 공익채권이므로 관리인이 이를 수계하고 청구취지를 변경할 필요는 없다.

2. 채무자에 대하여 회생절차개시결정 후 채권자가 위 사실을 모르고 임대차계약 해지를 원인으로 한 건물인도, 임료청구소송을 제기한 경우, ① 건물인도부분. 이는 환취권의 행사에 해당하므로 회생절차가 개시되면 관리인만이 당사자적격이 있으므로 당사자표시정정을 하여야하나 청구취지를 변경할 필요는 없다. ② 임료청구부분. ㉮ 회생절차개시결정 전 임료부분은 회생채권이므로 다툼이 있는지 여부와 무관하게 채권조사확정절차에 따라 해결하여야 한다. 법원으로서는 이 부분 소를 취하하도록 하거나 취하하지 아니할 경우 소의 이익이 없어 각하한다. ㉯ 회생절차개시결정 후 임료부분은 공익채권이므로 회생절차가 개시되면 관리인만이 당사자적격이 있으므로 당사자표시정정을 하여야하나, 청구취지를 변경할 필요는 없다.

② (개인)파산과 임대차(4판 개인파산 · 회생실무 134면 이하 참고)

㉮ 임대인이 파산한 경우

임대인이 파산한 경우 주택임대차보호법과 상가건물 임대차보호법상의 대항력을 갖춘 임차인을 보호하기 위하여 미이행 쌍무계약에 관한 법 335조의 적용을 배제하였다. 즉, **파산관재인의 해지권으로부터 임차인을 보호하고 있다**. 법은 대항요건과 확정일자를 갖춘 임차인은 파산재단에 속하는 주택의 환가대금에서 후순위권리자 그 밖의 채권자보다 우선하여 보증금을 변제 받을 권리를 인정하였다(415조 1항 · 3항). 주택임대차보호법 8조 소정의 소액보증금의 우선변제권자도 파산신청일까지 대항력을 갖추면 우선변제권을 인정하였다(415조 2항). 여기서 말하는 우선변제권은 파산절차 또는 경매절차에서 우선변제권을 갖는다는 뜻이지 경매신청권까지 부여된 것은 아니다 (?).

**대항력 있는 임차인이 있는 경우 파산관재인은 법 335조에 의한 계약 해지를 할 수 없으므로 대항력 있는 임차인이 있는 부동산을 매각할 때는 다른 방법으로 임대차계약을 종료하거나, 인도시의 보증금의 잔액을 새 임대인에게 승계하는 것으로 처리하여야 한다. 임대차계약의 종료는 파산관재인이 임차인과 사이에 임차인이 보증금반환청구권을 포기하고, 파산관재인이 보증금 상당액의 퇴거 비용을 지급하는 취지의 화해를 하고, 위 퇴거 비용을 재단채권으로서 지급하는 방법으로 한다(202면).**

근저당권 이외에 당해 부동산에 관하여 주택임대차보호법 제3조 제1항의 규정에 의한 대항요건을 갖추고 임대차계약서상 확정일자를 받은 임차권은

**별제권에 준하는 것으로 보아** 근저당권의 피담보채무와 임차보증금 반환채무 합계액이 부동산 가액을 초과하는 경우에 재단포기를 할 것인지 문제될 수 있다. 위와 같은 우선변제권을 가지는 임차권자는 경매신청권이 없으므로, 관재인이 당해 부동산에 대하여 재단포기를 하면 임차권자는 부동산이 임의매각되거나 다른 담보권자가 경매실행할 때까지 임차보증금을 전혀 회수하지 못한 채로 임차권자 의사와 달리 장기간 동안 거주할 수밖에 없는 상황에 처하는 부당한 점이 있고, 면책결정을 받으면 임차보증금반환채권을 집행절차를 통해 회수할 수 없게 되는 점을 고려하여, 파산관재인은 이러한 경우 환가를 시도하고 매각시 매수인에게 임차보증금반환채무를 인수하게 하거나 임차권자를 상대로 별제권 목적의 환수 방법(별제권의 목적 예컨대 부동산에 관하여 그 담보되어 있는 채무를 파산관재인이 변제하고, 당해 담보권을 소멸시키는 것을 말한다.)에 준하는 조치를 병행하여 진행하는 것이 적정하다. 또한 법원은 파산절차 중에 별제권자가 신청한 부동산경매절차가 진행 중이라면, 위와 같이 주택임대차보호법상의 우선변제권을 가지는 임차권자에 대한 변제 여부와 변제금 액수를 확정지을 수 있도록 그 경매절차가 종료될 때까지 기다려 그 결과를 지켜볼 필요가 있다(210면).

㉯ 임차인이 파산한 경우

**임차인의 파산에 관한 민법 제637조가 법 335조의 특칙이므로, 계약기간이 정하여져 있는 경우라도 파산관재인뿐 아니라 임대인도 파산을 이유로 민법 제635조의 규정에 의하여 계약을 해지할 수 있다.** 주택임대차보호법 4조, 상가건물 임대차보호법 9조의 임대차기간에 관한 강행규정이 적용되는 경우라고 하더라도 민법 637조에 기한 임대인의 해지권은 제한되지 않는다. 임대차계약은 쌍방미이행의 쌍무계약이지만 임차인의 파산은 법률관계의 신뢰를 깨뜨리는 것이므로 제335조에 대한 특칙을 둔 것이다. 각 당사자는 상대방에 대하여 계약해지로 인하여 생긴 손해의 배상을 청구하지 못한다(전대규 같은 책 942면, 헌법재판소 2016. 9. 29. 선고 2014헌바 292 '민법 제637조 제2항이 헌법에 위반되는지 여부'). 임차인이 파산선고를 받게 되면 임대인의 차임채권은 별제권으로 보호받을 수 없기 때문에 임대인의 이익이 침해될 수 있다. 따라서 비록 임대차계약기간의 약정이 있다고 하더라도 임대인에게 해지의 권리를 인정할 필요가 있다.

채무자가 건물의 임차인인 경우, 파산관재인은 위 임대차계약을 해지할 수 있고, 해지기간이 경과하면 임대차는 종료되므로 파산관재인은 건물을 명도함과 동시에 보증금반환을 청구할 수 있다. 실무상으로는 절차의 신속을 위하여 새로운 임차인을 물색하여 임대인으로 하여금 위 새로운 임차인과 임대차계약을 체결하게 함과 동시에 임대인과 채무자 사이에 임대차계약을 합의해제하고 임차건물을 임대인에게 반환함과 동시에 임대인으로부터 보증금을 지급받도록 한다. 다만 임차보증금 중 민사집행법상 압류금지채권 상당액이나 임차보증금 중 일부에 면제재산 결정이 있는 경우 파산관재인은 반환받은 보증금 중 압류금지채권 상당액이나 면제재산 결정에서 정한 금액을 채무자에게 지급하여야 할 것이다(같은 책 206면). 한편, 파산재산에 해당하는 임차보증금이 채무자 거주지의 임차보증금인 경우에 채무자가 다른 소득이나 재산이 없으며 이를 환가할 경우 주거생활 유지에 타격을 입는다면, 재단포기를 고려해 볼 수 있다(211면). 해제 또는 해지된 경우에는 파산선고 전의 연체임료 등은 파산채권이 되나, 파산선고일로부터 계약종료 때까지의 임료는 재단채권으로 행사할 수 있다(제473조 제8호).

㉺ 甲이 그 소유의 부동산을 점유하고 있는 乙에 대하여 소유권에 기한

반환청구소송을 제기하여 승소 확정판결을 얻은 경우, 乙에게 파산선고가 내려져도, 甲의 청구는 환취권에 기한 것이므로, 甲은 파산관재인에 대한 승계집행문을 얻은 후에, 파산절차 중이라도 계속하여 인도집행을 할 수 있다. 파산선고 당시 이미 집행에 착수하고 있는 경우라도 마찬가지이다(전대규 같은 책 1318면).

### ③ 개인회생절차와 임대차

㉮ 채무자가 임차인인 경우

개인회생절차개시결정 당시 채무자가 가진 모든 재산, 채무자가 개인회생절차개시결정 전에 생긴 원인으로 장래에 행사할 청구권, 개인회생절차진행 중에 채무자가 취득한 재산 및 소득은 개인회생재단에 속한다. 다만 개인회생절차개시결정 당시 채무자가 가진 모든 재산 중 ① 압류할 수 없는 재산은 개인회생재단에 속하지 않고, ② 채무자의 신청에 의하여 법원이 면제재산으로 결정한 재산(주거용 건물에 관한 임차보증금반환청구권 중 일정액 및 6개월간의 생계비에 사용할 특정한 재산)은 개인회생재단에서 면제된다. 월 가용소득만으로는 청산가치가 보장되지 않는 경우에 채무자의 재산을 처분하여 변제에 투입하는 변제계획안을 작성할 수 있다.

㉯ 채무자가 소유자인 경우

우선변제권이 있는 임차보증금 반환채권이 개인회생절차상의 우선권 있는 채권에 해당한다고 보는 견해가 있을 수 있지만, 다른 일반의 개인회생채권보다 우월적 지위를 가지기는 하지만, 이 채권은 임대차목적물의 환가액의 한도 내에서만 우선권을 가지는 것이어서 별제권부 채권과 유사한 성격을 가지는 것이므로 우선권 있는 개인회생채권으로 취급되기보다는 별제권에 준하여 취급되어야 할 것이다(518면).

임차인이 임대차보증금 반환채권에 관하여 판결 등 집행권원을 따로 획득하더라도 이 채권은 여전히 개인회생채권에 속하는 것이고, 따라서 채무자에 대하여 개인회생절차개시결정이 내려졌다면, 그 집행권원에 기한 강제집행이 채무자회생법 600조 1항 2호에 따라 금지되므로 임차인은 강제집행을 할 수 없다(회생위원 직무편람 45면).

**임차인은 강제집행을 할 수 없다(회생위원 직무편람 45면)는 것이 과거 지배적인 견해이었으나, 이와 다른 취지의 대법원 판결이 최근에 선고되었습니다.** 즉, '구 개인채무자회생법 제46조 제1항은 "주택임대차보호법 제3조(대항력 등) 제1항의 규정에 의한 대항요건을 갖추고 임대차계약증서상의 확정일자를 받은 임차인은 개인회생재단에 속하는 주택(대지를 포함한다)의 환가대금에서 후순위권리자 그 밖의 채권자보다 우선하여 보증금을 변제받을 권리가 있다."라고 규정함으로써 우선변제권 있는 주택임차인을 개인회생절차에서 별제권자에 준하여 보호하고 있다. 위와 같이 **주택임차인은 구 개인채무자회생법 제46조 제1항에 의하여 인정된 우선변제권의 한도 내에서는 임대인에 대한 개인회생절차에 의하지 아니하고 자신의 임대차보증금반환채권의 만족을 받을 수 있으므로,** 설혹 주택임차인의 임대차보증금반환채권 전액이 개인회생채무자인 임대인이 제출한 개인회생채권자목록에 기재되었다고 하더라도, 주택임차인의 임대차보증금반환채권 중 위와 같이 우선변제권이 인정되는 부분을 제외한 나머지 채권액만이 개인회생절차의 구속을 받아 변제계획의 변제대상이 되고 면책결정의 효력이 미치는 개인회생채권자목록에 기재된 개인회생채권에 해당한다고 보아야 한다. 그렇다면 임대인에 대한 개인회생절차의 진행 중에 임차주택의 환가가 이루어지지 않아 주택임차인이 그 환가대금에서 임대차보증금반환채권을 변제받지 못한 채 임대인에 대한 면책결정이 확정되어 그 개인회생절차가 종료되었다고 하더라도 특별한 사정이 없는 한 **주택임차인의 임대차보증금반환채권 중 구 개인채무자회생법 제46조 제1항에 의하여 인정된 우선변제권의 한도 내에서는 같은 법 제84조 제2항 단서 제1호에 따라 면책이 되지 않는 '개인회생채권자목록에 기재되지 아니한 청구권'에 해당하여 면책결정의 효력이 미치지 않는다**고 봄이 타당하다.'고 하였습니다(대법원 2017. 1. 12. 선고 2014다32014 판결)

변제계획 작성 및 인가시까지 별제권이 행사되지 않고 있는 경우, 추후 그 담보물의 환가액이 얼마가 될지 변제계획 작성 당시에는 알 수가 없으므로 그 환가액으로 변제되지 못하고 변제계획상 개인회생채권으로서 변제대상이 되어야 할 채권액(이른바 예정부족액)을 확정할 수 없다. 따라서 예정부족액 산정의 기초가 되는 담보물의 평가가 중요한데, 서울중앙지방법원에서는 담보물의 평가하는 경우 현재 담보물의 처분가치 평가액의 70%로 보고 있다.

변제기간 만료시까지 임대차보증금에 대한 미확정채권액이 확정되지 않은 경우에 변제계획안에 따라 최종변제기에 유보한 금액 전부를 일반 개인회생채권자들에게 각 안분변제함으로써 처리한다(다만 선순위 담보권이 있는 임차인의 경우 임차인은 경매신청권이 없어 스스로 별제권을 행사하여 별제권 부족액을 확정시킬 수 없는 점, 임차인은 집행권원을 가지고 있어도 개인회생재단에 속하는 재산에 대해 강제집행이 불가능한 점에 비추어, 미확정 개인회생채권을 확정시키지 않은 데에 임차인의 책임이 없음에도 변제기간 만료시까지 채권이 확정되지 아니하였다는 이유로 임차인에 대한 유보금을 다른 채권자들에게 안분하여 변제하면 임차인 보호에 미흡할 뿐 아니라, 이후 임차인이 변제 받지 못한 임대차보증금채권이 면책되는 불이익까지 있다는 특수성을 고려하여 유보금을 공탁함으로써 임차인 보호에 만전을 기하자는 견해도 있다(회생위원 직무편람 233면).

### 라. 기타

#### ① 개인회생절차와 회생절차 비교

회생절차의 적용대상은 개인·법인의 구분 없이 모든 채무자를 대상으로 하고 있고, 개인회생절차는 담보채무가 최대 10억, 무담보채무가 최대 5억원으로 채무한도에 제한이 있으므로, 이러한 채무액을 초과하는 대규모 영업자는 회생절차를 이용하여야 한다.

개인회생절차는 채권자들의 결의절차가 생략된 간이·신속한 절차임에 반하여, 회생절차는 회생절차의 기관으로 관리인과 조사위원을 선임할 수 있고 회생계획안에 대하여 채권자집회 또는 서면에 의한 결의를 거치는 등 다소 복잡한 절차이다.

채무액이 한도 내이어서 개인회생절차를 이용할 수 있는 개인채무자라면 영업에 필수적인 재산에 담보권이 설정되어 있어서 담보권의 실행을 저지하기 위해서는 회생절차를 이용할 수밖에 없는 등의 특수한 사정이 있는 경우를 제외하고는 회생절차보다는 간이하고 신속한 개인회생절차를 이용하는 것이 편리하다. 개인회생절차에서는 담보권이 별제권으로 취급되어 인가결정시까지만 담보권의 실행을 제한할 수 있지만, 회생절차에서는 담보권자도 회생계획에 의하여 권리변경을 가할 수 있으며 회생절차가 진행되는 동안 담보권의 행사를 제한할 수 있다(4판 개인파산회생실무 354면).

회생계획이 인가되면 채권자 등의 권리는 회생계획에 따라 변경되는데(법 252조), 회생계획에서 채권자의 권리를 변경하는 방법에는 변제기 유예에 의한 분할변제, 채무면제 등이 있고, 채무변제에 대신하여 신주를 발행하는 출자전환의 방법도 사용된다(4판 회생사건실무 6면).

② 면책과 강제집행

채무자가 면책결정을 받은 경우 "기존의 강제집행"에 대하여는 제557조에서 정하고 있습니다. 즉, 채무자의 재산에 대하여 **파산선고 전에 이미 행하여지고 있던 강제집행, 가압류, 가처분**은 면책신청으로 중지되고, 면책결정이 확정된 때에는 중지된 강제집행은 그 효력을 상실합니다. 그러나, **면책결정 후 새로운 강제집행**에 대해서는 규정이 없음에도 종종 위와 같은 것으로 생각하나 정확하지 않습니다. 비록 채권자는 파산채권자가 면책된 사실을 알면서 면책된 채권에 기하여 강제집행, 가압류, 가처분의 방법으로 추심행위를 한 자는 500만원 이하의 과태료를 받을 수 있을지라도(660조 3항), **강제집행을 강행한 경우에는 채무자는 청구이의의 소를 통해 다툴 수 밖에 없습니다**(2013마1438).

채무자 회생 및 파산에 관한 법률에 의한 면책결정이 확정되어 채무자의 채무를 변제할 책임이 면제되었다는 것은 면책된 채무에 관한 집행력 있는 집행권원 정본에 기하여 그 확정 후 신청되어 발령된 채권압류 및 추심명령에 대한 적법한 항고이유가 되지 아니하기 때문입니다(대법원 2014. 2. 13. 자 2013마2429 결정).

③ 채무자가 법원에 제출한 채권자목록에 비면책채권만 기재되어 있는 경우

㉮ 채무자가 채권자목록에 기재한 채권이 모두 비면책채권이라는 이유로 채무자의 면책신청을 각하한 사례에 대하여 면책대상채권인지, 비면책채권인지 여부는 채권에 기한 이행청구 또는 강제집행절차에서 문제가 됨은 별론으로 하고 면책결정을 할 것인지 여부와는 관계가 없는 점, 파산채권은 면책신

청의 채권자목록에 기재되지 않았다고 하더라도 법 제566조 단서의 각호에 해당하지 않는 한 면책의 효력으로 책임이 면제되므로, 채무자가 제출한 채권자목록에 법 제566조 단서의 각호에서 정한 비면책채권만 기재되어 있더라도 면책신청의 이익이 없다고 단정하기 어려운 점 등에 비추어 항고심에서는 원심결정을 취소하고 환송함(서울중앙지법 2013라787, 2014년도 파산부 WORKSHOP 자료집 234면에서 인용).

㉯ 비면책채권만을 개인회생채권으로 하여 개인회생개시신청을 한 경우, 변제계획에 따른 변제를 완료하더라도 면책을 받을 수 없기 때문에 개인회생절차를 이용할 실익이 없다는 이유로 개인회생절차를 진행하지 말아야 한다는 견해도 있으나, 개인회생절차개시신청만으로 바로 비면책채권인지 여부를 판단할 수는 없고, 채권자로서는 개인회생절차를 통해 변제계획에 따른 변제를 받은 후 비면책채권임을 다시 주장할 수 있어 손해가 없으며, 채무자 입장에서는 개인회생절차가 진행되는 동안만이라도 생활의 안전을 기할 수 있어 이익이므로, 개인회생절차를 진행하는 데 아무런 문제가 없다고 할 것이다(회생위원 직무편람 34면).

④ 공무원도 개인파산이 가능

과거에는 파산선고를 받고 복권되지 아니한 사람은 일반직 공무원 등이 될 수 없고, 특히 공무원의 경우에는 당연퇴직사유에 해당하므로, 파산선고가 확정되면 당연히 퇴직하고 후에 면책을 받아 복권되더라도 퇴직이 무효로 되거나 다시 복직되는 것은 아니었습니다(개인파산.회생 실무, 서울중앙지방법원 파산부 실무연구회, 박영사, 2014. 113면 참고). 그러나 위 규정이 2015. 5. 18.개정되어 공무원도 개인파산이 가능하게 되었습니다.

제33조(결격사유) 다음 각 호의 어느 하나에 해당하는 자는 공무원으로 임용될 수 없다. 〈개정 2010.3.22., 2013.8.6.〉

**2. 파산선고를 받고 복권되지 아니한 자**

제69조(당연퇴직) 공무원이 다음 각 호의 어느 하나에 해당할 때에는 당연히 퇴직한다. 〈개정 2015.5.18.〉

    1. 제33조 각 호의 어느 하나에 해당하는 경우. *다만, 제33조 제2호는 파산선고를 받은 사람으로서 「채무자 회생 및 파산에 관한 법률」에 따라 신청기한 내에 면책신청을 하지 아니하였거나 면책불허가 결정 또는 면책 취소가 확정된 경우만 해당하고,* 제33조제5호는 「형법」 제129조부터 제132조까지 및 직무와 관련하여 같은 법 제355조 또는 제356조에 규정된 죄를 범한 사람으로서 금고 이상의 형의 선고유예를 받은 경우만 해당한다.

⑤ 파산제도의 활용

채권자가 채무자에 대한 파산신청을 하는 이유 중 하나는 공평한 채권변제이고 이에 대한 예가 하나 있습니다. "다단계판매회사(DK)의 책임재산 중 부가가치세 환급금이 1500억원 정도 있었는데(실제 판매행위가 일어난 것이 아니므로 부가가치세를 내지 말았어야 함) 위 채권에 대해 수 많은 채권자들이 양도, 가압류, 압류및추심 또는 전부명령 등이 경합이 된 상태에서 채권자 중 1명이 회 회사에 대한 파산신청을 하여 공평하게 배당을 받을 수 있었습니다"(참고로 이 사건에서 예납금은 2억 5,000만원이었고 통지비용이 8,000만원 이상 소요되었다고 합니다).

보통 우리는 위와 같은 경우 사해행위만을 생각하는 것이 보통인데 파산도 유용한 해결방법이 될 수 있다는 것을 깨닫게 되었습니다. 참고로, 사해행위 관련하여 아래와 같은 취지의 대법원 판결례도 있습니다. "가액배상금을 수령한 취소채권자가 이러한 분배의무를 부담하지 아니함으로 인하여 사실상 우선변제를 받는 불공평한 결과를 초래하는 경우가 생기더라도, 이러한 불공평은 채무자에 대한 파산절차 등 도산절차를 통하여 시정하거나 가액배상금의 분배절차에 관한 별도의 법률 규정을 마련하여 개선하는 것은 별론으로 하고, 현행 채권자취소 관련 규정의 해석상으로는 불가피하다(대법원 2008.06.12. 선고 2007다37837 판결)"

⑥ 추심관련

제660조(과태료) ③ 제251조·제566조 또는 제625조에 의하여 면책을 받은 개인인 채무자에 대하여 면책된 사실을 알면서 면책된 채권에 기하여 강제집행·가압류 또는 가처분의 방법으로 추심행위를 한 자는 500만원 이하의 과태료에 처한다.

채권의 공정한 추심에 관한 법률 (약칭: 채권추심법)

제12조(불공정한 행위의 금지) 채권추심자는 채권추심과 관련하여 다음 각 호의 어느 하나에 해당하는 행위를 하여서는 아니 된다. 〈개정 2014.5.20.〉

　　3의2. 「채무자 회생 및 파산에 관한 법률」 제593조제1항제4호 또는 제600조제1항제3호에 따라 개인회생채권에 대한 변제를 받거나 변제를 요구하는 일체의 행위가 중지 또는 금지되었

음을 알면서 법령으로 정한 절차 외에서 반복적으로 채무변제를 요구하는 행위

4. 「채무자 회생 및 파산에 관한 법률」에 따른 회생절차, 파산절차 또는 개인회생절차에 따라 전부 또는 일부 면책되었음을 알면서 법령으로 정한 절차 외에서 반복적으로 채무변제를 요구하는 행위

**제17조(과태료)** ③ 제12조제3호 · 제3호의2 · 제4호 또는 제5호를 위반한 자에게는 500만원 이하의 과태료를 부과한다. 〈개정 2014.5.20.〉

⑦ 채무자의 면책과 연대보증채무

채무자회생법에서는 아래와 같이 **채무자가 면책이 되더라도 연대보증인 등의 채무에는 영향이 없다는 취지의 명문의 규정**을 두고 있습니다. 그래서 이 부분에 대해서는 통상 이에 준하여 상담을 실시하고 있습니다.

[회생]

**제250조(회생계획의 효력범위)**

② 회생계획은 다음 각호의 권리 또는 담보에 영향을 미치지 아니한다.

1. 회생채권자 또는 회생담보권자가 회생절차가 개시된 채무자의 보증인 그 밖에 회생절차가 개시된 채무자와 함께 채무를 부담하는 자에 대하여 가지는 권리

2. 채무자 외의 자가 회생채권자 또는 회생담보권자를 위하여 제
공한 담보

[개인파산]

**제567조(보증인 등에 대한 효과)** 면책은 파산채권자가 채무자의 보증
인 그 밖에 채무자와 더불어 채무를 부담하는 자에 대하여 가지는
권리와 파산채권자를 위하여 제공한 담보에 영향을 미치지 아니한
다.

[개인회생]

**제625조(면책결정의 효력)**

③ 면책은 개인회생채권자가 채무자의 보증인 그 밖에 채무자와 더불
어 채무를 부담하는 자에 대하여 가지는 권리와 개인회생채권자를 위
하여 제공한 담보에 영향을 미치지 아니한다.

그런데 이 규정들에 대한 예외를 규정하고 있는 특별법들이 있다는 사실을
알게 되어 내용을 정리해보았습니다(참고문헌 : 회생사건실무(하), 서울중앙
지방법원 파산부 실무연구회, 2014. 106면). 결론은 **채권자가 중소기업진
흥공단, 신용보증기금, 기술신용보증기금인 경우에는 회생계획인가결
정을 받는 시점에 주채무가 감경 또는 면제될 경우 연대보증채무도
동일한 비율로 감경 또는 면제됩니다.**

신용보증기금법 제30조의3(연대보증채무의 감경·면제) 「채무자 회생 및 파산에 관한 법률」 제250조제2항, 제567조, 제625조제3항에도 불구하고 채권자가 기금인 경우에는 중소기업의 회생계획인가결정을 받는 시점 및 파산선고 이후 면책결정을 받는 시점에 주채무가 감경 또는 면제될 경우 연대보증채무도 동일한 비율로 감경 또는 면제한다. 2013. 5. 28.시행).

기술신용보증기금법 제37조의3(제37조의3(연대보증채무의 감경·면제) 「채무자 회생 및 파산에 관한 법률」 제250조제2항, 제567조, 제625조제3항에도 불구하고 채권자가 기금인 경우에는 중소기업의 회생계획인가결정을 받는 시점 및 파산선고 이후 면책결정을 받는 시점에 주채무가 감경 또는 면제될 경우 연대보증채무도 동일한 비율로 감경 또는 면제한다. 2013. 5. 28. 시행).

중소기업진흥에관한법률 제74조의2(보증채무의 감경·면제) 「채무자 회생 및 파산에 관한 법률」 제250조제2항, 제567조, 제625조제3항에도 불구하고 채권자가 중소기업진흥공단인 경우(이 법 제66조제5항에 따라 대출 방식으로 이루어지는 사업에 한정한다)에는 중소기업이 회생계획인가결정을 받는 시점 및 파산선고 이후 면책결정을 받는 시점에 주채무가 감경 또는 면제될 경우 연대보증채무도 동일한 비율로 감경 또는 면제한다. 2012. 12. 11. 시행)

* 주의 – 법 시행 후 최초로 회생인가결정을 받아 주채무가 감경 또는 면제되는 연대보증채무부터 적용된다고 합니다(부칙으로 규정되어 있음).

1. 기술신용보증기금법 제37조의3은 채무자 회생 및 파산에 관한 법률(이하 '채무자회생법'이라 한다) 제567조에도 불구하고 채권자가 기술신용보증기금인 경우에는 중소기업이 '파산선고 이후 면책결정을 받는 시점'에 주채무가 감경 또는 면제될 경우 연대보증채무도 동일한 비율로 감경 또는 면제한다고 규정하고 있는데, 위 '파산선고 이후 면책결정을 받는 시점'이란 중소기업이 채무자회생법이 정한 절차에 따라 면책결정을 받는 것을 전제로 한다. 그런데 **채무자회생법은 개인파산절차와 달리 법인파산절차에서는 면책절차를 규정하고 있지 않으므로, 채무자회생법에 정한 절차에 따라 면책결정을 받을 여지가 없는 법인인 중소기업의 파산에는 위 규정이 적용되지 않는다**(대법원 2016. 8. 25. 선고 2016다211774 판결).

2. 기술신용보증기금법 제37조의3(이하 '이 사건 규정'이라 한다)은 채무자 회생 및 파산에 관한 법률(이하 '채무자회생법'이라 한다) 제250조 제2항에도 불구하고 채권자가 기술신용보증기금인 경우에는 중소기업의 회생계획인가결정을 받는 시점에 주채무가 감경 또는 면제될 경우 연대보증채무도 동일한 비율로 감경 또는 면제한다고 하여, 회생계획은 보증인 등의 책임범위에 아무런 영향이 없다고 규정한 채무자회생법 제250조 제2항에 대한 예외를 규정하고 있다. 이는 회생절차를 이용하는 중소기업의 기술신용보증기금에 대한 주채무가 회생계획에 따라 감면되는 경우 이로 인한 효과를 그

주채무를 연대보증한 대표자 등에게도 미치도록 하여, 재정적 어려움에 빠진 중소기업의 실효성 있는 회생과 함께 그 대표자 등의 재기를 도모하려는 것이다. 이러한 이 사건 규정의 내용, 입법 취지 등을 종합하여 보면, **회생계획에서 주채무의 변제기를 연장한 것도 이 사건 규정에서 정한 '주채무의 감경 또는 면제'에 해당한다고 봄이 타당하다.** 같은 취지에서 원심이, 주채무자인 주식회사 메이티에 대한 회생계획에서 원고의 회생채권 488,403,030원(원금 478,829,660원과 개시 전 이자 9,573,370원) 중 출자전환된 부분을 제외한 310,816,743원(원금 304,724,308원과 개시 전 이자 6,092,435원)에 대하여 제5차년도(2019년)부터 제10차년도(2024년)까지 6회에 걸쳐 해당 연도 12월 30일에 각 51,802,790원씩을 분할 변제하기로 한 이상, 이 사건 규정에 따라 연대보증인인 피고들의 채무도 310,816,743원으로 줄어들고 나아가 그 변제기도 주채무와 마찬가지로 2019년부터 2024년까지 매년 말에 분할하여 변제하는 것으로 연장된다고 본 것은 정당하다(대법원 2016. 8. 17. 선고 2016다218768 판결)

3. 개인회생절차의 경우에는, 파산의 원인인 사실이 있거나 그러한 사실이 생길 염려가 있는 개인채무자가 일정한 요건에 따라 개인회생을 신청하고, 채무자가 가용소득을 기초로 일정기간 동안 채권에 대한 일부변제를 할 변제계획안을 제출하면, 이에 대한 이의절차를 거쳐 법원으로부터 변제계획 인가결정을 받고, 채무자가 변제계획을 이행하게 되며, 변제계획 이행이 완료된 후 신청 또는 직권에 의하여 법원이 면책결정을 하게 되는데, 변제계획은 인가결정이 있은 때부터 효력이 생기며,

다만, 변제계획에 의한 권리의 변경은 면책결정이 확정되기까지는 생기지 아니한다(같은법 제588조, 제610조, 제615조 제1항, 제624조, 제625조 제1항). 요컨대, 개인회생절차의 경우에는 회생절차와는 달리 면책결정이 확정되지 않는 한 변제계획 인가결정만으로는 주채무의 감경 또는 면제의 효과가 발생하지 않는다(대구고등법원 2017. 12. 27. 선고 2017나24336).

4. 채권자가 지역신용보증재단인 경우, 보증채무의 부종성에 대한 예외조항인 채무자 회생 및 파산에 관한 법률 제250조 제2항 제1호의 적용을 배제하는 기술보증기금법 제37조의3과 신용보증기금법 제30조의3이 유추적용되는지 여부 : 지역신용보증재단에 적용되는 지역신용보증재단법에는 채무자회생법 제250조 제2항 제1호의 적용을 배제하는 규정이 없다. 이 경우에도 기술보증기금법 제37조의3과 신용보증기금법 제30조의3을 유추적용하여 채권자가 지역신용보증재단인 경우에 주채무가 인가된 회생계획에 따라 감경·면제된 때 연대보증채무도 동일한 비율로 감경·면제된다는 결론을 도출할 수는 없다(2019다226135).

⑧ 출자전환과 보증채무

회사정리법 제240조 제2항(채무자회생법 250조 2항)은 "계획은 정리채권자 또는 정리담보권자가 회사의 보증인 기타 회사와 함께 채무를 부담하는 자에 대하여 가진 권리와 회사 이외의 자가 정리채권자 또는 정리담보권자를 위하여 제공한 담보에 영향을 미치지 아니한다."라고 규정하고 있지만, 정리계획에서 신주를 발행하는 방식의 출자전환으로 정리채권이나 정리담보권의 전부 또는 일부의 변제에 갈음하기로 한 경우에는 신주발행의 효력발생일 당시를 기준으로 하여 정리채권자가 인수한 신주의 시가 상당액에 대하여 정리회사의 주채무가 실질적으로 만족을 얻은 것으로 볼 수 있어 보증채무도 그만큼 소멸하는 것으로 보아야 할 것이다(이른바 **'시가평가액 소멸설'**, 대법원 2005. 1. 27. 선고 2004다27143 판결 참조)

### ⑨ 시효이익의 포기 관련

채무자회생 및 파산에 관한 법률 제32조 제3호에서는 개인회생채권자 목록을 제출한 경우 시효중단의 효력이 있다고 규정하고 있습니다. 이와 관련하여 실무상 문제되는 사안은, 시효가 완성된 채권을 (개인파산의 경우) 채권자목록에 기재하거나 (개인회생의 경우) 개인회생채권자목록을 제출하는 경우 시효이익을 포기한 것으로 볼 수 있는지 여부입니다. 이와 관련된 일반적 법리는 "시효완성 후 시효이익의 포기가 인정되려면 시효이익을 받는 채무자가 시효의 완성으로 인한 법적인 이익을 받지 않겠다는 효과의사가 필요하기 때문에 시효완성 후 소멸시효 중단사유에 해당하는 채무의 승인이 있었다 하더라도 그것만으로는 곧바로 소멸시효 이익의 포기라는 의사표시가 있었다고 단정할 수 없다(대법원 2013. 2. 28. 선고 2011다21556 판결 등 참조)."는 것입니다.

개인회생 관련하여, 통상 채무자는 강제집행을 중지시키거나 일정 기간 담보권 실행을 못하게 하는 한편 변제계획에 따른 변제를 완료하여 궁극적으로 채무에 대한 면책을 받으려는 목적으로 개인회생절차를 밟게 되는 점 등에 비추어 볼 때, 채무자가 개인회생신청을 하면서 채권자목록에 소멸시효기간이 완성된 피고의 근저당권부 채권을 기재하였다고 하여 그 시효이익을 포기하려는 효과의사까지 있었다고 보기는 어렵다. 즉 채무자에게 피고에 대하여 피고의 채권의 시효완성으로 인한 법적인 이익을 받지 않겠다는 의사표시가 있었다고 단정할 수 없다는 판례가 최근에 나왔습니다(대법원 2017. 7. 11. 선고 2014다32458).

한편, 개인파산도 이와 비슷한 결론을 내린 하급심 판결(대전고등법원 2012나5481)에 대해 대법원에서 심리불속행으로 종결된 사안이 있습니다.

위의 내용을 표로 간단하게 정리하면 다음과 같습니다.

# 도산절차와 시효중단(전대규, 채무자회생법[제6판] 참고)

| | 채권자의 행위 | 채무자의 행위 | 시효중단의 효력 등 인정여부 |
|---|---|---|---|
| **회 생** | 회생절차참가 | 회생절차 신청 등 | 그 자체로는 시효중단의 효력 없음. 다만 1. 관리인이 채권자목록을 법원에 제출하거나, 2. 채권자가 회생절차에 참가하거나(채권신고를 내에서 제출)한 경우 시효중단의 효력 있음(제32조 제1호1)). 한편, 회생절차 내에서 이루어진 변제기 유예에 참가하는 채무자에 대한 승인으로 전체로 채무승인에 해당(대법원 2016다208303) |
| **개인회생** | ×(개인회생절차에서는 채권조사 및 채권조사확정재판 절차가 없다) 1643 | 채권자목록 제출 등 | 1. 개인회생채권자목록의 제출에는 채무의 승인(민법 168조 3호)으로 시효중단 효력 있음(32조 3호).[p1316] 2. 채무자가 개인회생신청하면서 채권자목록을 제출했다고 보기 어렵다(2014다32458). 다만 변제계획에 따른 변제가 있다면 시효이익의 포기(p1551). 시효는 효과로 개인회생절차 진행이 중지되는 것은 아니다. 3. 금지명령이 발령된 경우 그 중에 시효를 할 수 없거나 시효는 중단(시효의 기간 중에 시효는 진행하지 않는다(1586). 4. 개인회생절차개시결정이 있으면 중단된 시효는 동안에는(시효가) 유지 p1586). 시효는 부진행 5. 개인회생절차가 폐지되면 그 시효(서울남부 2021가단261302) : 폐지시부터 새로 진행 |
| **파 산** | 파산신청 등 | 파산신청 등 | 1. 채권자의 파산신청에는 재판상 청구의 일종으로 시효중단의 효력 있음(민법 제168조제1호. ①파산채권자가 파산신청에 참가한 경우 (파산채권자의 효력이 없다. 동시폐지의 경우에는 파산절차에 참가하기 어렵다(제32조제2호 본문, 민법 제171조. ②파산채권자가 채권신고기간 동안에 참가하면 현실적으로 파산절차에 참가로(제32조제2호의 추정된 시효중단)2)의 기재가 박탈될 수 있으므로 채권자 채권신고기간이 종결될 때까지(p1081)5). ②별제권자의 채권신고도 예상부부만이 파산신고에 관하여에게 이행청구 또는 교부청구 해야 하(별제권자의 경우) 파산절차에 참가하지 않더라도 시효중단이 필요(p867]) 파산선고가 종결일 고를 독촉하는 동지를 채무자가 이후에도 채무자가 한 승인에는 해당하지 않는다. 3. 마산선고 후 파산채권자표 기재:10년). 마산취소와 시효중단-전해대입 p1103 |
| **기 타 [p1032]** | | | 채무자가 신용회복위원회에 신용회복지원을 신청한 경우 그 후 신용회복지원위원회부터 신용회복지원 의사를 반영한 채무조정안을 확정시킨 행위: 그 자체로 소멸시효가 중단되거나 그 이익을 포기한 상태에서 채무자가 채무조정을 수락한 경우: 그 사정만으로 채무자가 채무승인 |

※채당당의 파담보채권이 면책권의 효력을 받은 경우 여부(전대규 p1382, 저당권 자체의 소멸시효는 20년)

1) 채무자회생 및 파산에 관한 법률 제32조(시효의 중단) 다음 각호의 경우에는 시효는 중단된다.
 1. 제147조의 목록의 제출 그 밖의 회생절차참가. 다만, 그 목록에 기재되어 있지 아니한 회생채권자 또는 회생담보권자가 그 신고를 취하하거나 그 신고가 각하된 때에는 그러하지 아니하다.
 2. 파산절차참가(파산채권의 신고)는 파산신청인에 대하여 그 신고를 취하하거나 그 신고가 각하된 때에는 그러하지 아니하다.
 3. 제589조 제2항의 개인회생채권자목록의 제출 그 밖의 개인회생절차참가(채권신고제도가 없으므로 개인회생채권자가 그 조사확정재판신청을 취하하거나 그 신청이 각하된 것으로 해석 p1643). 다만, 그 목록에 기재되어 있지 아니한 개인회생채권자가 그 신청이 각하된 때에는 그러하지 아니하다.
2) 채권의 일부에 대한 권리행사는 청구하는 부분만으로 시효중단의 효과가 있다(이유는, 25). 채권신고로 배당요구시부터 파산절차가 종료시까지 시효중단(1278).
3) 동시폐지의 경우나 이시폐지에서 채권신고가 되지 않은 경우에는 배당요구가 종료될 때에 파산절차에 대하여 소멸시효 효과가 없다(p1133).
4) 개인파산신고에는 파산신고나 채권신고로 채권신고에 확정하라는 곳에 없기 때문에 파산채권에 대하여 소멸시효나 진행(이페지의 경우 폐지결정이 있는 경우이나 별도 조치를 실시한다.
5) 채권의 소멸시효는 파산신고에 신고의 의하여 중단되고, 중단의 효과는 파산절차가 종료될 때부터 새로 진행. 파산채권자표의 기재는 확정판결과 동일한 효력이 있으므로 시효기간은 10년이다. 따라서 파산절차에 대하여 파산종결의 공고에 의하여 파산절차가 종료되면 시효기간은 그 종료일로부터 10년인 소멸시효가 개시된다p1133.

# 도산절차에서의 채권자의 대응방법 등

| (법인, 일반, 간이)회생 | 개인회생 | 파산 |
|---|---|---|
| 열람·등사<br>재산조회 | 열람·등사<br>재산조회 | 파산신청권(163) cf.취하(파산선고 전까지) |
| **채권신고**-주후보완신고(610) - 확인(639)<br>개시신청에 대한 즉시항고<br>개시기각사유(§595)<br>**부인권가사유(1607)[1]** | 개시신청에 대한 즉시항고<br>개시기각사유(§595)<br>**부인권가사유(1607)[1]** | **열람·등사**(주후 파산관재인 조사보고서 포함)<br>**재산조회신청(148)**<br>**채권신고(시효중단)[2]**→파산채권확정절차 |
| 이의제출(592)<br>-채권자협의회<br>-회생계획안 결의를 위한 관계인집회(851) | **변제계획안 수정명령(§610)**<br>변제계획안에 대한 이의(진술서)<br>(변경)변제계획안인부결정에 대한 즉시항고<br>**비면책채권**<br>**면책불허가사유(§624조③)**<br>면책에 대한 이의 | 파산신청 기각신청[3](309조)→파산취소(소급)<br>파산선고결정에 대한 즉시항고<br>**부인권행사명령 신청**(법원예, 396조 2항)<br>**면책에 대한 이의신청(562)** - 이견청취(필수) |
| **회생계획의 변경(886)** | **개인회생절차 폐지신청**<br>**면책취소** | **면책결정에 대한 즉시항고**(공고 후 14일)<br>**면책취소**(1398, 면책확정일로부터 1년) |
| **폐지신청(900)**<br>압류 및 주심명령(592, 980,982)) | 권리행사(1716)<br>채권조사확정재판(1639) | **비면책채권** |
| | 형사고소(사기회생죄와 사기죄, 1701) | 파산범죄<br>사기파산죄와 사기죄(1469, 주석서 683) |
| 소송<br>집행 | 소송<br>집행 | 소송관련(1479, 1484)<br>집행 |

1) 채무자가 부인권행사명령에 불응하는 경우 이를 강제할 수단이 없어 청산가치추가 및 이에 따른 변제계획안 수정가능성을 검토하는 방식(소송및집행 p209)
2) 면책심문 종결 후 결정 전 추가 채권자신고(서울중앙 p314)
3) 비용x, 다른 절차에 의함이 부적, 파산원인 부담, 신청이 불성실, 파산절차남용(전문직, 제도의 파산[o]:서울회생 p96, 주석 p52)

⑩ 비면책채권자의 권리행사방법

개인파산과 개인회생에서 비면책채권의 범위가 약간 다른데(§566, §625), 비면책채권자가 권리를 행사하는 방법도 아래와 같이 약간 차이가 있습니다(전대규, 제4판 채무자회생법, 법문사, 2020. 참고)

㉠ 파산

파산채권자표에 면책허가결정이 확정되었다는 취지의 기재가 되어 있는 경우에도 파산채권자표에 기재된 파산채권이 비면책채권에 해당한다고 인정되는 때에는 법원사무관 등은 집행문을 부여하는 것이 가능하므로 파산채권자는 면책허가결정이 확정된 후에도 비면책채권에 관해서는 파산채권자표에 근거해 집행문을 부여받아 강제집행을 할 수 있다. 만일 비면책채권자의 집행문부여에 대하여 법원사무관 등이 집행문부여를 거절한 경우 채권자는 그 거절처분에 대하여 이의신청을 할 수 있다(민사집행법 제34조 제1항). 다만, 실무상 이시폐지의 경우 환가할 재산이 없어 대부분 채권신고절차를 진행하지 않은 경우 위와는 다르게 별도의 민사소송을 제기하여 집행권원을 얻어야 할 것으로 보여집니다(사견).

㉡ 개인회생

면책결정 후 채권자는 자신이 가지고 있는 채권이 비면책채권임을 주장하여 채무자를 상대로 소송을 제기하여야 한다.

⑪ 파산 전 전부명령을 통해 재산을 빼돌린 경우

A는 개인파산신청 한달 전 자신의 퇴직금(1억3천 정도)을 은행으로 받은 뒤 (친족)B가 위 계좌에 전부명령을 받아 강제집행한 경우의 법률관계?(전대

규 , 제6판 채무자회생법, 법문사, 2022, 1139면)

(1) 압류금지채권을 채무자의 계좌로 지급받은 이상 이는 더 이상 압류금지 재산에 해당하지 않아 파산재단을 구성하게 된다. 채무자회생법 제395조 후단은 '부인하고자 하는 행위가 집행행위에 의한 것인 때'에도 부인권을 행사할 수 있도록 규정하고 있다. 따라서 채권자가 파산채무자에 대한 집행권원에 기하여 채무자의 제3채무자에 대한 채권에 관한 전부명령을 받은 경우에도 그것이 같은 법 제391조 각 호에 해당하는 경우 파산관재인은 이를 부인할 수 있다. 그리고 전부채권자가 전부명령을 받고 이에 터 잡아 제3채무자로부터 전부금까지 변제받은 때에는 전부명령과 함께 그 전부금의 수령행위까지 부인할 수 있다고 봄이 타당하다(서울중앙 2016가단5022359→고등법원 2016나2035947→대법원 2017다201842).

(2) A와 B의 처벌?(서울북부 2018고단2448→서울북부 2018노2131→대법원 2019도11248(상고기각) 피고인들이 공모하여 피고인 A의 퇴직금 채권 중 1/2을 압류 및 전부 받아 은닉한 것은 사기파산죄를 구성한다.

⑫ 이혼으로 인한 재산분할청구권은 이혼을 한 당사자의 일방이 다른 일방에 대하여 재산분할을 청구할 수 있는 권리로서 청구인의 재산에 영향을 미치지만, 순전한 재산법적 행위와 같이 볼 수는 없다. 오히려 이혼을 한 경우 당사자는 배우자, 자녀 등과의 관계 등을 종합적으로 고려하여 재산분할청구권 행사 여부를 결정하게 되고, 법원은 청산적 요소뿐만 아니라 이혼 후의 부양적 요소, 정신적 손해(위자료)를 배상하기 위한 급부로서의 성질 등도 고려하여 재산을 분할하게 된다. 또한 재산분할청구권은 협의 또는 심판에 의하여 그 구체적 내용이 형성되기까지는 그 범위 및 내용이 불명확·불확정

하기 때문에 구체적으로 권리가 발생하였다고 할 수 없어 채무자의 책임재산에 해당한다고 보기 어렵고, 채권자의 입장에서는 채무자의 재산분할청구권 불행사가 그의 기대를 저버리는 측면이 있다고 하더라도 채무자의 재산을 현재의 상태보다 악화시키지 아니한다. 이러한 사정을 종합하면, 이혼으로 인한 재산분할청구권은 그 행사 여부가 청구인의 인격적 이익을 위하여 그의 자유로운 의사결정에 전적으로 맡겨진 권리로서 행사상의 일신전속성을 가지므로, 채권자대위권의 목적이 될 수 없고 파산재단에도 속하지 않는다고 보아야 한다(2022스613 재산분할).

# Ⅵ. 못 먹는 물고기([가]압류금지)

# Ⅵ. 못 먹는 물고기([가]압류금지)

본래 강제집행은 집행채권자의 이행청구권의 만족을 최우선의 목표로 하는 것이 원칙이나, 만약 채무자의 모든 재산에 대해 무제한의 집행이 인정된다면, 이는 집행채무자와 그 가족의 생존의 근거를 박탈하는 결과가 되고 또 실질적으로 인적집행에 이르는 결과가 될 수 있습니다.[110] 그러므로 (가)압류금지는 공익상의 이유 또는 사회정책적인 이유에 기초하여 마련된 것이어서 채무자가 사전에 이를 포기하거나 채무자와 압류채권자 사이의 계약으로 압류금지채권을 압류 가능한 것으로 변경할 수는 없습니다.

채권의 성질상 양도할 수 없는 것은 물론 법률에 의하여 양도가 금지되어 있는 것도 원칙적으로 압류할 수 없으나, 역으로 압류가 금지되어 있는 채권이라고 해서 당연히 양도도 할 수 없는 것은 아닙니다.

**판례**에 의하면, 압류가 금지된 (예금)채권에 대하여 한 압류명령은 강행규정에 위반되므로 무효이고, 무효인 압류명령에 기하여 한 추심명령도 실체법상으로 무효이다(대법원 2015.06.11. 선고 2013다40476)고 합니다. 민사집행법에서는 압류금지 유체동산과 채권이 규정되어 있고 특별법상 압류금지부

---

110) 박준의, 신채권집행실무, 유로, 2012. 29면

동산도 있습니다. 그리고 각종 특별법에 압류금지를 규정한 특별규정들이 있습니다. 또한, 명문의 규정을 가지고 압류금지로 되어 있지 않더라도 성질상 압류금지채권이 있습니다. 채무자의 일신에 전속하는 채권이거나 개인적 색채가 강한 채권 및 법률에 의해 양도 금지된 채권 등은 성질상 압류할 수 없습니다.

# 1. (가)압류금지 부동산(대법원 2011.04.04. 자 2010마1967 결정)

「사립학교법」 제28조 제2항, 같은 법 시행령 제12조가 학교교육에 직접 사용되는 학교법인의 재산 중 교지·교사·체육장 등은 이를 매도하거나 담보에 제공할 수 없다고 규정하고 있는 취지는, 그것이 매매계약의 목적물이 될 수 없다는 데에 그치는 것이 아니고 매매로 인한 소유권이전 가능성을 전부 배제하는 것이다. 그런데 같은 법 제51조는 사립학교 경영자에게도 학교법인에 관한 같은 법 제28조 제2항을 준용한다고 규정하고 있으므로, 사립학교 경영자가 사립학교의 교지·교사·체육장 등으로 사용하기 위하여 출연·편입시킨 토지나 건물이 학교경영자 개인 명의로 등기되어 있는 경우에도 그 토지나 건물에 관하여는 같은 법 제51조에 의하여 준용되는 같은 법 제28조 제2항, 같은 법 시행령 제12조에 의하여 강제집행의 목적물이 될 수 없고(대법원 1972. 4. 14.자 72마330 결정, 대법원 1996. 11. 15. 선고 96누4947 판결 등 참조), 이와 같이 강제집행의 목적 대상이 될 수 없는 이상, 장차의 강제집행을 보전하기 위한 보전처분인 가압류의 목적 대상도 될 수 없다고 할 것이다(대법원 2004. 9. 13. 선고 2004다22643 판결 참조)

그러나 주무관청의 허가가 필요한 부동산은 압류가 가능하므로[111] 가압류도 가능하다고 할 것입니다.

---

[111] 손진홍, 채권집행의 이론과 실무[上], 법률정보센터, 2016, 233면

## 2. (가)압류가 금지된 민사집행법상 유체동산

**제195조(압류가 금지되는 물건)** 다음 각호의 물건은 압류하지 못한다.

1. 채무자 및 그와 같이 사는 친족(사실상 관계에 따른 친족을 포함한다. 이하 이 조에서 "채무자등"이라 한다)의 생활에 필요한 의복·침구·가구·부엌기구, 그 밖의 생활필수품

2. 채무자등의 생활에 필요한 2월간의 식료품·연료 및 조명재료

3. 채무자등의 생활에 필요한 1월간의 생계비로서 대통령령이 정하는 액수의 금전

4. 주로 자기 노동력으로 농업을 하는 사람에게 없어서는 아니될 농기구·비료·가축·사료·종자, 그 밖에 이에 준하는 물건

5. 주로 자기의 노동력으로 어업을 하는 사람에게 없어서는 아니될 고기잡이 도구·어망·미끼·새끼고기, 그 밖에 이에 준하는 물건

6. 전문직 종사자·기술자·노무자, 그 밖에 주로 자기의 정신적 또는 육체적 노동으로 직업 또는 영업에 종사하는 사람에게 없어서는 아니 될 제복·도구, 그 밖에 이에 준하는 물건

7. 채무자 또는 그 친족이 받은 훈장·포장·기장, 그 밖에 이에 준하는 명예증표

8. 위패·영정·묘비, 그 밖에 상례·제사 또는 예배에 필요한 물건

9. 족보·집안의 역사적인 기록·사진첩, 그 밖에 선조숭배에 필요한 물건

10. 채무자의 생활 또는 직무에 없어서는 아니 될 도장·문패·간판, 그 밖에 이에 준하는 물건

11. 채무자의 생활 또는 직업에 없어서는 아니 될 일기장·상업장부, 그 밖에 이에 준하는 물건

12. 공표되지 아니한 저작 또는 발명에 관한 물건

13. 채무자등이 학교·교회·사찰, 그 밖의 교육기관 또는 종교단

체에서 사용하는 교과서·교리서·학습용구, 그 밖에 이에
준하는 물건

14. 채무자등의 일상생활에 필요한 안경·보청기·의치·의수
족·지팡이·장애보조용 바퀴의자, 그 밖에 이에 준하는 신
체보조기구

15. 채무자등의 일상생활에 필요한 자동차로서 자동차관리법이
정하는 바에 따른 장애인용 경형자동차

16. 재해의 방지 또는 보안을 위하여 법령의 규정에 따라 설비하
여야 하는 소방설비·경보기구·피난시설, 그 밖에 이에 준
하는 물건

**제196조(압류금지 물건을 정하는 재판)** ① 법원은 당사자가 신청하면
채권자와 채무자의 생활형편, 그 밖의 사정을 고려하여 유체동산
의 전부 또는 일부에 대한 압류를 취소하도록 명하거나 제195조
의 유체동산을 압류하도록 명할 수 있다.

② 제1항의 결정이 있은 뒤에 그 이유가 소멸되거나 사정이 바뀐
때에는 법원은 직권으로 또는 당사자의 신청에 따라 그 결정을
취소하거나 바꿀 수 있다.

③ 제1항 및 제2항의 경우에 법원은 제16조제2항에 준하는 결정
을 할 수 있다.

④ 제1항 및 제2항의 결정에 대하여는 즉시항고를 할 수 있다.

⑤ 제3항의 결정에 대하여는 불복할 수 없다.

---

[사례]

국민기초생활보호수급자인 고객의 유체동산에 압류가 되었으나 압류
금지물의 범위변경심판청구하여 일부 승소한 사례입니다. ⓐ 김치냉장
고, ⓑ 에어컨, ⓒ 식기건조기는 요즘생활에서 필수품으로 보아 압류
대상에서 제외되었습니다(전주지방법원 남원지원 2013타채41 압류금
지물의 범위변경).

## 3. (가)압류가 금지된 민사집행법상 채권

제246조(압류금지채권) ① 다음 각호의 채권은 압류하지 못한다.

1. 법령에 규정된 부양료[112] 및 유족부조료(遺族扶助料)

2. 채무자가 구호사업이나 제3자의 도움으로 계속 받는 수입

3. 병사의 급료[113]

4. 급료·연금·봉급·상여금·퇴직연금, 그 밖에 이와 비슷한 성질을 가진 급여채권[114][115]의 2분의 1에 해당하는 금액. 다만, 그 금액이 국민기초생활보장법에 의한 최저생계비를 감안하여 대통령령이 정하는 금액에 미치지 못하는 경우 또는 표준적인 가구의 생계비를 감안하여 대통령령이 정하는 금액을 초과하는 경우에는 각각 당해 대통령령이 정하는 금액으로 한다.[116]

5. 퇴직금 그 밖에 이와 비슷한 성질을 가진 급여채권의 2분의 1에 해당하는 금액

6. 「주택임대차보호법」 제8조, 같은 법 시행령의 규정에 따라 우선변제를 받을 수 있는 금액[117][118][119][120]

7. 생명, 상해, 질병, 사고 등을 원인으로 채무자가 지급받는 보장성보험의 보험금(해약환급 및 만기환급금을 포함한다). 다만, 압류금지의 범위는 생계유지, 치료 및 장애 회복에 소요될 것으로 예상되는 비용 등을 고려하여 대통령령으로 정한다[121].

8. 채무자의 1월간 생계유지에 필요한 예금(적금·부금·예탁금과 우편대체를 포함한다). 다만, 그 금액은 「국민기초생활 보장법」

에 따른 최저생계비, 제195조제3호에서 정한 금액 등을 고려하여 대통령령으로 정한다[122].

② 법원은 제1항제1호부터 제7호까지에 규정된 종류의 금원이 금융기관에 개설된 채무자의 계좌에 이체되는 경우 채무자의 신청에 따라 그에 해당하는 부분의 압류명령을 취소하여야 한다.

③ 법원은 당사자가 신청하면 채권자와 채무자의 생활형편, 그 밖의 사정을 고려하여 압류명령의 전부 또는 일부를 취소하거나 제1항의 압류금지채권에 대하여 압류명령을 할 수 있다[123].

④ 제3항의 경우에는 제196조제2항 내지 제5항의 규정을 준용한다.

---

112) 딸들이 보낸 돈은 민사집행법 제246조 1항이 압류금지채권으로 규정하고 있는 '법령에 규정된 부양료'에 해당돼 압류가 취소돼야 한다고 주장하여 인용 받은 사안이 있습니다. 민법상 직계비속인 딸들은 직계존속에 대한 부양의무가 있다는 점을 근거로 한 것이다 (법률신문 2016. 8. 22.자 '압류당한 어머니 치료비 535만원, 법률구조공단 도움으로 되찾았다' 참고).

113) 사회복무요원의 급여는 「민사집행법」 제246조 제1항 제3호에 정한 병사의 급료에는 포함되지 않으나, 같은 조 제4호의 급료에 해당하여 압류가 금지되고, 급료를 예금한 경우 그 생계유지에 필요한 예금 범위 내에서 압류가 금지되므로 이를 통해 사회복무요원 생계 보호 가능(웹사이트 [병무청] )

114) 실무적으로는 보험설계사나 소위 야쿠르트 아줌마의 수수료 혹은 수당채권이 법 제246조 1항 4호의 급여채권으로 볼 수 있는지 여부가 문제되고 있습니다. 하도급대금채권, 가내노동의 노임, 원고료채권 등과 같이 급여생활자의 급여와 성격이 같고, 채무자 및 그 가족의 생계에 소요되지만, 법 제246조 1항에 해당하지 않아서 보호를 못하는 채권의 경우 3항에 의하여 그 불균형을 바로 잡을 수 있습니다(손홍수, 채권집행의 실무, 98면). 또한, 판례는 보험모집인의 수당을 근로제공의 대가로 보지 않고, 자유직업인으로서 본인이 이룩한 업적에 따라 비례적으로 지급받는 수당으로 보고 있으므로, 보험모집인의 수당은 전액에 대하여 가압류가 가능하나, 이로 인하여 보험모집인의 생계에 결정적인 타격을 있을 수 있으므로 담보액을 일반적인 임금채권가압류에 준하여 결정하고 있습니다(이영창, 이론·실무·기재례 보전소송, 진원사, 2011. 189면).

115) 국회의원에게 지급되는 입법활동비, 특별활동비, 입법 및 정책개발비, 여비는 위 법률에서 정한 고유한 목적에 사용되어야 하며 이러한 성질상 압류가 금지된다고 봄이 타당하다. 따라서 이들은 강제집행의 대상이 될 수 없다. 이에 반하여 국회의원이 국회의원수당 등에 관한 법률에 따라 지급받는 일반수당, 관리업무수당, 정액급식비, 정근수당, 명절휴가비와 같은 수당은 민사집행법 제246조 제1항 제4호의 "급료·연금·봉급·상여금·퇴직연금, 그 밖에 이와 비슷한 성질을 가진 급여채권"에 해당하여 그 2분의 1에

해당하는 금액 또는 같은 호 단서에 따른 금액에 대하여는 압류하지 못한다고 보는 것이 타당하다(대법원 2014.08.11. 자 2011마2482 결정).

한편, 일명 '의원연금'이라고 불리는 대한민국 헌정회 육성법에 따라 지급되는 (연로회원)지원금에 대한 압류는 가능합니다(2016. 8. 13.자 YTN '선거운동원 임금 떼먹은 前 의원…법원 "의원연금압류" 참고'). 제3채무자를 사단법인 대한민국헌정회로, 별지를 채무자가 제3채무자에 대하여 가지는 대한민국헌정회육성법에 따라 현재 발생하였거나, 장래에 발생할 연로회원지원금 채권으로 특정합니다.

116) 민사집행법 시행령이 다음과 같이 일부 개정 되었습니다(2019. 3. 5.).
- 민사집행법 제195조(압류가 금지되는 물건) 제3호 채무자등의 생활에 필요한 1월간의 생계비로서 "대통령령이 정하는 액수의 금전"을 185만원으로 함
- 민사집행법 제246조 제1항 제4호 단서에서 "국민기초생활보장법에 의한 최저생계비를 감안하여 대통령령이 정하는 금액"을 월 185만원으로 함
- 민사집행법 제246조 제1항 제8호에 따라 "압류금지 예금 등의 범위"를 개인별 잔액이 185만원 이하인 예금등으로 함
- 위 개정 규정은 이 영 시행 이후 접수되는 압류명령 신청 사건부터 적용(2019. 4. 1. 시행)

급여담당자 등 실무에서 이를 계산하고자 할 경우 대법원 홈페이지에 계산 프로그램이 게시되어 있으므로 이를 이용하면 편리합니다(대법원 홈페이지→대국민서비스→통합검색란에 '압류금지'를 검색하면 됩니다). 법원은 당사자가 신청하면 채권자와 채무자의 생활형편, 그 밖의 사정을 고려하여 압류명령의 전부 또는 일부를 취소하거나 제1항의 압류금지채권에 대하여 압류명령을 할 수 있는바(법 제246조 제3항), 일정한 경우 이를 이용하여 월급여가 185만원 이하인 경우라도 압류할 수 있습니다(자세한 내용은 후술하겠습니다.).

한편, 근로기준법 제36조 제1항 본문에 규정된 임금의 전액지급의 원칙에 비추어 사용자가 근로자의 급료나 퇴직금 등 임금채권을 수동채권으로 하여 사용자의 근로자에 대한 다른 채권으로 상계할 수 없지만, 그렇다고 하여 사용자가 근로자에 대한 채무명의의 집행을 위하여 근로자의 자신에 대한 임금채권 중 2분의 1 상당액에 관하여 압류 및 전부명령을 받는 것까지 금지하는 취지는 아니라고 하였으므로(대법원 1994.03.16. 자 93마1822 결정), 사용자는 근로자의 급여 등 채권에 대해 압류금지채권의 범위를 초과하는 부분에 대해서는 강제집행이 가능하다는 점입니다. 즉, 이 경우 채권자가 제3채무자가 되는 (가)압류가 가능합니다.

117)

| 기간별 | 서울특별시 | 수도권정비계획법에 따른 과밀억제권역 (서울특별시 제외), 세종특별자치시, 용인시 및 화성시 | 광역시(과밀억제권역에 포함된 지역과 군지역 제외), 안산시, 김포시, 광주시 및 파주시 | 그 밖의 지역 |
|---|---|---|---|---|
| 2023. 2. 21.~ | 1억6,500만원 이하 보증금 중 5,500만원 이하 | 1억4,500만원 이하 보증금 중 4,800만원 이하 | 8,500만원 이하 보증금 중 2,800만원 이하 | 7,500만원 이하 보증금 중 2,500만원 이하 |

118) 주택임대차에 한하여 적용되며, 소액보증금의 변형물(변제공탁금 또는 배당금 등)에도 적용되어야 할 것입니다. 또한, 소액보증금인지 여부는 (가)압류의 효력이 발생하는 때인

제3채무자 송달 당시 임대차계약상 총 보증금액을 기준으로 하여야 하므로, 압류의 효력 발생 당시 소액보증금에 해당하지 아니하였다면 이후 차임 연체 등으로 반환받을 임차보증금이 소액보증금에 해당하게 되더라도 압류되었던 부분이 압류금지채권으로 변하지 않습니다(박준의, 신채권집행실무, 유로, 2012. 44면). 그리고 연체차임 등 공제금액은 압류금지가 되지 않은 부분에서 먼저 충당되는 것으로 보고 배당합니다(사법보좌관실무편람-채권집행 및 배당절차편-, 법원행정처, 2010. 308면).

119) 압류대상에서 제외되었음이 문언상 명백함에도 불구하고 제3채무자가 임의지급을 거절한다며 압류의 취소를 구하는 취지의 신청의 경우(임차보증금)가 있고 의뢰자(채무자)도 이를 희망합니다. 이는 통상 제3채무자인 임대인이 법률분쟁의 회피를 위하여 집행법원의 명시적인 결정이 있을 때까지 보증금 등의 지급을 거절함으로 인하여 생기는 문제입니다. 즉, 임대인은 보증금에 압류가 되면 압류금지채권이라도 선뜻 지급해주지 않습니다. 이런 경우에는 실무적으로 신청에 대해서는 기각결정을 합니다. 다만 결론은 그렇다고 하더라도 신청인인 채무자가 보증금 등을 지급받는데 지장이 없도록, 목록에 기재된 채권은 압류 대상이 아니고, 압류 및 추심명령이 압류금지 채권을 대상을 한 것이면 강행규정인 법 제246조 1항에 반하여 무효이므로, 신청인(채무자, 임차인)으로서는 압류 및 추심명령에 불구하고 제3채무자에 대하여 여전히 보증금 등의 반환을 구할 수 있다는 취지로, 그 이유를 자세히 설시하여 주고 있습니다(손흥수, 채권집행, 111면). 개인적인 생각으로는, 개개의 집행행위에 하자가 있는 경우(압류금지물건의 압류 등)에 집행이의의 사유가 되므로(주석 법 제, 2012[3판]. 289면), 집행이의신청을 통하여 해결할 수 있을 것으로 봅니다.

120) 소액임차보증금에 대한 (가)압류는 무효인데, 제3채무자인 임대인이 임차인(채무자)에게 지급하여야 할 압류금지채권인 소액보증금을 포함하여 공탁하고 사유신고하는 경우의 임차인이 보증금을 지급받는 절차 등에 관하여 문의하는 경우가 있습니다. ① 우선 이러한 공탁이 적법한지 여부에 대해, 제3채무자로서는 단일한 채권이라면 압류금지 부분이 포함된 것이라도 한꺼번에 집행공탁을 할 수 있습니다(이원, 법 제제248조 제1항의 권리공탁에 관한 몇 가지 논의, 청연논총, 사법연수원, 2010. 240면). ② 제3채무자의 공탁은 채무자에 대한 변제공탁과 집행채권자에 대한 집행공탁의 성격을 함께 갖고 있는 이른바 혼합공탁이라 할 것인바, 임차인은 집행법원의 배당절차가 아닌 집행법원의 불수리결정(압류금지채권 범위만큼)과 공탁소에 사유를 소명(압류금지채권의 범위변경결정문 상 이유가 기재되어 있는 정도 또는 공탁소에서 공탁자에게 보정 명령하여 얻은 결과 등)하여 공탁금을 지급받는 것이 옳을 것입니다(사견). 압류금지부분은 처음부터 집행대상재산이 아니어서 채권자들에게 배당되어서는 안 되는 부분이기 때문입니다. 구체적으로, 공탁금 중 압류의 효력이 미치는 부분은 집행공탁으로, 그 효력이 미치지 않는 부분은 변제 공탁으로 보아야 할 것으로 본래 별개의 공탁이라 할 것인데 공탁자 및 절차의 편의상 법률이 이를 1건으로 공탁할 수 있도록 해 준 것일 뿐이기 때문입니다(위 논문 222면). ③ 그러나 만일 집행법원에서 배당절차가 진행되어 잘못 배당된 경우 배당이의로 다툴 수 있습니다. 즉, 압류금지부분을 포함한 금원 전액을 (형식은 비록 집행공탁)공탁한 후 개시된 배당절차에서 전액을 배당하였으나, 그 중 압류금지부분이 포함되어 있으면 그 부분의 압류는 무효이고 그 부분에 대한 공탁의 성격도 (실질적으로는)변제공탁이므로, 변제공탁 부분의 정당한 권리자는 배당이의 소로써 배당재단이 될 수 없는 부분을 경정하여 자기에게 달라고 할 수 있습니다(대법원 2006.02.09. 선고 2005다28747).

121) 제6조(압류금지 보장성 보험금 등의 범위) ① 법 제246조제1항제7호에 따라 다음 각 호

에 해당하는 보장성보험의 보험금, 해약환급금 및 만기환급금에 관한 채권은 압류하지 못한다.
1. 사망보험금 중 1천만 원 이하의 보험금
2. 상해·질병·사고 등을 원인으로 채무자가 지급받는 보장성보험의 보험금 중 다음 각 목에 해당하는 보험금
   가. 진료비, 치료비, 수술비, 입원비, 약제비 등 치료 및 장애 회복을 위하여 실제 지출되는 비용을 보장하기 위한 보험금
   나. 치료 및 장애 회복을 위한 보험금 중 가목에 해당하는 보험금을 제외한 보험금의 2분의 1에 해당하는 금액
3. 보장성보험의 해약환급금 중 다음 각 목에 해당하는 환급금
   가. 「민법」 제404조에 따라 채권자가 채무자의 보험계약 해지권을 대위행사하거나 추심명령(推尋命令) 또는 전부명령(轉付命令)을 받은 채권자가 해지권을 행사하여 발생하는 해약환급금
   나. 가목에서 규정한 해지사유 외의 사유로 발생하는 해약환급금 중 150만 원 이하의 금액
4. 보장성보험의 만기환급금 중 150만 원 이하의 금액
② 채무자가 보장성보험의 보험금, 해약환급금 또는 만기환급금 채권을 취득하는 보험계약이 둘 이상인 경우에는 다음 각 호의 구분에 따라 제1항 각 호의 금액을 계산한다.
1. 제1항제1호, 제3호나목 및 제4호: 해당하는 보험계약별 사망보험금, 해약환급금, 만기환급금을 각각 합산한 금액에 대하여 해당 압류금지채권의 상한을 계산한다.
2. 제1항제2호나목 및 제3호가목: 보험계약별로 계산한다.[본조신설 2011.7.1.]

최근 압류금지채권 중 보장성보험 관련된 대법원 판결이 나와 소개합니다(대법원 2018. 12. 27. 선고 2015다50286, 같은 날 선고 2015다61606). 보장성보험이란 생명, 상해, 질병, 사고 등 피보험자의 생명·신체와 관련하여 발생할 수 있는 경제적 위험에 대비하여 보험사고가 발생하였을 경우 피보험자에게 약속된 보험금을 지급하는 것을 주된 목적으로 한 보험으로, 일반적으로는 만기가 되었을 때 보험회사가 지급하는 돈이 납입받은 보험료 총액을 초과하지 않는 보험을 말한다. (반면 저축성보험은 목돈이나 노후생활자금을 마련하는 것을 주된 목적으로 한 보험으로 피보험자가 생존하여 만기가 되었을 때 지급되는 보험금이 납입보험료에 일정한 이율에 따른 돈이 가산되어 납입보험료의 총액보다 많은 보험이다.) 보험계약 중에는 보장성보험과 저축성보험의 성격을 함께 가지는 것도 많이 있다. 만일 보장성보험계약과 저축성보험계약이라는 독립된 두 개의 보험계약이 결합된 경우라면 저축성보험계약 부분만을 분리하여 이를 해지하고 압류할 수 있을 것이다. 이와 달리 하나의 보험계약에 보장성보험과 저축성보험의 성격이 모두 있는 경우에 그 중 저축성보험의 성격을 갖는 계약 부분만을 분리하여 이를 해지하고 압류할 수 있는지가 문제된다. 민사집행법에서 보장성보험이 가지는 사회보장적 성격을 고려하여 압류금지채권으로 규정한 입법취지를 고려할 때 하나의 보험계약이 보장성보험과 더불어 저축성보험의 성격을 함께 가지고 있다 하더라도 저축성보험 부분만을 분리하여 해지할 수는 없다고 보아야 한다. 이처럼 하나의 보험계약에 보장성보험과 저축성보험의 성격이 모두 있는 경우에 저축성보험의 성격을 갖는 계약 부분만을 분리하여 해지할 수 없다면, 해당 보험 전체를 두고 민사집행법 제246조 제1항 제7호에서 규정하는 '보장성보험'에 해당하는지 여부를 결정하여야 한다. 원칙적으로 보험 가입 당시 예정된 해당 보험의 만기환급금이 보험계약자의 납입보험료 총액을 초과하는지를 기준으로 하여, 만기환급금이 납입보험료 총액을 초과하지 않으면 민사집행법 제246조 제1

민사집행법을 제외한 다른 법령에서도 양도와 함께 압류도 금지하고 있는 개별적인 규정을 두고 있는 경우가 많은데, 이들은 각종의 사회보장제도나 사회정책적인 목적하에 압류를 금지하는 경우가 대부분이고, 이들 규정은 민사집행법의 특별법으로 그에 우선하여 적용된다고 보고 있습니다. 이 중에서 특히 실무에서는 국세징수법이 중요합니다(국세징수법 31조에서 33조, 같은 법 시행령 36조 및 37조).

## 4. 판례상의 (가)압류금지채권

### 가. 추심권능에 대한 (가)압류

금전채권에 대하여 압류 및 추심명령이 있었다고 하더라도 이는 강제집행

---

항 제7호에서 규정하는 '보장성보험'에 해당한다고 보아야 한다. 그러나 만기환급금이 납입보험료 총액을 초과하더라도, 해당 보험이 예정하는 보험사고의 성질과 보험가입 목적, 납입보험료의 규모와 보험료의 구성, 지급받는 보험료의 내용 등을 종합적으로 고려하였을 때 보장성보험도 해당 보험의 주된 성격과 목적으로 인정할 수 있다면 이를 민사집행법이 압류금지채권으로 규정하고 있는 보장성보험으로 보아야 한다.
한편, 우체국예금·보험에 관한 법률(제45의 2항)에 의하여 지급받을 보험금은 민사집행법상 그것과 범위가 다릅니다.

122) 제7조(압류금지 예금 등의 범위) 법 제246조제1항제8호에 따라 압류하지 못하는 예금 등의 금액은 개인별 잔액이 185만 원 이하인 예금 등으로 한다. 다만, 법 제195조제3호에 따라 압류하지 못한 금전이 있으면 185만 원에서 그 금액을 뺀 금액으로 한다.[본조신설 2011.7.1.] 다만, 이는 계좌별 잔액 기준이 아님을 유의해야 한다. 즉, 8호에 의해 보호되는 채무자의 생계유지에 필요한 예금금액 185만 원은 채무자의 모든 금융기관에 예치되어 있는 채무자 명의의 예금을 통합하는 것입니다. 현재 금융기관(은행연합회)의 실무는, 압류 및 추심권자가 은행에 대하여 추심권을 행사할 경우 "법제상의 압류 제외 금액 185만 원을 공제하고 채권자에게 추심 지급한다(185만 원의 범위는 채무자가 보유하고 있는 압류 시점의 모든 예금, 신탁, 펀드 잔액으로 판단한다.)."라는 내부적 지침 하에 위 규정을 운용하고 있는 것으로 보입니다(손진홍 255면).

123) 민사집행법 246조나 각종 특별법상의 압류금지조항에 위반하여 발령된 채권가압류와 같이 당해 목적물에 대한 가압류가 허용되지 아니하는 경우에도 실무는 대체로 채무자가 보전처분에 대한 이의를 할 수 있는 것으로 보고 있습니다(법원실무제요 민사집행[IV] 161면)

절차에서 압류채권자에게 채무자의 제3채무자에 대한 채권을 추심할 권능만을 부여하는 것으로서 강제집행절차상의 환가처분의 실현행위에 지나지 아니한 것이며, 이로 인하여 채무자가 제3채무자에 대하여 가지는 채권이 압류채권자에게 이전되거나 귀속되는 것이 아니므로, 이와 같은 추심권능은 그 자체로서 독립적으로 처분하여 환가할 수 있는 것이 아니어서 압류할 수 없는 성질의 것이고, 따라서 이러한 추심권능에 대한 가압류결정은 무효이며, 추심권능을 소송상 행사하여 승소확정판결을 받았다 하더라도 그 판결에 기하여 금원을 지급받는 것 역시 추심권능에 속하는 것이므로, 이러한 판결에 기하여 지급받을 채권에 대한 가압류결정도 무효라고 보아야 합니다(대법원 1997.03.14. 선고 96다54300). 한편 이 경우 (채무자의 제3채무자에 대한 압류 및 추심명령을 집행한) 집행채권자의 채권자(제3채권자)에 대한 …점을 이용하여 집행할 수 있습니다(부록 집행채권_(가)압류_법률관계 표 참고). 구체적으로, (추심권능을 가진)채권자의 집행권원에 압류 및 추심명령을 해서 승계집행문을 받은 후 강제집행의 수계(형식은 추심채권자 변경[승계]신고)를 통하여 집행할 수 있습니다(이천교 법무사님 강의 내용 요약). 이와 유사하게, 추심채권자가 집행채권을 제3자에게 양도한 경우 해당 추심채권자로서의 지위도 집행채권의 양도에 수반하여 양수인에게 이전되므로, 집행채권의 양수인은 다시 국가를 제3채무자로 하여 압류 및 추심명령을 받을 필요가 없습니다.

이와 유사하게, 채권자대위소송이 제기되고 대위채권자가 채무자에게 대위권 행사사실을 통지하거나 채무자가 이를 알게 된 이후에는 민사집행법 제229조 제5항이 유추적용되어 피대위채권에 대한 전부명령은, 우선권 있는 채권에 기초한 것이라는 등의 특별한 사정이 없는 한, 무효라고 보는 것이 타당하다고 합니다(대법원 2016. 8. 29. 선고 2015다236547 판결). 즉, 자기의 금전채권을 보전하기 위하여 채무자의 금전채권을 대위행사하는 대위채권자는 제3채무자로 하여금 직접 대위채권자 자신에게 그 지급의무를 이행하도록 청구할 수 있고 제3채무자로부터 그 변제를 수령할 수도 있으나, 이로 인하여 채무자의 제3채무자에 대한 피대위채권이 대위채권자에게 이전되거나 귀속되는 것이 아니므로, 대위채권자의 제3채무자에 대한 위와 같은 추심권능 내지 변제수령권능은 그 자체로서 독립적으로 처분하여 환가할 수 있는 것이 아니어서 압류할 수 없는 성질의 것이고, 따라서 이러한 추심권능 내지 변제수령권능에 대한 압류명령 등은 무효이다. 그리고 채권자대위소송에서 제3채무자로 하여금 직접 대위채권자에게 금전의 지급을 명하는 판결이 확정되었더라도 그 판결에 기초하여 금전을 지급받는 것 역시 대위채권자의 제3채무자에 대한 추심권능 내지 변제수령권능에 속하는 것이므로, 채권자대위소송에서 확정된 판결에 따라 대위채권자가 제3채무자로부터 지급받을 채권에 대한 압류명령 등도 무효라고 보아야 한다고 합니다.

## 나. 각종 보조금

사립학교법 제43조 제1항, 보조금의예산및관리에관한법률 제22조 제1항 등에 의하여 국가 또는 지방자치단체로부터 교육의 진흥상 필요하다고 인정되어 사립학교 교육의 지원을 위하여 교부되고 그 목적 이외의 사용이 금지되는 보조금은 그 금원의 목적 내지 성질상 국가나 지방자치단체와 학교법인 사이에서만 수수, 결제되어야 하므로 그 보조금교부채권은 성질상 양도가 금지된 것으로 보아야 하고 따라서 강제집행의 대상이 될 수 없다 할 것입니다 (대법원 1996.12.24. 자 96마1302 결정[채권압류및추심명령]).

정치자금법에 근거하여 국가가 정당에 지급하는 금전이나 유가증권(이하

'정당보조금'이라고 한다)은 특정한 목적, 즉 정당을 보호·육성하고 재정상 원조를 하기 위한 목적에서 지급하는 것으로서, 정치자금법에서 열거하고 있는 용도 외에 정당보조금을 사용할 수 없고(정치자금법 제28조 제1항), 이를 위반한 경우 형사처벌의 대상이 된다(정치자금법 제47조 제1항 제4호).

위와 같은 정당보조금의 목적, 용도 외 사용의 금지 및 위반시의 제재조치 등 그 근거 법령의 취지와 규정 등에 비추어 볼 때 정당보조금은 국가와 정당 사이에서만 수수·결제되어야 하는 것으로 봄이 상당하므로, 정당의 국가에 대한 정당보조금지급채권은 그 양도가 금지된 것으로서 강제집행의 대상이 될 수 없다고 할 것이다(대법원 2009.01.28. 자 2008마1440 결정[채권압류및추심명령]).

이와는 달리, 공직선거법은 후보자가 선거일 후에 보전받는 선거비용에 관하여 특정한 용도를 정하거나, 용도 외 사용을 금지 또는 처벌하는 규정을 별도로 두고 있지 아니하다. 실제로 공직선거법에 따라 후보자가 보전받은 돈은 해당 선거 과정에서 후보자가 부담하게 된 개인채무의 변제를 비롯하여 다양한 용도로 사용되고 있다. 이러한 사정들에 비추어 보면, 선거비용보전채권이 반드시 후보자와 국가 또는 지방자치단체 사이에서만 수수 및 결제되어야 한다고 보기 어려우므로, 이 사건 선거비용 보전채권이 압류금지채권에 해당한다고 볼 수 없다(대법원 2016. 2. 3.자 2014마1768 결정).

참고로, 근로자직업능력개발법에 따라 고용노동부장관이 직업훈련시설에 지원하는 지원금이 압류금지채권에 해당되는지에 대해, 이는 법률상 압류금지채권은 아님이 명백하나, 해석상 압류금지채권인지에 대해서는 아직 판례가 없는 상태입니다. 다만, 이러한 경우 이론적인 생각이기는 하나 채권을 추심이 가능할 수도 있다고 보여지는 방법이 있습니다. 지원금을 지급하는 주체 및 지급받을 은행에 각 압류를 하여, 해석상 압류금지채권이라고 하여 지급을 하더라도 위

지원금이 은행에 돈이 입금되자마자 바로 빼오면(압류금지범위변경을 하려면 시간이 필요하고, 위 결정 전에 지급받아도 부당이득으로 반환하지 않아도 됩니다 2013다25552) 목적달성이 가능할 수도 있습니다(네이버 밴드 '법무사지식공유센터' 2018. 7. 6. 저자 답변내용).

## 다. 유치권부 채권

유치권자인 채무자가 제3채무자인 경락인으로부터 사실상 우선변제를 받을 권리(피압류채권)는 피압류적격성을 갖추지 못하였으며, 나아가 채권의 기본 성질인 청구력과 급부보유력 중 청구력을 가졌다고 하기 어려우므로 피압류채권 자체가 존재하지 않습니다.

**판례**도, 채무자가 이 사건 부동산에 대한 진정한 유치권자라 하여도, 채무자로서는 매수인인 제3채무자에 대하여 적극적으로 이 사건 공사대금의 변제를 청구할 수 있는 채권은 없고, 매수인인 제3채무자에 대하여 이 사건 공사대금의 변제가 있을 때까지 이 사건 부동산의 인도를 거절할 수 있을 뿐이며, 비록 이와 같이 채무자가 유치권 행사 과정에서 제3채무자로부터 이 사건 공사대금을 변제받을 수 있다 하더라도, 이는 이 사건 공사대금에 관한 채권을 소멸시키는 것이고 또한 이 사건 유치권에 의한 목적물의 유치 및 인도 거절 권능에서 비롯된 것에 불과하므로, 이러한 변제에 관한 채무자의 권한은 이 사건 유치권 내지는 그 피담보채권인 이 사건 공사대금 채권과 분리하여 독립적으로 처분하거나 환가할 수 없는 것으로서, 결국 압류할 수 없는 성질의 것이라고 봄이 타당하다(대법원 2014.12.30. 자 2014마1407 결정)고 하였습니다.

다만, 압류 및 추심할 채권의 표시란에 내용을 '제3채무자의 채무인수 또는 명목여하를 불문하고 채무자가 제3채무자로부터 지급받을 합의금채권'이라고 특정할 경우에는 다를 수 있다는 견해는 있습니다[124]. 한편, 공사대금 채무자를 상대로 한 유치권부채권가압류는 가능하다고 합니다.

### 라. 퇴직연금

채무자의 제3채무자에 대한 금전채권이 법률의 규정에 의하여 양도가 금지된 경우에는 특별한 사정이 없는 한 이를 압류하더라도 현금화할 수 없으므로 피압류적격이 없습니다. 또한, 위와 같이 채권의 양도를 금지하는 법률의 규정이 강행법규에 해당하는 이상 그러한 채권에 대한 압류명령은 강행법규에 위반되어 무효라고 할 것이어서 실체법상 효력을 발생하지 아니하므로, 제3채무자는 압류채권의 추심금 청구에 대하여 그러한 실체법상의 무효를 들어 항변할 수 있습니다(대법원 2000. 7. 4. 선고 2000다21048 판결 등 참조).

그런데 근로자 퇴직급여제도의 설정 및 운영에 필요한 사항을 정함으로써 근로자의 안정적인 노후생활 보장에 이바지함을 목적으로 2005. 1. 27. 법률 제7379호로 '근로자퇴직급여 보장법'(이하 '퇴직급여법'이라고 한다)이 제정되면서 그 제7조에서 퇴직연금제도의 급여를 받을 권리에 대하여 양도를 금지하고 있으므로 위 양도금지 규정은 강행법규에 해당한다고 볼 것이다.

따라서 퇴직연금제도의 급여를 받을 권리에 대한 압류명령은 실체법상 무효이고, 제3채무자는 그 압류채권의 추심금 청구에 대하여 위 무효를 들어 지급을 거절할 수 있다.

한편 민사집행법은 제246조 제1항 제4호에서 퇴직연금 그 밖에 이와 비슷

---

124) 박준의, 신채권집행실무, 206면

한 성질을 가진 급여채권은 그 1/2에 해당하는 금액만 압류하지 못하는 것으로 규정하고 있으나, 이는 위 퇴직급여법상의 양도금지 규정과의 사이에서 일반법과 특별법의 관계에 있으므로, 퇴직급여법상의 퇴직연금채권은 그 전액에 관하여 압류가 금지된다고 보아야 합니다(대법원 2014.01.23. 선고 2013다71180 판결).

즉, 채무자가 근로자인 경우 퇴직급여법상의 퇴직연금채권은 그 전액에 관하여 압류가 금지된다고 보아야 한다는 것입니다. 그런데 주식회사 이사, 대표이사 등의 보수청구권이 민사집행법상 압류금지채권에 해당하는지에 대해 대법원에서 문제가 되었습니다. 주식회사의 이사, 대표이사(이하 '이사 등'이라고 한다)의 보수청구권(퇴직금 등의 청구권을 포함한다, 이하 같다)은, 그 보수가 합리적인 수준을 벗어나서 현저히 균형을 잃을 정도로 과다하거나(대법원 2015. 9. 10. 선고 2015다213308 판결, 대법원 2016. 1. 28. 선고 2014다11888 판결 참조), 이를 행사하는 사람이 법적으로는 주식회사 이사 등의 지위에 있으나 이사 등으로서의 실질적인 직무를 수행하지 않는 이른바 명목상 이사 등에 해당한다는 등의 특별한 사정이 없는 이상(대법원 2015. 7. 23. 선고 2014다236311 판결 등 참조) 민사집행법 제246조 제1항 제4호 또는 제5호가 정하는 압류금지채권에 해당한다고 하였습니다(대법원 2018. 5. 30. 선고 2015다51968 퇴직연금). 또한, 이 판례에서는 위의 쟁점 이외에도 중요한 내용이 포함되어 있습니다. 예금과 신탁의 법적 성질이 다르므로 보통 사용하고 있는 일반적인 예금 (가)압류 별지표시로는 퇴직연금을 포함하기 어렵다는 점, 압류금지채권 규정으로 인하여 불이익을 입을 채권자를 보호하기 위한 규정과 해결방법을 제시한 점, 채권자 스스로를 제3채무자로 하여 채무자의 자신에 대한 채권을 압류하는 것이 허용된다는 점 등도 설시하고 있습니다.

다만, 모든 근로자의 퇴직금이 퇴직급여법상의 양도금지 규정의 적용되는 것은 아님을 주의해야 합니다. 이에 관한 **하급심 판결례**를 소개합니다(다만, 관련 부분만 발췌하였습니다).

하급심의 채무자(근로자)의 퇴직금 등에 채권압류 및 추심명령결정을 받은 추심권자가 회사(피고)를 상대로 추심금청구소송을 제기한 사안으로 회사(피고)는, 근로자퇴직급여 보장법 제7조 제1항에 의하면 퇴직연금제도의 급여를 받을 권리는 양도할 수 없도록 규정하고 있으므로, 원고(추심권자)의 이 사건 제1, 2 압류 및 추심명령 중 채무자의 퇴직금에 대한 부분은 위 법률에 위반되어 무효라는 취지로 주장하였습니다. 이에 대하여 법원은 다음과 같이 이유를 내세워 피고의 주장을 받아들이지 않았습니다. 퇴직급여법 제2조에 의하면, "퇴직급여제도"란 확정급여형퇴직연금제도, 확정기여형퇴직연금제도 및 동법 제8조에 따른 퇴직금제도를 말하고(6호), "퇴직연금제도"란 확정급여형퇴직연금제도, 확정기여형퇴직연금제도 및 개인형퇴직연금제도를 말하며(7호), "확정급여형퇴직연금제도"란 근로자가 받을 급여의 수준이 사전에 결정되어 있는 퇴직연금제도(8호), "확정기여형퇴직연금제도"란 급여의 지급을 위하여 사용자가 부담하여야 할 부담금의 수준이 사전에 결정되어 있는 퇴직연금제도를 말한다(9호). 그리고 동법 제7조 제1항에서 양도를 금지하고 있는 것은 "퇴직연금제도의 급여를 받을 권리"이다. 이 사건에 돌아와 살피건대, 원고가 압류, 추심한 채무자의 피고에 대한 위 퇴직금채권이 퇴직급여법상 퇴직연금제도의 급여를 받을 권리로서 확정급여형퇴직연금제도, 확정기여형퇴직연금제도, 개인형퇴직연금제도 중의 하나라고 인정할 만한 아무런 증거가 없고, 오히려 을 제3호증의 4의 기재에 의하면, 원고가 압류, 추심한 채무자(근로자)의 퇴직금채권은 퇴직급여법 제8조에 의한 퇴직금제도의 급여를 받을 권리라고 보여진다. 따라서 채무자(근로자)의 퇴직금채권이 퇴직급여법상의 퇴직연금제도의 급여를 받을 권리임을 전제로 한 피고의 위 주장은 이유 없다(대구지방법원 2014. 9. 26.선고 2014나 3113, 확정).

## 마. 전승지원금채권

전승지원금채권의 가압류가능성입니다. "금원의 목적 내지 성질상 국가나 지방자치단체와 특정인 사이에서만 수수, 결제되어야 하는 보조금교부채권은 성질상 양도가 금지된 것으로 보아야 하므로 강제집행의 대상이 될 수 없으며, 이러한 법리는 국가나 지방자치단체가 중요무형문화재를 보호·육성하기 위하여 그 전수 교육을 실시하는 중요무형문화재 보유자에게만 전수 교육에 필요한 경비 명목으로 지급하고 있는 금원으로서 그 목적이나 성질상 국가나 지방자치단체와 중요무형문화재 보유자 사이에서만 수수, 결제되어야 하는 전승지원금의 경우에도 마찬가지이다(판례공보 2013. 5. 1.자, 2013. 3. 28. 선고 2012다203461 판결)"라고 판시하여 전승지원금채권은 (가)압류가 안된다는 취지입니다. 원심에서는 가능하다고 하였으나 대법원에서 파기된 사안입니다.

## 바. 특허권 공유지분에 대한 가압류

특허권을 공유하는 경우에 각 공유자는 다른 공유자의 동의를 얻지 아니하면 그 지분을 양도하거나 그 지분을 목적으로 하는 질권을 설정할 수 없고, 그 특허권에 대하여 전용실시권을 설정하거나 통상실시권을 허락할 수 없는 등 특허권의 공유관계는 합유에 준하는 성질을 갖는 것이고(대법원 1999. 3. 26. 선고 97다41295 판결 참조),

또한 특허법이 위와 같이 공유지분의 자유로운 양도 등을 금지하는 것은 다른 공유자의 이익을 보호하려는 데 그 목적이 있으므로, 각 공유자의 공유지분은 다른 공유자의 동의를 얻지 않는 한 압류의 대상이 될 수 없습니다(대법원 2012.04.16. 자 2011마2412 결정 특허권압류명령). 그러므로 채무자가 특허권을 공유하고 있는 경우 채권자는 특허권 지분에 대한 직접적인 압류는 불가능합니다.

## 5. (가)압류금지채권의 범위변경 관련125)

가. 민사집행법 246조나 각종 특별법상의 압류금지조항에 위반하여 발령된 채권가압류와 같이 당해 목적물에 대한 가압류가 허용되지 아니하는 경우에도 실무는 대체로 채무자가 **보전처분에 대한 이의**를 할 수 있는 것으로 보고 있습니다(법원실무제요 민사집행[Ⅳ] 161면).

나. **채무자의 압류금지 확장신청**은 압류금지채권에 대한 압류명령에 국한하지 아니하고 일반채권에 대한 압류명령에 대하여도 할 수 있으나, **채권자의 압류금지 축소신청**은 민사집행법 246조 1항에 의한 압류금지채권에 대하여만 신청할 수 있고 특별법에 의한 압류금지채권에

---

125) 이하의 내용은 민사집행법상 (가)압류를 집행당한 경우의 법률관계를 설명하였습니다. 이와는 달리 국세징수법에 따른 체납압류를 당한 경우에는 해당 관공서에 국세징수법상 압류금지채권(민사집행법상 압류금지채권과 범위가 동일하지 않습니다. 예를 들면 소액임차보증금은 국세징수법상 압류금지는 아니나 민사집행법상 압류금지채권입니다.)임을 소명하여 이의신청·행정심판 등으로 불복하여야 합니다.

대하여는 범위의 축소를 신청할 수 없습니다(법원실무제요 민사집행
[Ⅲ] 304면).

참고로, 실무상 대부분의 압류금지채권의 범위변경재판은 채무자의 신
청에 의한 것이기는 하나, 압류금지조항 중 집행채권이 양육비채권인
경우에 관한 부분에 관하여는 위헌의견이 다수였지만(위헌의견 5명,
합헌의견 4명), 위헌결정을 위한 심판정족수에는 이르지 못하였는바(2
016헌마260), 이러한 사례에 있어서는 채권자도 범위변경을 신청할
실익이 있을 것 같습니다.

다. 법원은 압류금지채권의 범위변경의 재판 또는 그 변경의 재판에 앞서
채무자에게 담보를 제공하게 하거나 담보를 제공하게 하지 아니하고 강
제집행을 일시정지하도록 명하거나, 채권자에게 담보를 제공하게 하고
그 집행을 계속하도록 명하는 등의 잠정처분을 할 수 있습니다(민집 24
6조 4항, 196조 3항, 16조 2항). 2011. 4. 5. 법률 제10539호로 개정
된 민사집행법(이하 '개정 민사집행법'이라 한다)에서 신설된 제246조
제2항은, 압류금지채권이 금융기관에 개설된 채무자의 계좌에 이체되는
경우 더 이상 압류금지의 효력이 미치지 아니하므로 그 예금에 대한 압
류명령은 유효하지만, 원래의 압류금지의 취지는 참작되어야 하므로 채
무자의 신청에 의하여 압류명령을 취소하도록 한 것으로서 개정 민사집
행법 제246조 제3항과 같은 압류금지채권의 범위변경에 해당하고, 위
조항에 따라 압류명령이 취소되었다 하더라도 압류명령은 장래에 대하
여만 효력이 상실할 뿐 이미 완결된 집행행위에는 영향이 없고, **채권
자가 집행행위로 취득한 금전을 채무자에게 부당이득으로 반환
하여야 하는 것도 아니다**(2014. 7. 10. 선고 2013다25552 판결, 근

로복지공단으로부터 지급받을 장해일시금 채권 금 14,510,446원).

라. 보이스피싱 피해자의 압류금지채권 범위변경신청

착오송금 또는 보이스피싱 당한 후 부당이득반환청구 등 민사소송에서 승소판결을 받은 후 채권압류 및 추심명령 신청을 하면서 압류금지제한(민사집행법 제246조 제1항 제7호 및 제8호에 의하여 압류가 금지되는 예금채권은 제외함'이라고 별지에 기재)을 기재하는 것이 보통입니다.

물론 위 제한을 하지 않은 채 채권압류 및 추심명령신청을 할 수도 있고 인용해주는 재판부도 있기는 합니다. 그러나, 사법보좌관 규칙에 의하면 채권압류 및 추심명령은 사법보좌관이 할 수 있으나 압류금지채권범위변경은 법원(단독판사)의 업무이기 때문에 채권압류 및 추심명령을 하면서 동시에 압류범위를 확장하지 못한다는 견해가 존재하고 다수의 실무례가 이를 따르는 것 같습니다.

그러므로, 상대방(채무자)의 통장에 있는 금액 전부를 받기 위한 방법으로 "압류금지물압류신청(압류금지채권축소신청)"을 할 필요가 있습니다. 이 경우 신청취지는 아래와 같이 2가지 방법이 있습니다.

[기존의 채권압류 및 추심명령결정서상 문구를 삭제하는 취지의 신청취지]

신청인이 ○○지방법원 20○○타채○ 채권압류 및 추심명령사건에 관하여 이 법원이 20○○. ○. ○.결정한 채권압류 및 추심명령에서 피신청인이 제3채무자에 대하여 가지는 별지 기재 예금 계좌에 입금된 돈 중 민사집행법 제246조 제1항 제8호 및 같은 법 시행령에 의하여 압류가 금지되는 예금 상당액을 압류범위에서 제외한다는 부분을 취소한다(손흥수, 채권집행의 실무, 육법사, 2015. 109면 참고).

---

**[추가 채권압류 및 추심명령결정을 하는 형태의 신청취지]**

1. 위 당사자 사이의 ○○지방법원 20○○타채○ 채권압류 및 추심명령 사건에 관하여 이 법원이 20○○. ○. ○.에 한 채권압류 및 추심명령에서, 피신청인이 제3채무자에 대하여 가지는 예금채권 중 민사집행법 제246조 제1항 제8호 및 같은 법 시행령에 따라 압류가 금지되는 예금채권도 추가로 압류한다.

2. 제3채무자는 피신청인에게 위 채권에 관한 지급을 하여서는 아니된다.

3. 피신청인은 위 채권의 처분과 영수를 하여서는 아니 된다.

4. 신청인은 위 추가로 압류된 채권을 추심할 수 있다(춘천지방법원 2019타기196 압류금지채권범위변경결정 참고[126]).

---

126) 결정이유 : 피신청인의 제3채무자에 대한 예금채권 중 ○원은 신청인의 착오 송금에 의하여 발생한 것이므로 이를 신청인이 전부 압류·추심할 수 있도록 하는 것이 공평하고, 피신청인의 제3채무자에 대한 예금채권 외에는 신청인이 채권을 용이하게 회수할 수 있는 수단이 사실상 없는 것으로 보이는 점 등을 종합하면, 이 사건 채권압류 및 추심명령에서 제외된 민사집행법 제248조 제1항 제8호 및 같은 법 시행령 소정의 압류금지채권에 관하여도 압류명령을 함이 타당하다.

마. 장래에 입금될 금원 포함해서 취소하는 경우(박준의, 신채권집행실무,
    260면)

---

신청인과 피신청인 사이의 수원지방법원 2006타채1357 채권압류및추
심명령 신청사건에 관하여 위 법원이 2006. 12. 6.에 한 압류 및 추
심명령 중 주식회사 ○○은행을 제3채무자로 하여 압류한 예금계자
(계좌번호 )에 사용자 ○○○가 급여 명목으로 입금하였거나 입금할
돈(다만 월급여가 150만원을 초과할 경우 150만원을 한도로 한다)에
관한 압류 및 추심명령은 이를 취소한다.

---

바. 압류금지부분을 포함한 채권 전부를 공탁한 경우의 법률관계(전술함)

사. 채권압류 및 전부명령이 있는 경우 구제방법

통상 채권에 대한 압류명령과 전부명령이 함께 신청된 경우, 채무자가
단순히 압류금지채권의 범위변경만을 신청해서는 실효가 없습니다. 그
신청으로 압류명령의 확정을 차단할 수 없고, 전부명령이 확정되면 압
류채권은 압류채권자에게 이전되어 버리기 때문에, 결과적으로 범위변
경신청은 신청의 이익이 없게 되기 때문입니다. 따라서 이 경우, 채무
자는 압류금지채권 범위변경신청을 함과 동시에 집행법원에 직권발동
을 촉구하여 제3채무자에 대한 지급금지 취지의 잠정처분을 받은 다
음, 이를 이유로 전부명령에 대하여 즉시항고를 하여야 합니다. 이때
항고법원은 집행정지문서를 제출한 것을 이유로 하는 즉시항고에 준하
여 다른 이유로 전부명령을 취소하는 경우를 제외하고는 즉시항고에
관한 재판을 유보하게 될 것입니다(손흥수, 채권집행의 실무, 육법사,

2015. 99면).

참고로, 전부명령의 확정을 막는 방법은 다음과 같습니다. 전부명령은 즉시항고가 제기되지 않은 경우에는 1주의 즉시항고기간이 지난 때, 즉시항고가 제기된 경우에는 그 기각 또는 각하결정이 확정된 때에 전부명령이 확정되므로, 전부명령의 확정을 막기 위해서는 즉시항고를 제기하여야 하나, 전부명령의 적법한 즉시항고사유는 전부명령을 발령함에 있어 집행법원이 스스로 조사하여 준수할 사항의 흠결에 관한 것 즉 채권압류 자체의 무효나 취소 또는 권면액의 흠결이나 압류의 경합과 같은 전부명령 고유의 무효나 취소사유 등에 국한되므로, **집행채권이 변제 등에 의하여 소멸되었다거나 피전부채권이 존재하지 않는다는 등의 실체에 관한 사유를 주장하는 채무자로서 전부명령의 확정을 막기 위하여**, 즉시 청구이의의 소(민사집행법 제44조)를 제기한 후 그 본안재판부로부터 집행정지결정(잠정처분)을 받아 그 정본을 민사집행법 제49조 제2호의 서류로 집행법원(전부명령을 발령한 법원)에 제출하면서 즉시항고를 하며, 항고법원은 다른 이유로 전부명령을 취소하는 경우를 제외하고는 항고에 관한 재판을 정지하여야 하며(민집법 제229조 제8항), 그 후 잠정적인 집행정지가 종국적인 집행취소나 집행속행으로 결말이 나는 것을 기다려 집행취소로 결말이 난 때에는 항고를 인용하여 전부명령을 취소하고, 집행속행으로 결말이 난 때에는 항고를 기각하게 된다(대법원 1999. 8. 27.자 99마117,118 결정 및 윤경, 무효인 전부명령 또는 추심명령에 대한 구제방법, 민사집행법연구 제1권, 한국사법행정학회, 2005. 239면 참조). 만일 즉시항고를 하여 각하나 기각을 당한 후에야 비로소 청구이의의 소를 제기하였다가 전부명령이 확정되었을 경우에는 소의 이익이 없다는 이유로 소각하 판결을 받는다.

전부명령을 받았으나 전부채권이 부존재하는 경우에는 전부명령이 부존재하는 사실을 증명(통상 전부금 소송의 패소 판결문)하여 전부명령에 집행권원을 사용한다는 사용증명 받아 집행력있는 판결정본 재도부여 받아 다른 재산에 집행하는 것이 통상의 절차입니다. 위와 같이 전부금 청구소송을 할 수 없는 경우에 집행권원의 피고를 상대로 제3채무자가 부존재한다는 것을 이유로 **"전부명령무효확인"** 판결을 받아 통상의 절차와 같이 집행권원을 재도부여 받아 다른 재산에 강제 집행이 가능합니다.(부산지방법원 동부지원 2008 가단26843 전부명령무효확인)

전부명령이 확정되면 집행은 종료하고 더 이상 집행절차라는 개념이 없으므로 전부명령을 소멸시키는 방법은 없다. 그러므로 채무자가 전부채권자에게 변제 등으로 전부채권자의 협력이 있을 경우 그 전부명령에 기한 전부금채권을 채권양수받아야 한다. 구체적으로 전부채권자와 채무자가 채권채무 양도·양수계약을 체결하고 전부채권자가 제3채무자에게 채권양도통지를 내용증명우편으로 하여야 한다. 그러나 전부채권자의 협력이 없을 경우 부당이득반환청구 등을 제기하여야 할 것이다.

아. 압류금지채권의 취소 및 범위변경 업무처리절차 안내(2018. 5. 사법지원실)

① 법 제246조 제2항에 따른 압류금지채권 범위변경신청의 경우

지급은행 발행의 제1호부터 제7호까지의 압류금지채권 지급확인서 등으로 법 제246조 제1항 제1호로부터 제7호까지의 압류금지채권이 이체

되는 계좌인지 확인 후 해당 계좌의 입출금내역 확인(서울중앙지방법원의 경우 최근 1년간의 입출금내역을 제출받고 있다고 함).

② 법 제246조 제3항에 따른 압류금지채권 범위변경신청의 경우

- 실무상 법원은 제출된 서류만으로는 채무자의 예금채권 현황을 확인할 수 없고, 금융기관 역시 압류가 금지되는 제3채무자별, 계좌별 예금을 특정하지 못하므로 압류금지채권 여부를 판단할 수 없어, 생활형편을 알 수 있는 구체적인 자료(예를 들면, 급여명세서, 근로소득원천징수영수증, 국세청 과세자료, 기초생활수급자 증명서, 건강보험자격득실확인서 등)를 확인(압류 당시 전체 금융기관에 개설하여 보유하고 있는 예금계좌현황을 알 수 있는 자료[계좌정보 통합관리서비스 www.payinfo.or.kr에서 은행별 계좌내역 및 상세내역 출력] 또는 압류 당시 금융기관 전체 내역 및 해당 금융기관 외에 다른 금융기관에는 예금계좌가 없다는 취지의 확인서).

- 185만 원 이하의 예금에 대하여 압류가 발령되어 압류금지채권 범위변경신청이 접수된 경우 압류금지채권에 대한 압류명령에 해당하여 무효이므로 각하(기각)하여야 한다는 견해도 없지 않으나, 법원이 적극적으로 판단해 주지 않는 경우, 채무자는 최저생계비에 해당하는 금원을 지급받기 위해서는 제3채무자(금융기관)를 상대로 법적 대응을 할 수 밖에 없어 채무자는 상당한 비용과 시간이 소요되고, 이는 해당 규정을 마련한 입법취지에 반한다는 점에서 법 제246조 제3항에 따라 판단하는 것이 상당하다고 한다(사법지원실 의견).

③ 법 제246조 제2항과 제3항의 압류금지채권 범위변경신청에 따른 재판에서 심문(심문서 송달)이 필수적인 절차는 아니나(의정부지방법원 2016라772), 246조 2항에 따른 범위변경신청 사건은 필요한 경우에 한하여, 같은 조 3항에 따른 사건은 심문서 송달을 하는 것이 바람직하다고 한다.

④ 범위변경을 구하는 압류채권(별지)

> 신청인 ○○○이 제3채무자○○○에 대하여 가지는 예금채권(계좌번호 ; ) 중 잔액 ○원에 관하여 잔고액 1,500,000원 이하의 범위에서 입금되거나 입금될 돈 상당액에 대한 예금반환 채권

자. 위 견해들과는 달리, 압류의 범위에서 민사집행법 제246조 제1항 제8호 및 같은 시행령에 의하여 압류가 금지되는 예금을 제외한 사실을 인정할 수 있으므로 개인별 잔액 기준으로 채무자의 제3채무자에 대한 예금채권 중 채무자의 1개월간 생계유지에 필요한 150만원은 압류되지 않았음이 명백하다고 보는 견해도 있습니다. 이에 의하면 **채무자가 제3채무자에 대하여 위와 같이 압류되지 아니한 예금금액에 대하여 출금을 요구할 수 있음**에도 불구하고 제3채무자가 채무자의 예금출금 요구를 거부하면서 법원의 압류금지범위변경 결정문을 제출하도록 요구하더라도, 그와 같은 현실적인 사정만으로 채권압류를 취소하거나 압류채권의 범위를 변경할 사유가 있다고 보기 어렵다고 합니다.

차. 압류범위의 확장

현재는 급여가 185만원 이하는 전부 압류금지인데 채무자의 급여가
이에 미달하는 경우 압류의 실효성이 없거나 적습니다. 특히 양육비채
무자의 경우 이를 인정하면 채무자는 보호됨에 비해 정작 보호받아야
할 양육비를 받지 못하는 부당한 결과가 나올 수 있습니다. 이런 경우
압류범위확장을 통해 구제받을 수 있습니다(참고로, 급여압류가능 금
액을 산정해야 하는 경우, 대법원에 게시되어 있습니다. 대한민국법원
전자민원센터 내 강제집행 채권강제집행 압류금지채권)

한편, 이러한 법리는 다른 사안에도 유추적용할 수 있습니다(대구지방
법원 서부지원 2019타채36054 채권압류 및 추심명령). 사안은, 채권
자는 확정판결을 받았으나 변제가 되지 않고 있어 재산명시, 재산조회
등을 거친 결과 채무자에게 국민은행예금 2,060,000원, 하나은행 예
금 1,461,500원, 기업은행예금 4,647,447원이 존재하는 것으로 나타
난 경우의 채권압류및추심명령을 신청하면서 압류범위확장신청을 한
사례입니다(다만, 압류금지채권의 범위변경은 판사의 업무임을 이유로
사법보좌관이 행하는 채권압류 및 추심명령절차에서는 할 수 없다는
반론이 있고 실무는 통일되어 있지 않은 것 같습니다).

민사집행법상 185만원 이하의 예금에 대한 압류 금지는 각 은행별 예
금 185만원이 아닌 모든 은행의 총 예금액 중 185만원 이하 부분만
압류를 금지하는 취지입니다(예컨대, A은행에 185만원의 예금이, B은
행에 185만원의 예금이 있다면 B은행 예금은 압류추심이 가능합니
다). 그럼에도 불구하고 각 은행예금을 미리 알 수가 없기에 제3채무

자 은행이 여러 곳인 경우에도 민사집행법에 따라 각 은행의 185만원 이하의 예금에 대하여는 압류금지 문구를 기재하는 것이 일반적입니다. 그러나 이 사건의 경우 재산조회 결과에 따라 밝혀진 예금액이 185만원이 넘는 것은 분명한데, 3곳의 은행에 대한 예금 전부에 대하여 185만원 이하의 예금에 대하여 압류금지 규정을 적용한다면, 제3채무자 은행입장에서는 다른 은행의 예금액을 알 수 없어 각자의 예금에 대하여 185만원이 초과하는 부분에 대하여만 지급을 하게 됩니다. 특히 채권자는 지금까지 전혀 변제를 못 받고 있고 이 사건 채권 압류추심이 일부라도 변제받을 수 있는 유일한 기회입니다. 따라서 제246조 제3항 후단에 따라 압류범위를 확장하는 의미에서 별지와 같이 제3채무자 국민은행 예금에 대하여는 민사집행법 제246조 제1항 제8호 및 같은 법 시행령 제7조의 규정에 의하여 압류가 금지규정을 적용하고, 나머지 제3채무자 하나은행 및 기업은행 예금에 대하여는 185만원 이하의 금액에 대하여는 압류를 허용하는 것으로 압류추심결정을 내려 주실 것을 신청합니다.

## 카. 공탁금 출급청구 관련

압류금지채권인 근로자의 임금 및 퇴직금 2분의 1 상당액을 변제공탁한 후 위 공탁금에 대하여 근로자의 채권자가 압류 및 전부명령의 강제집행을 했을 경우 공탁금 출급청구할 수 있는 방법 여부[1999. 10. 6. 법정 제3302-340호 질의회답(공탁선례 1-95)]

사용자인 법인이 「민사소송법」 제579조 제4호 소정의 압류금지채권인 근로자의 퇴직금 2분의 1 상당액을 「민법」 제487조의 규정에 의하여 근로자의 수령거절을 원인으로 변제공탁한 경우, 그 공탁금은 임금채권의 성질을 유지한다고 보아야 하므로 이를 집행대상으로 한 압류 및 전부명령은 비록 그 방식이 적법하더라도 그 내용은 무효라 할 것이나 형식적 심사권밖에 없는 공탁공무원으로서는 그 압류 및 전부명령의 유·무효를 심사할 수는 없는 것이므로 피공탁자 또는 전부채권자가 공탁금의 출급을 청구하는 어느 경우라도 그 출급을 인가할 수 없을 것이다. 그러므로 피공탁자인 근로자가 공탁금 출급청구권을 행사하려면 위 전부채권자를 상대로 하여 피공탁자에게 공탁금의 출급청구권이 있음을 증명하는 확인판결(또는 화해조서, 조정조서 등)을 얻어 이를 공탁공무원에게 제출하는 방법으로 하여야 할 것이다.


타. 채무자의 사망과 압류금지채권의 범위변경

채권자가 채무자 A의 예금채권을 압류하면서 채무자 A의 1월간 생계유지에 필요한 예금에 대하여 압류금지결정도 함께 받은 경우, 추후 A가 사망하였다면 위 압류금지 부분에 대해 취소사유가 인정된다는 결정을 받음(대구지방법원 2018타기335). A가 사망한 이상 A명의의 예금채권은 A의 생계유지와 관련이 없는 것으로 보이는 점, 민사집행법 제246조 제1항 제8호에서 압류가 금지되는 예금을 규정하고 있는 취지 등을 종합해 볼 때, 신청인의 이 사건 압류금지채권 범위변경신청은 이유 있다"고 결정함.


파. 강제집행면탈죄 성립여부

압류금지채권의 목적물이 채무자의 예금계좌에 입금된 경우에는 그 예금채권에 대하여 더 이상 압류금지의 효력이 미치지 아니하므로 그 예금은 압류금지채권에 해당하지 않지만(대법원 1999. 10. 6.자 99마 4857 결정, 대법원 2014. 7. 10. 선고 2013다25552 판결 등 참조), 압류금지채권의 목적물이 채무자의 예금계좌에 입금되기 전까지는 여전히 강제집행 또는 보전처분의 대상이 될 수 없는 것이므로, 압류금지채권의 목적물을 수령하는 데 사용하던 기존 예금계좌가 채권자에 의해 압류된 채무자가 압류되지 않은 다른 예금계좌를 통하여 그 목적물을 수령하더라도 강제집행이 임박한 채권자의 권리를 침해할 위험이 있는 행위라고 볼 수 없어 강제집행면탈죄가 성립하지 않는다(산업재해보상보험법 제52조의 휴업급여를 받을 권리는 같은 법 제88조 제2항에 의하여 압류가 금지되는 채권으로서 강제집행면탈죄의 객체에 해당하지 않으므로, 피고인이 장차 지급될 휴업급여 수령계좌를 기존의 압류된 예금계좌에서 압류가 되지 않은 다른 예금계좌로 변경하여 휴업급여를 수령한 행위는 죄가 되지 않는다. 대법원 2017. 8. 18. 선고 2017도6229 판결 참고).

# Ⅶ. 다른 사람 명의로 된 채무자의
## 재산(위장 물고기)

# Ⅶ. 다른 사람 명의로 된 채무자의 재산(위장 물고기)

## 1. 부동산(특히 명의신탁에 관하여)

　부동산 소유권을 보유한 자 또는 사실상 취득하거나 취득하려는 자가 타인과 사이에서 대내적으로는 실권리자가 부동산 물권을 보유하거나 보유하기로 하고 그에 관한 등기는 그 타인의 명의로 하기로 하는 약정(위임·위탁매매의 형식에 의하거나 추인에 의한 경우를 포함)을 말합니다.

　부동산등기제도를 악용한 투기·탈세·탈법행위 등 반사회적 행위를 방지하고 부동산거래의 정상화와 부동산가격의 안정을 통해 국민경제의 건전한 발전을 도모하기 위해 누구든 부동산에 관한 물권을 명의수탁자의 명의로 등기해서는 안 됩니다.

　따라서 명의신탁약정은 무효이고, 명의신탁약정에 따라 행해진 등기에 의한 부동산 물권변동은 무효가 됩니다.

　다만, 부동산에 관한 물권을 취득하기 위한 계약에서 명의수탁자가 그 일방 당사자가 되고 그 타방 당사자는 명의신탁약정이 있다는 사실을 알지 못한 경우에만 유효합니다.

　예외적으로 종중이 보유한 부동산에 관한 물권을 종중 외의 자의 명의로 등기한 경우와 배우자 명의로 부동산에 관한 물권을 등기한 경우에만 명의신탁이 허용됩니다.

## 가. 명의신탁이 허용되는 예외적인 경우

종중이 보유한 부동산에 관한 물권을 종중 외의 자의 명의로 등기한 경우와 배우자 명의로 부동산에 관한 물권을 등기한 경우에, 이것이 조세포탈이나 강제집행의 면탈 또는 법령상 제한의 회피를 목적으로 한 것이 아닌 경우에는 명의신탁을 인정하고 있습니다(부동산실권리자명의등기에 관한 법률 제8조).

신탁자가 수탁자에 대하여 해당 부동산에 관한 명의신탁을 해지하고 그 반환을 구할 수 있으므로 신탁자의 채권자는 신탁자를 대위하는 등으로 토지의 반환을 구할 수 있습니다.

또한, 부부간의 명의신탁약정은 특별한 사정이 없는 한 유효하고(부동산 실권리자명의 등기에 관한 법률 제8조 참조), 이때 명의신탁자는 명의수탁자에 대하여 신탁해지를 하고 신탁관계의 종료 그것만을 이유로 하여 소유 명의의 이전등기절차의 이행을 청구할 수 있음은 물론, 신탁해지를 원인으로 하고 소유권에 기해서도 그와 같은 청구를 할 수 있는바(대법원 2002. 5. 10. 선고 2000다55171 판결 등 참조), 이와 같이 명의신탁관계가 종료된 경우 신탁자의 수탁자에 대한 소유권이전등기청구권은 신탁자의 일반채권자들에게 공동담보로 제공되는 책임재산이 됩니다.

그런데 신탁자가 이러한 유효한 명의신탁약정을 해지함을 전제로 신탁된 부동산을 제3자에게 직접 처분하면서 수탁자 및 제3자와의 합의 아래 중간등기를 생략하고 수탁자에게서 곧바로 제3자 앞으로 소유권이전등기를 마쳐 준 경우 이로 인하여 신탁자의 책임재산인 수탁자에 대한 소유권이전등기청구권이 소멸하게 되므로, 이로써 신탁자의 소극재산이 적극재산을 초과하게 되거나 채무초과상태가 더 나빠지게 되고 신탁자도 그러한 사실을 인식하고 있었다면 이러한 신탁자의 법률행위는 신탁자의 일반채권자들을 해하는 행위로서 사해행위에 해당합니다.

채무자가 이 사건 토지 및 건물의 실질적 소유자임에도 그의 처에게 이를 명의신탁한 후 피고와 사이에 위 토지 및 건물에 관한 매매계약을 체결하고 중간생략등기로 피고 앞으로 소유권이전등기를 마쳐 준 것에 대하여 채권자인 원고가 사해행위취소 및 원상회복을 구한 사건에서, 신탁자인 채무자가 유효한 부부간의 명의신탁약정을 해지함을 전제로 신탁된 부동산을 피고에게 직접 처분하면서 수탁자 및 피고와의 합의 아래 중간등기를 생략하고 수탁자로부터 곧바로 피고 앞으로 소유권이전등기를 마쳐 준 경우 이로 인하여 신탁자의 책임재산인 수탁자에 대한 소유권이전등기청구권이 소멸하게 되므로, 이로써 신탁자의 소극재산이 적극재산을 초과하게 되거나 채무초과상태가 더 나빠지게 되고 신탁자도 그러한 사실을 인식하고 있었다면 이러한 신탁자의 법률행위는 신탁자의 일반채권자들을 해하는 행위로서 사해행위에 해당한다 (대법원 2016. 7. 29. 선고 2015다56086 판결)고 하였습니다.

## 나. 명의신탁이 허용되지 않는 일반적인 경우[127]

### (1) 양자간 명의신탁

부동산의 소유자가 그 등기명의를 수탁자에게 신탁하기로 하는 명의신탁약정을 맺고 그 등기명의를 수탁자에게 이전하는 형식의 명의신탁입니다.

명의신탁약정은 부동산실명법 4조 1항에 의하여 무효이므로 신탁자와 수탁

---

127) 조용현, 3자간 등기명의신탁에서 수탁자가 부동산을 처분한 경우의 법률관계, 대법원중요판례해설 민사, 330면 이하 참고

자 사이에는 명의신탁약정에 기한 권리의무는 존재하지 아니합니다.

따라서 신탁자는 수탁자를 상대로 명의신탁이 유효함을 전제로 하여 명의신탁해지를 원인으로 한 소유권이전등기나 말소등기를 청구할 수는 없습니다.

그러나 부동산실명법 4조 2항 본문에 의하여 수탁자 명의의 등기는 무효이고 소유권은 여전히 신탁자에게 있으므로 소유자인 신탁자는 수탁자를 상대로 소유권에 기한 방해배제청구권으로서 수탁자 명의의 등기를 말소할 것을 청구할 수 있고 진정명의회복을 위한 소유권이전등기도 가능합니다.

또한 신탁자는 원인무효가 된 수탁자 명의의 이전등기 자체에 대하여 법률상 원인 없는 이익으로서 부당이득에 기한 반환(말소)을 구할 수 있다는 견해도 있습니다.

만일, 수탁자가 명의신탁 부동산을 타인에게 처분한다면 횡령죄가 성립하므로 신탁자는 수탁자를 상대로 그 처분 당시 부동산의 시가 상당의 손해배상을 청구할 수 있습니다.

## (2) 3자간 명의신탁

신탁자와 수탁자가 명의신탁약정을 맺고 신탁자가 매매계약의 당사자가 되어 매도인과 매매계약을 체결하되 등기는 매도인으로부터 수탁자 앞으로 직접 이전하는 형식의 명의신탁('중간생략등기형 명의신탁'이라고도 합니다)입니다.

부동산실명법 제4조 제1항에 의하여 명의신탁약정은 무효가 되고, 위 약정에 따라 이루어진 수탁자 명의의 소유권이전등기도 부동산실명법 제4조 제2항 본문에 의하여 무효가 됩니다. 그러므로 해당 부동산은 매도인의 소유로 복귀하게 됩니다. 매도인은 소유권에 기한 방해배제청구권에 기하여 수탁자를 상대로 소유권이전등기의 말소를 구할 수 있고, 진정등기명의회복으로 이전등기를 구할 수도 있습니다.

매도인과 신탁자 사이에 이루어진 매매계약은 유효하므로 신탁자는 매도인에게 원래의 매매계약에 따라 부동산에 대한 소유권이전등기를 청구할 수 있습니다.

결국, 신탁자는 매도인에 대한 소유권이전등기청구권을 보전하기 위하여 매도인을 대위하여 수탁자를 상대로 무효인 수탁자 명의의 등기의 말소를 구하거나 진정명의회복을 원인으로 매도인 앞으로의 이전등기를 구할 수 있습니다. 아울러 매도인을 상대로 매매계약에 기한 소유권이전등기를 청구할 수 있습니다.

### (3) 계약명의신탁[128]

신탁자가 수탁자에게 부동산의 매수위임을 하는 명의신탁약정을 맺고 수탁자가 매매계약의 당사자가 되어 매도인과 매매계약을 체결한 후 수탁자 앞으로 이전등기하는 형식의 명의신탁입니다.

① 매도인이 선의인 경우, 부동산실명법 제4조 제2항 단서에 의하여 수탁자 명의의 등기를 확정적으로 유효하게 됩니다. 그러므로 매도인이나 수탁자는 서로 상대방에게 어떠한 청구권도 가지지 않고 신탁자와 매도인 사이에도 아무런 관계가 없으므로 어떠한 청구권도 없습니다.

명의신탁약정이 무효이므로 신탁자는 수탁자에 대하여 이전등기를 구할 수 없습니다. 그 결과 수탁자는 소유권을 확정적으로 취득하게 되나, 이는 법률

---

128) 아파트의 수분양자가 타인과 대내적으로는 자신이 수분양권을 계속 보유하기로 하되 수분양자 명의만을 타인의 명의로 하는 내용의 명의신탁약정을 맺으면서 분양계약의 수분양자로서의 지위를 포괄적으로 이전하는 내용의 계약인수약정을 체결하고 이에 대하여 명의신탁약정의 존재를 모르는 분양자가 동의 내지 승낙을 한 경우, 이는 계약명의신탁 관계에서 명의수탁자가 당초 명의신탁약정의 존재를 모르는 분양자와 분양계약을 체결한 경우와 다를 바 없으므로, 분양계약인수약정은 유효하다(대법원 2015.12.23. 선고 2012다202932)

상 원인 없이 소유권을 취득하는 결과가 되므로 신탁자는 수탁자에 대하여 부당이득반환을 구할 수 있습니다.

다만 **판례**는 부동산실명법 시행 전에 계약명의신탁약정과 그에 기한 물권 변동이 있었던 경우 당해 부동산 자체의 반환을, 부동산실명법 시행 후에 계약명의신탁약정이 있었던 경우에는 당해 부동산 매수대금 상당의 반환을 각 허용하고 있습니다.

한편, 부동산실명법 시행 전에 계약명의신탁이 있었던 경우 부동산 자체의 반환을 구하는 부당이득반환청구권은 1996. 7. 1.부터 10년의 소멸시효 기간이 경과함으로써 시효로 소멸하고, 이때 명의신탁자가 신탁부동산을 점유·사용하고 있더라도 소멸시효가 진행하지 않는 것은 아니라고 하였습니다.

또한, 수탁자가 신탁부동산을 처분한 경우 수탁자는 매도인뿐만 아니라 신탁자에 대한 관계에서도 유효하게 소유권을 취득한다는 이유로 횡령죄의 성립을 부정하고 있습니다.

② 매도인이 악의인 경우, 수탁자의 등기는 무효이고, 소유권은 여전히 매도인에게 남아 있습니다.

매매계약은 원시적으로 물권변동이라는 목적을 달성할 수 없는 계약이 되어 무효가 되므로 매도인은 수탁자에게 위 매매계약의 무효로 인한 원상회복으로서 소유권이전등기의 말소를 구하거나 이전등기의 말소를 구할 수 있고, 수탁자는 이미 지급한 매매대금의 반환을 구할 수 있고 이를 가지고 동시이행의 항변을 행사할 수 있습니다.

신탁자는 수탁자에게 금전 부당이득반환청구권을 갖게 되므로, 이를 보전하기 위해 수탁자를 대위하여 수탁자의 매도인에 대한 매매대금 상당 부당이득반환청구권을 행사할 수 있습니다.

한편, 어떤 사람이 타인을 통하여 부동산을 매수함에 있어 매수인 명의 및 소유권이전등기 명의를 타인 명의로 하기로 약정하였고 매도인도 그 사실을 알고 있어서 그 약정이 부동산실권리자명의등기에관한법률 제4조의 규정에 의하여 무효로 되고 이에 따라 매매계약도 무효로 되는 경우에, 매매계약상의 매수인의 지위가 당연히 명의신탁자에게 귀속되는 것은 아니지만, 그 무효사실이 밝혀진 후에 계약상대방인 매도인이 계약명의자인 명의수탁자 대신 명의신탁자가 그 계약의 매수인으로 되는 것에 대하여 동의 내지 승낙을 함으로써 부동산을 명의신탁자에게 양도할 의사를 표시하였다면, 명의신탁약정이 무효로 됨으로써 매수인의 지위를 상실한 명의수탁자의 의사에 관계없이 매도인과 명의신탁자 사이에는 종전의 매매계약과 같은 내용의 양도약정이 따로 체결된 것으로 봄이 상당하고, 따라서 이 경우 명의신탁자는 당초의 매수인이 아니라고 하더라도 매도인에 대하여 별도의 양도약정을 원인으로 하는 소유권이전등기청구를 할 수 있습니다(대법원 2003. 9. 5. 선고 2001다32120 판결 참고). 이를 이용한 사례 해결은 대구지방법원 2015. 1. 23. 선고 2014나8088 판결 참고(매매계약 당시 원고는 망인과 중개인에게 토지 1/2지분에 대해 피고의 명의를 빌려 매매계약을 체결한다는 사정을 알려준 후 피고 명의로 이전등기하였고[계약명의신탁 중 매도인 악의] 망인의 상속인들이 원고가 매매계약의 매수인으로 되는 것에 대하여 승낙한 경우, 피고는 상속인들에 대한 지분이전등기청구권자로서 그 청구권을 보전하기 위하여 상속인들을 대위하여 구하는 원고에게 토지 중 1/2에 관하여 말소등기절차를 이행할 의무가 있다는 취지).

## 다. 무효인 부동산 명의신탁에 대한 사해행위취소[129]

### (1) 양자 간 명의신탁 사안

부동산 실권리자명의 등기에 관한 법률의 시행 후에 부동산의 소유자가 그 등기명의를 수탁자에게 이전하는 이른바 양자간 명의신탁의 경우에 그 명의신탁약정에 의하여 이루어진 수탁자 명의의 소유권이전등기는 원인무효로서 말소되어야 하고,

그 부동산은 여전히 신탁자의 소유로서 신탁자의 일반채권자들의 공동담보에 제공되는 책임재산이 됩니다.

따라서 신탁자의 일반채권자들의 공동담보에 제공되는 책임재산인 신탁부동산에 관하여 채무자인 신탁자가 직접 자신의 명의 또는 수탁자의 명의로 제3자와 매매계약을 체결하는 등 신탁자가 실질적 당사자가 되어 법률행위를 하는 경우 이로 인하여 신탁자의 소극재산이 적극재산을 초과하게 되거나 채무초과상태가 더 나빠지게 되고 신탁자도 그러한 사실을 인식하고 있었다면 이러한 신탁자의 법률행위는 신탁자의 일반채권자들을 해하는 행위로서 사해행위에 해당할 수 있습니다.

이 경우 사해행위취소의 대상은 신탁자와 제3자 사이의 법률행위가 될 것이고, 원상회복은 제3자가 수탁자에게 말소등기절차를 이행하는 방법에 의할 것입니다(2011다107375).

---

129) 채무자의 부동산에 관한 명의신탁약정이 무효인 경우에 채권자로서는 채권자 대위권 행사에 의해 일탈 재산을 회복할 수 있지만, 채권자취소권에 의할 경우에는 전득자에 대해서도 보다 용이하게 일탈 재산을 회복할 수 있다는 점에서 채권자에게는 유용한 수단이 될 수 있을 것이다(조해섭, 채권자취소권법, 법문사, 2019. 229면 참고).

## (2) 3자간 명의신탁 사안

채무자가 채무초과상태에서 매수한 부동산의 등기명의를 아들에게 신탁하고 이에 따라 소유권이전등기를 마친 사안에서,

위 명의신탁약정은 사해행위에 해당하고, 채권자가 수익자 및 전득자를 상대로 소유권이전등기의 말소를 구하고 매도인을 상대로 채무자를 대위하여 소유권이전등기절차의 이행을 구할 수 있다고 하였습니다(대법원 2004.03.25. 선고 2002다69358).

즉, 원고의 채무자인 소외인은 채무초과 상태하에서 매수한 이 사건 부동산에 관하여 그 등기명의를 아들인 피고 1에게 신탁하고 이에 따라 피고 1 앞으로 소유권이전등기를 마쳤는바, 이 사건 명의신탁은 소외인이 공동담보인 금전을 출연하여 그 대가인 이 사건 부동산을 매수하고도 그의 공동담보재산으로 편입시키지 않고 명의수탁자인 피고 1 앞으로 소유권이전을 마치기로 하는 내용의 약정이라 할 것이므로, 이는 특별한 사정이 없는 한 소외인의 채권자인 원고를 해하는 사해행위가 된다 할 것이고, 그 명의신탁약정에 따라 피고 1 명의로 소유권이전등기를 마칠 당시 소외인에게 채권자인 원고를 해할 사해의사가 있었다고 봄이 상당하고, 나아가 수익자인 피고 1 및 전득자인 피고 2에 대하여도 위 사해행위에 대한 악의가 있음이 추정된다고 할 것이며, 따라서 이 사건 명의신탁약정은 채권자인 원고를 해하는 행위로서 취소를 면할 수 없다고 할 것이고, 그에 따라 전득자인 피고 2는 수익자인 피고 1에게, 피고 1은 피고 3, 4에게 이 사건 부동산에 관하여 자신들 명의의 각 소유권이전등기의 말소등기절차를 이행할 의무가 있고[130], 피고 3,

---

130) 부동산실권리자명의등기에관한법률 제4조 제3항에 의하면 선의, 악의를 묻지 않고 제3자에 대하여는 명의신탁 등기의 무효를 주장할 수 없으므로, 사해행위취소가 아닌 명의신탁의 무효를 주장하여서는 전득자에 대하여 그 소유권이전등기의 말소를 구할 수 없게 되어 구체적 타당성을 실현할 수 없게 됩니다(자세한 내용은 강정국, 대법원판례해설 49호[2004상반기], 법원도서관, 채무초과상태에 있는 채무자가 타인 소유의 부동산을 매수하여 자신의 아들 명의로 명의신탁등기한 후 채권자중의 한 명에게 대물변제로 양

4는 소외인에게 이 사건 부동산에 관하여 매매를 원인으로 한 소유권이전등기절차를 이행할 의무가 있으므로 원고는 채무자인 소외인을 대위하여 피고 3, 4에게 그 이행을 구할 수 있다고 하였습니다.

### 라. 사례연습(이천교 법무사님 교재에서 요약 · 발췌함)

> 채무자 A가 자신의 부동산을 매각하고 그 돈으로 매도인 甲으로부터 자녀나 부모 등 다른 가족 이름으로 부동산을 구입하는 경우(은행 융자를 끼고 구입하는 경우가 많음)

부동산실명법 위반인지(위반이라면 3자간 명의신탁인지 계약명의신탁인지 여부 및 매도인의 선의 여부 등) 아니면 부동산 구입자금을 일부 증여한 것인지가 불분명하므로, **주위적으로** 3자간 명의신탁으로 보아 자녀 등은 매도인 甲,에게 말소하고 甲은 원고에게 이전하라는 취지의 소송을 제기하고(이를 위해서 가족 등을 상대로 처분금지가처분을 신청), **예비적으로** 이전등기 일자에 그 매매대금을 증여하여 자녀 등 이름으로 취득한 것으로 추정하여 자녀 등을 상대로 그 증여계약을 취소하고(원고 청구금액 범위내에서) 증여받은 돈의 가액배상을 구할 수 있다(자녀 등 명의의 부동산 등을 가압류를 신청).

> 채무자 A가 자신의 부동산을 매각하고 그 돈으로 매도인 甲으로부터 배우자 이름으로 부동산을 구입한 경우

도한 경우 채권자인 원고가 그 명의신탁약정을 사해행위로 취소하고 위 약정 이후 이루어진 소유권이전등기의 말소 및 매도인을 상대로 채무자를 대위하여 소유권이전등기의 이행을 구할 수 있는지 여부).

부부사이에서는 명의신착이 가능하나, 이것이 명의신탁인지 부동산 구입자금을 증여한 것인지 불분명하므로, 주위적으로 명의신탁을 주장하면서 채권자대위권을 이용하여 배우자는 채무자에게 명의신탁해지를 원인으로 한 소유권이전등기를 하라는 소송을 제기하고(배우자 명의의 부동산에 대한 처분금지가처분신청), 예비적으로 이전등기일자에 그 매매대금을 증여하여 배우자 이름으로 취득한 것으로 추정하여 배우자를 상대로 그 증여계약을 취소하고 (원고 청구금액 범위에서) 증여받은 돈의 가액배상을 구할 수 있다(배우자 명의의 부동산을 가압류신청).

> 채무자 A가 자신의 공장을 타인 명의로 낙찰 받은 후 계속해서 공장을 경영하는 경우

부동산경매절차에서 부동산을 매수하려는 사람이 다른 사람과의 명의신탁약정 아래 그 사람의 명의로 매각허가결정을 받아 자신의 부담으로 매수대금을 완납한 경우, 경매목적 부동산의 소유권은 매수대금의 부담 여부와는 관계없이 그 명의인이 취득하게 되고, 매수대금을 부담한 명의신탁자와 명의를 빌려준 명의수탁자 사이의 명의신탁약정은 부동산 실권리자명의 등기에 관한 법률 제4조 제1항에 의하여 무효이므로, 명의신탁자는 명의수탁자에 대하여 그 부동산 자체의 반환을 구할 수는 없고 명의수탁자에게 제공한 매수대금에 상당하는 금액의 부당이득반환청구권을 가질 뿐이므로(대법원 2009. 9. 10. 선고 2006다73102 판결 참고), 채권자는 채무자가 낙찰자에게 가지는 매수대금의 부당이득금반환청구권을 채권자대위권을 이용하여 채권자에게 직접 청구할 수 있다(위 채권을 보전하고자 낙찰자 소유 부동산을 가압류신청).

## 2. 자동차 · 주식 등

### 가. 자동차 명의신탁의 허용

자동차나 중기(또는 건설기계)의 소유권의 득실변경은 등록을 함으로써 그 효력이 생기고 그와 같은 등록이 없는 한 대외적 관계에서는 물론 당사자의 대내적 관계에 있어서도 그 소유권을 취득할 수 없는 것이 원칙이지만,

당사자 사이에 그 소유권을 그 등록 명의자 아닌 자가 보유하기로 약정하였다는 등의 특별한 사정이 있는 경우에는 그 내부관계에 있어서는 그 등록 명의자 아닌 자가 소유권을 보유하게 됩니다(대법원 2007.01.11. 선고 2006도4498 판결).

즉, **판례**는 자동차, 중기에 관하여 명의신탁관계가 인정될 수 있다고 보고 있습니다. 특히 화물차는 자동차등록원부상 채무자가 아닌 지입회사(운수회사)의 명의로 표시되어 있는 경우가 있습니다.

**판례**는, 차량소유자와 자동차 운송사업자 사이에 대외적으로는 차량소유자(이하 '지입차주'라 한다)가 그 소유의 차량명의를 자동차 운송사업자(이하 '지입회사'라 한다)에게 신탁하여 그 소유권과 운행관리권을 지입회사에 귀속시키되, 대내적으로는 위 지입차량의 운행관리권을 위탁받아 자신의 독자적인 계산하에 운행하면서 지입회사에 일정액의 관리비를 지급하기로 하는 내용의 '차량 위 · 수탁 관리계약'을 체결하는 경우,

이는 명의신탁과 위임이 혼합된 형태의 계약이기 때문에, 위 계약이 해지되면 지입차주는 지입회사에 대하여 명의신탁 해지에 따른 청산의무의 이행으로서 신탁재산의 반환을 청구할 수 있으므로, 위 · 수탁 관리계약 종료를

원인으로 한 소유권이전등록절차의 이행을 구할 수 있다(대법원 2010.02.11. 선고 2009다71534 판결)고 하였습니다.

## 나. 주식 명의신탁의 허용

주식에 대해서도 최근 대법원판례에서 주식 명의신탁은 유효하다는 기존 입장을 재확인하였습니다(법률신문 2016. 4. 4.자 참고).

대법원은 친구에게 명의신탁한 주식을 자신 명의로 전환하는 과정에서 과세관청으로부터 7,000만 원의 취득세 납부 통보를 받은 중소기업 대표이사 A씨가 천안시 동남구청을 상대로 낸 취득세 부과처분 취소소송(2011두26046)에서 원고패소 판결한 원심을 파기하고 사건을 대전 고법으로 돌려보냈습니다.

재판부는 판결문에서 "실질과세의 원칙은 소득이나 수익, 재산, 거래 등의 과세대상에 관해 귀속 명의와 달리 실질적으로 귀속되는 자가 따로 있는 경우에는 형식이나 외관을 이유로 귀속 명의자를 납세의무자로 삼을 것이 아니라 실질적으로 귀속되는 자를 납세의무자로 삼겠다는 것"이라며 "취득세 납부 의무를 부담하는지 여부는 주주명부상의 주주 명의가 아니라 그 주식에 관해 의결권 등을 통해 주주권을 실질적으로 행사해 법인의 운영을 지배하는지 여부를 기준으로 판단해야 한다"고 밝혔습니다(참고로, 1심은 명의신탁이 유효하다며 원고승소 판결했지만, 2심은 명의신탁이 유효하다는 종전 대법원 판례를 변경할 필요가 있다며 명의신탁이 무효인 이상 취득세를 내야 하는 것이 맞다고 원고패소 판결했었습니다.).

## 3. 채권(양도되거나 전부된 채권 포함)

채무자가 자신의 이름이 아닌 타인의 이름을 빌려 임대차계약, 예금계약, 공사계약 등을 체결하는 경우가 적지 않습니다. 이렇게 타인명의로 체결된 계약에 기해 발생한 채권에 대한 (가)압류가 가능한 방법은 다음과 같습니다.

첫째는, 채무자가 임대차계약[131]이나 공사계약 등을 타인 명의로 한 경우 (가)압류 신청시 별지를 수정하는 방법입니다.[132] 구체적으로 (가)압류할 채권의 표시에 있어서 '채무자가 ○○○의 명의로 제3채무자와 체결할 공사계약 등'을 (가)압류한다고 기재하여야 한다[133]. 다만, 이러한 신청을 하면 보통 보정명령이 나옵니다. 이에 대한 보정서에는 ○○계약에 의하여 발생된 채권에 대하여 (가)압류를 할 수 있는지 여부를 당사자 확정문제 등과 연관시키면 도움이 됩니다.

즉, ○○계약에 있어서 계약당사자를 누구로 볼 것인가 하는 문제로서 이는 결국 계약의 해석문제로 귀착되는데 이는 관련판례(대법원 1995. 9. 2. 94다4912) 등과 같은 이유로 계약의 당사자의 확정은 본안 등 소송에서 판단할

---

131) 갑이 을로부터 아파트를 임차하기로 하는 임대차계약을 체결한 후 임대차계약 기간 중 갑의 처인 병이 을과 위 아파트에 관하여 임대차보증금과 월 차임을 달리하는 임대차계약서를 작성하였는데, 정이 갑을 채무자, 을을 제3채무자로 하여 갑이 을에 대하여 가지는 임대차보증금 반환채권에 관하여 채권가압류결정을 받은 사안에서, 갑은 기존 임대차계약상의 권리의무를 병에게 포괄적으로 양도한 것으로 보이므로, 채권가압류결정에 앞서 확정일자 있는 증서에 의하여 임대차계약서가 작성되거나 기존 임대차보증금 반환채권의 양도에 대한 통지·승낙이 있었다는 사정이 없는 한 정에 대하여 기존 임대차보증금 반환채권의 양도 사실을 가지고 대항할 수 없다고 한 사례(대법원 2017. 1. 25. 선고 2014다52933 판결)가 있습니다.

132) 다만, 명의대여자와 명의차용자 사이의 법률관계에 대하여 집행법원이 확정적으로 판단하여 그 귀속관계를 정하는 것은 집행법원의 심리의 범위와 한계를 넘어서는 것이라는 이유로 반대하는 견해도 있습니다. 박준의, 제2판 신채권집행실무, 유로 2015. 161면.

133) 손창환, 개정증보판 사례로 본 민사집행, 1063면 참고

부분인 점, 채권자는 채무자가 제3채무자에 대하여 갖는 채권이 존재하는지 아닌지를 알 수 없고, 가압류신청 당시 채권자가 채무자의 제3채무자에 대한 채권의 존재를 입증할 것이 요구되는 것은 아닌 점(채권자는 피보전권리와 보전의 필요성에 대하여만 주장·입증하면 됩니다)[134], 서면심사에 의하여 신청이 이유 있다고 인정되는 때에는 압류될 채권의 존부나 집행채무자의 귀속여부를 심사하지 아니하고 채권 (가)압류명령을 하게 되어 있는 점(법 제226조) 등을 주장할 수 있습니다.

그러나 만일, 집행된 가압류의 대상채권이 실제로는 가압류채무자의 것이 아니고 제3자에게 속하는 경우에는 그 가압류는 실체법상의 권리관계에 부합하지 아니한다는 의미에서 부당할 뿐만 아니라 실체법상 효력을 발생할 수 없다는 의미에서 무효이기도 합니다.

그러나 그렇다고는 하더라도, 법원이 가압류결정에서 특정된 대상채권을 가압류채무자의 채권이라고 기재하여 제3채무자에게 그 채권에 관한 지급을 금지할 것을 명하고 있고 또 그러한 가압류가 절차법상으로는 유효한 이상, 그 집행이 취소되거나 대상채권의 진정한 채권자가 제기하는 제3자이의의 소 등을 통하여 그 가압류의 부당함이 밝혀질 때까지는 제3채무자로서는 가압류의 절차적, 외관적 효력과 이중지급의 위험 등의 이유 때문에 가압류결정에서 채권자로 지목되어 있는 가압류채무자는 물론 진정한 채권자인 제3자에 대하여도 채무를 이행하는 것이 매우 어려워질 수밖에 없고 또 적극적으로 그 채무액을 공탁할 수도 있는 것이므로,

제3채무자가 위와 같은 가압류결정이 있었다는 이유로 진정한 채권자인 제3자에게 그 채무의 이행을 거절하는 경우에는 진정한 채권자인 제3자로서는 결과적으로 위와 같은 부당한 가압류로 인하여 자신의 채권을 제때에 회

---

134) 이영창, 보전소송, 진원사, 2011, 184면

수하지 못하는 손해를 입게 될 것이고, 이 경우 그 손해는 위 부당한 가압류와 상당인과관계가 있는 것이라고 할 것입니다.

따라서 비록 가압류가 법원의 재판에 의하여 집행되는 것이기는 하지만, 그 부당한 가압류에 관하여 고의 또는 과실이 있는 가압류채권자로서는 그 가압류집행으로 인하여 제3자가 입은 위와 같은 손해를 배상할 책임이 있다고 할 것입니다(대법원 2009.02.26. 선고 2006다24872).

둘째는, 채무자가 자신이 실제 영업행위 등을 행하나 집행을 피하기 위하여 자신의 계좌가 아닌 직원 등 타인명의의 예금계좌를 개설하여 이를 이용하여 거래를 하는 경우가 있습니다.

종래 **판례**는, 예금통장과 거래인감을 출연자가 관리하고 통장 비밀번호를 출연자만 알고 있는 등의 일정한 사유만 있으면 금융기관과 출연자 사이에 예금주를 출연자로 본다는 명시적, 묵시적 약정이 있는 것으로 보아 출연자를 예금주로 인정해 위 첫째 방법으로도 (가)압류가 가능한 적이 있었습니다(가압류채권자가 제3자 명의의 예금채권을 실제로는 가압류채무자의 것이라 주장하면서 가압류신청을 하고 그에 따른 가압류결정에 기해 가압류집행이 된 사안 - 대법원 2009.02.26. 선고 2006다24872 판결).

그러나, 대법원은 차명예금의 예금주는 원칙적으로 예금명의자라는 취지로 **판례**를 변경하였습니다.[135] 그러므로, 채권자가 가압류 목적물로 삼은 직원

---

135) 금융실명법에 따라 실명확인절차를 거쳐 예금계약을 체결하고 그 실명확인 사실이 예금계약서 등에 명확히 기재돼 있는 경우에는 일반적으로 그 예금계약서에 예금주로 기재된 예금명의자나 그를 대리한 행위자 또는 금융기관의 의사는 예금명의자를 예금계약의 당사자로 보려는 것이라고 해석함이 경험법칙에 합당하고, 예금계약의 당사자에 관한 법률관계를 명확히 할 수 있어 합리적이다. 본인인 예금명의자의 의사에 따라 예금명의자의 실명확인절차가 이뤄지고 예금명의자를 예금주로 해 예금계약서를 작성하였음에도 불구하고 예금명의자가 아닌 출연자 등을 예금계약의 당사자로 볼 수 있으려면, 금융기관과 출연자 등과 사이에서 예금명의자와의 예금계약을 부정하여 예금명의자의 예금반환청구권을 배제하고, 출연자 등과 예금계약을 체결해 출연자 등에게 예금반환청구권을 귀속시키겠다는 명확한 의사의 합치가 있는 극히 예외적인 경우로 제한돼야 한다(대법원(全) 20

등 명의의 예금계좌에 대한 예금채권은 원칙적으로 위 직원 등에게 귀속된다고 할 것이므로 채무자와 직원 등 사이에 명의신탁약정이 있다 하더라도 채무자의 재산으로 볼 수 없으므로 이에 대한 직접적인 가압류는 불가능합니다.

위와 같이 예금주 명의를 신탁한 경우, 명의수탁자는 명의신탁자와의 관계에 있어서 상대방과의 계약에 의하여 취득한 권리를 명의신탁자에게 이전하여 줄 의무를 지는 것이고, 출연자와 예금주인 명의인 사이의 명의신탁 약정상 명의인은 출연자의 요구가 있을 경우에는 금융기관에 대한 예금반환채권을 출연자에게 양도할 의무가 있다고 보아야 할 것이어서 출연자는 명의신탁을 해지하면서 명의인에 대하여 금융기관에 대한 예금채권의 양도를 청구하고 아울러 금융기관에 대한 양도통지를 할 것을 청구할 수 있습니다(대법원 2001.01.05. 선고 2000다49091).

따라서 이 경우 직원 등을 채무자로 하여 채권자대위권에 기한 명의신탁해지에 따른 예금채권양도절차이행청구권을 피보전권리로 한 채권의 추심 및 처분금지가처분을 할 수 있고 이에 대한 본안소송(채권자대위소송)을 진행하면 됩니다.

채권양도 및 채권양도통지의 소의 경우 예를 들면 은행차명계좌의 예금을 실명자 앞으로 옮기기 위해 피차명자 상대로 실명자에게 채권양도 및 은행에 대한 채권양도통지의 소는 그 승소판결과 확정증명원이 제3채무자인 은행에게 제시나 통지된 때 의사표시가 의제된 것으로 됩니다.[136]

다만, 이 경우 차명계좌가 거래에 계속적으로 이용되고 있거나 차명계좌 안에 충분한 돈이 있으면 이 방법이 훌륭한 해결책이 될 수 있으나, 거래 횟수가 적거나 가처분 이후 차명계좌를 다시 변경하는 경우는 노력에 비하여

---

09. 3. 19. 선고 2008다45828 판결의 요지)

136) 이시윤, 제6판 신민사집행법, 박영사, 2013. 489면

얻는 소득이 크지 않을 수 있습니다.

셋째는, 채권자취소권을 행사하는 방법입니다.

대법원은, 금융기관이나 제3자에 대한 대외적인 관계에서는 피고(수익자, 통장명의자) 명의의 이 사건 계좌에 입금된 돈의 반환청구권이 피고에게 귀속된다는 취지에서, 소외 1(채무자)이 채무초과 상태에서 피고에게 이 사건 계좌의 예금에 대한 명의를 신탁한 행위는 소외 1의 일반채권자에 대한 관계에서 책임재산을 감소시키는 법률행위로서 사해행위에 해당한다고 판단하였습니다(대법원 2015.07.23. 선고 2014다212438 판결).

다만, 예금주 명의신탁계약이 사해행위로 취소되는 경우 그 원상회복의 방법에 대해, 명의수탁자는 명의신탁자와의 관계에서 상대방과의 계약에 의하여 취득한 권리를 명의신탁자에게 이전하여 줄 의무를 지는 것이고, 출연자와 예금주인 명의인 사이에 예금주 명의신탁계약이 체결된 경우 그 명의인은 출연자의 요구가 있을 때에는 금융기관에 대한 예금반환채권을 출연자에게 양도할 의무가 있다고 보아야 할 것이므로, 예금주 명의신탁계약이 사해행위에 해당하여 취소될 경우 그 취소에 따른 원상회복은 명의인이 예금계좌에서 예금을 인출하여 사용하였거나 그 예금계좌를 해지하였다는 등의 특별한 사정이 없는 한 명의인에 대하여 금융기관에 대한 예금채권을 출연자에게 양도하고 아울러 금융기관에 대하여 양도통지를 할 것을 명하는 방법으로 이루어져야 할 것이라고 하였습니다.

또한, 계좌에 입금된 금원은 피고가 증여받은 것이므로 금전증여계약의 취소를 주장할 수도 있습니다.

다만, **판례**는 다른 사람의 예금계좌에 금전을 이체하는 등으로 송금하는 경우 그 송금은 다양한 법적 원인에 기하여 행하여질 수 있는 것으로서, 과세 당국 등의 추적을 피하기 위하여 일정한 인적 관계에 있는 사람이 그 소유의 금전을 자신의 예금계좌로 송금한다는 사실을 알면서 그에게 자신의 예금계좌로 송금할 것을 승낙 또는 양해하였다거나 그러한 목적으로 자신의 예금계좌를 사실상 지배하도록 용인하였다는 것만으로는 다른 특별한 사정이 없는 한 객관적으로 송금인과 계좌명의인 사이에 그 송금액을 계좌명의인에게 위와 같이 무상 공여한다는 의사의 합치가 있었다고 추단된다고 쉽사리 말할 수 없다(대법원 2012.07.26. 선고 2012다30861 판결)고 하여 엄격히 판단하고 있습니다.

한편, 채무자가 영업을 하다가 타인 명의로 사업자등록을 변경한 후 신용카드회사와 신용카드가맹점계약을 체결하고 영업을 계속하는 경우가 있습니다. 이 경우 실제대표자인 채무자가 명의상 대표자에게 포괄적인 채권양도를 하였다고 주장하면서 사해행위취소소송을 할 수 있다는 견해가 있습니다.

최근 **판례**도 채무자가 영업재산과 영업권이 유기적으로 결합된 일체로서의 영업을 양도함으로써 채무초과상태에 이르거나 이미 채무초과상태에 있는 것을 심화시킨 경우(**마트의 시설물, 비품 일체 및 영업권을 4억원에 양도하는 영업양도계약을 체결하고, 피고가 마트를 운영하는 사안**), 영업양도는 채권자취소권 행사의 대상이 된다(대법원 2015.12.10. 선고 2013다84162 판결)고 판시하고 있습니다.

(무자력인) 채무자가 본인 명의로 영업은 하고 있으나 신용카드결제는 제3자 명의로 된 가게에서 하는 경우, 제3자를 불법행위를 원인으로 하는 손해

배상을 청구하거나 채권자대위권을 행사하여 채무자가 제3자에 대하여 가지는 채권에 기하여 제3자의 카드사에 대한 매출채권 등을 가압류한 후 제3자에 대하여 채권자대위소송으로 판결을 받는 방법 등이 있을 수 있습니다.

또한, 명의를 대여 받아 사업을 하는 경우, 실제 사업주 본인은 사실상 신용이 없거나, 무자력이어서, (임금체불피해)채권자는 능력 있는 명의사업주를 상대로 하지 아니하는 경우에는 임금을 지급받을 수 없는 경우가 많고, 명의사업주에 대한 소송은 순수한 명의 대여만으로는 그 책임을 물을 수도 없는 것이 현실입니다. 이 경우 명의대여자에게 임금을 청구(또는 실제 사용자와 연대하여)할 수 있는지에 대해서 다툼이 있습니다. 모든 경우는 아니겠지만 일부 경우는 '共同經營의 법리'를 내세워 책임추궁이 가능할 수 있습니다. 그리고 만약 명의대여자와 실제 사용자 사이에 공동경영이라고 인정이 된다면 이들에 대한 책임은 연대책임이라고 생각됩니다.

이와는 달리 실제 사업주(명의 차용자)에 대한 집행권원만 얻은 경우의 집행방법 중 하나는, 명의사업주와 실제사업주가 부부 등 특수한 관계이면서 명의를 대여한 것은 명의대여 및 이와 관련된 일련의 금융(매출과 매출대금의 처리등)업무를 포괄하는 일종의 무명계약으로 볼 수 있는데, 이러한 무명계약은 일신전속적 계약은 아니므로 채권자대위권에 기하여 위 계약을 해지할 수 있습니다. 이럴 경우 명의차용자의 채권자는 명의차용자를 대위하여 명의대여자에게 입금되거나 입금될 카드매출대금 등에 대하여 가지는 부당이득금반환청구권에 대해 채권압류 및 추심명령 등을 할 수 있습니다.

그리고, 채무자가 공무원, 공사 직원, 교사, 그리고 의사들인 경우에 어느 정도 법률지식이 있는 경우에 채무초과가 발생할 것이 예상되는 경우에 자신의 급여에 대하여 특정인에게 공정증서를 작성해주고 가장 먼저 압류 및 전부명령을 받는 경우가 있습니다(채권을 양도한 경우도 동일합니다).

이들은 대부분 직장이 안정적이고 신분이 보장되어 있기 때문에 급여에 대한 압류가 들어온다고 하여도 직장에서 퇴출되지 않고 급여 수준도 적지 않기 때문에 이와 같이 특정채권자나 허위채권자에게 압류 및 전부명령을 통하여 특정채권자만 보호해주거나 자신의 급여를 전부 보호받으려는 유혹이 강합니다137). 이 경우 어음의 발행행위는 사해행위가 되므로 전부권자에 대한 사해행위취소소송을 통하여 구제받을 수 있습니다.

전부금을 전부 수령한 경우 수령한 금원의 반환을 구하면 되므로 이를 위해 전부권자의 재산에 미리 가압류를 할 수 있습니다.

그러나, 수령하지 않은 경우 전부금지급청구권을 채무자에게 양도하고 양도통지하라는 형식으로 원상회복을 구하여야 하는데 이 경우 미리 사해행위취소로 인한 원상회복으로서의 채권양도청구권을 피보전권리로 한 전부금지급금지가처분을 할 수 있습니다138). 또한, 약속어음 발행행위가 통정허위표시인 경우 부당이득금반환채권을 대위행사할 수도 있습니다. 즉, 어음행위에 민법 제108조가 적용됨을 전제로, 실제로 어음상의 권리를 취득하게 할 의사는 없이 단지 채권자들에 의한 채권의 추심이나 강제집행을 피하기 위한 약속어음 발행행위는 통정허위표시로서 무효인데, 무효인 약속어음에 기한 전부명령이 확정된 후 그 집행권원인 집행증서의 기초가 된 법률행위 중 전부 또는 일부에 무효사유가 있는 것으로 판명된 경우, 위 무효 부분에 관한 집행채권자의 부당이득반환의무 성립하고, 집행채무자의 채권자가 그 집행채권

---

137) 최한신, 변호사 입장에서 본 사해행위취소실무 Ⅱ, 유로, 2013, 292면

138) 윤경, 보전처분(가압류·가처분)의 실무 [上], 법률정보센타, 2004, 238면.
 채무자가 채무초과 상태에서 채권자의 강제집행을 피하기 위하여 상대방과 통모하여 상대방에게 허위의 약속어음을 발행하여 줌과 아울러 강제집행을 승낙하는 취지가 기재된 공정증서를 작성하여 주고 상대방은 이를 이용하여 채무자의 제3채무자에 대한 임금 등 채권을 압류전부명령을 받은 사안의 경우, 통정허위표시의 무효에 따른 부당이득반환 또는 사해행위취소에 따른 원상회복으로서 아직 추심하지 아니한 전부채권을 채무자에게 양도하도록 청구할 권리를 보전하기 위한 채권에 대한 처분금지가처분신청이 가능합니다(대법원 2012. 9. 30.자 2012마903).

자를 상대로 부당이득금 반환채권을 대위행사하는 경우 집행채무자에게 그 반환의무를 이행하도록 청구할 수도 있지만, 직접 대위채권자에게 이행하도록 청구할 수도 있습니다(대법원 2005. 4. 15. 선고 2004다70024 판결).

압류 및 추심명령을 통한 경우에도 사해행위가 될 수 있습니다. 무자력상태의 채무자가 기존채무에 관한 특정의 채권자로 하여금 채무자가 가지는 채권에 대하여 압류 및 추심명령을 받음으로써 강제집행절차를 통하여 사실상 우선변제를 받게 할 목적으로 그 기존채무에 관하여 강제집행을 승낙하는 취지가 기재된 공정증서를 작성하여 주어 채권자가 채무자의 그 채권에 관하여 압류 및 추심명령을 얻은 경우에는 그와 같은 공정증서 작성의 원인이 된 채권자와 채무자의 합의는 기존채무의 이행에 관한 별도의 계약인 이른바 채무변제계약에 해당하는 것으로서 다른 일반채권자의 이익을 해하여 사해행위가 된다고 할 것입니다(대법원 2010.04.29. 선고 2009다33884 판결).

한편, 허위·가장채권에 기한 압류에 따른 형사책임도 있습니다.[139] 민사판결의 주문에 표시된 채권을 변제받거나 상계하여 그 채권이 소멸되었음에도 불구하고 판결정본을 소지하고 있음을 기화로 그를 근거로 하여 강제집행을 하면 사기죄를 구성합니다.

허위의 채무를 부담하는 내용의 채무변제계약 공정증서를 작성한 후 이에 기하여 채권압류 및 추심명령을 받은 때에, 강제집행면탈죄가 성립합니다.

실제로는 채권·채무관계가 존재하지 아니함에도 공증인에게 허위신고를 하여 가장된 금전채권에 대하여 집행력 있는 공정증서원본을 작성하고 이를 비치하게 한 것이라면 공정증서원본부실기재죄 및 부실기재공정증서원본행사죄의 죄책을 면할 수 없습니다.

---

139) 손흥수, 채권집행의 실무, 육법사, 2015. 231면

## 4. 유체동산

　사업체의 업주는 그 사업체 내의 물건 및 사업용품에 대하여 점유하고 있다고 볼 수 있으므로 사업자등록증을 참고하여 사업장내의 유체동산에 대한 (가)압류집행이 가능합니다.

　다만, 영업주가 누구인가 하는 것은 반드시 영업명의만을 기준으로 할 것은 아니고 영업명의인이 부인이라고 하여도 채권자가 제시하는 여러 사정을 종합하여 영업의 진실한 업주가 남편이라고 인정되면 그 사업장내에 있는 영업용품이나 상품을 채무자인 남편의 점유물로 보아 압류하여도 무방합니다 (집행관실무편람, 법원행정처, 2004. 96면).

*보론 1 : 사전처분에 대하여

*보론 2 : 접근금지에 대해

*보론 3 : 내용증명에 대하여

*보론 4 : 증거보전의 실무상 활용

*보론 5 : 소송비용 및 집행비용확정

*보론 6 : 채권자대위권의 활용

*보론 7 : 소멸시효

*보론 8 : 관할관련 주의할 점

*보론 9 : 신탁관련 보충

*보론 10 : 도산절차와 집행[표] · 소송[요약]

*보론 11 : 상속재판 파산신청

*보론 12 : 환가를 위한 경매신청

*보론 13 : 공탁정리(표)

*보론 14 : 집행채권이 (가)압류된 경우

*보론 15 : 판결확정 후 강제집행(1장 요약)

# *보론 1 : 사전처분에 대하여
## (법원실무제요 가사[ I ] 요약)

## 1. 의의

　가사사건의 소의 제기, 심판청구 또는 조정의 신청이 있는 경우에 가정법원, 조정위원회 또는 조정담당판사는 사건을 해결하기 위하여 특히 필요하다고 인정하면 직권으로 또는 당사자의 신청에 의하여 상대방이나 그 밖의 관계인에게 현상을 변경하거나 물건을 처분하는 행위의 금지를 명할 수 있고, 사건에 관련된 재산의 보존을 위한 처분, 관계인의 감호와 양육을 위한 처분 등 적당하다고 인정되는 처분을 할 수 있다(법 62조 1항). 이를 사전처분이라 하고, 이러한 사전처분을 위반한 때에는 1,000만원 이하의 과태료를 부과할 수 있다(법 67조 1항).

　사전처분 대상사건 관련하여, 가사비송 및 가사소송이 본안인 경우는 물론, 사전처분으로 보전하려는 권리 혹은 법률상 지위와 본안사건이 직접적 관련이 없거나 아예 그에 대한 본안사건이 없는 경우에도 가능하다(박상인, 대한변호사협회 255기 가사법 특별연수, 2018. 7. 101면 참고).

## 2. 성질 – 보전처분과의 구별

가. 비송에 속하는 사항을 피보전권리로 하는 민사집행법상의 보전처분이 허용되는지에 관하여 부정설이 통설이므로 사전처분제도의 본래의 취지는 가사비송에 속하는 사항을 피보전권리로 하여 민사집행법상 가압류·가처분과 동일하게 임시적인 처분을 할 수 있게 하려는 데 있다.

나. 사전처분은 가정법원이 후견적 입장에서 적극적 처분을 함을 본질로 하는 것으로서 직권으로도 할 수 있고, 가사소송사건의 청구나 가사비송사건의 청구뿐 아니라 조정신청사항을 본안으로 하여서도 사전처분을 할 수 있고, 그 시기에 있어 소도 본안의 계속을 요건으로 하며, 집행력이 인정되지 아니하나 위반행위에 대하여 과태료에 의한 간접강제의 수단이 마련되어 있다(당사자로서는 본안에 대한 판단에서 불이익을 받지 않기 위하여 본안재판부가 발한 사전처분의 명령내용을 준수하는 경향이 있다.). 이에 비하여 보전처분은 현상유지적인 소극적 처분을 본질로 하는 것으로서 신청에 의하여서만 이를 할 수 있고, 가사소송사건이나 마류 가사비송사건을 본안으로 하는 경우에 한하여 허용되고 라류 가사비송사건을 본안으로 하여서는 이를 할 수 없으며, 판결 또는 심판이 확정되기 전인 이상 그 시기에 제한이 없고, 그 결정에 집행력이 있다.

다. 사전처분은 사건의 당사자에 한하지 아니하고 상대방 그 밖의 관계인을 대상을 한다. 인지는 1,000원이고, 담보의 제공이 요건이 아니므로 사전처분은 담보의 제공을 명함이 없이 하는 것이 원칙이다.

## 3. 사전처분의 태양

### 가. 현상의 변경·물건처분행위의 금지

> 이 법원 2010느단333 재산분할 사건의 심판이 확정될 때까지 피신청인은 별지 목록 기재 부동산에 관하여 양도, 저당권 설정, 임차권 설정 기타 일체의 처분행위를 하여서는 아니 된다.

### 나. 재산의 보존을 위한 처분

### 다. 관계인의 감호와 양육을 위한 처분

금치산한정치산(성년후견 등)선고사건에서 청구인 또는 후견인으로 될 자로 하여금 미리 사건본인을 정신병원 등에 감금요양하도록 명하는 것, 친권상실선고사건에서 친권자의 친권행사를 정지시키고 대행자를 선임하여 그 대행자로 하여금 권한을 행사하게 하는 것, 자녀의 양육에 관한 처분사건·부양에 관한 사건 등에서 상대방으로 하여금 일정기간 동안 정기적으로 일정액의 양육비 또는 부양료를 지급하도록 하는 것 등이 이에 해당한다.

1. 이 사건 심판이 확정될 때까지 상대방의 사건본인에 대한 친권 자로서의 직무집행을 정지하고 다음의 사람을 그 대행자로 선 임한다.

1. 이 법원 2010느단333 금치산선고 사건의 심판이 확정될 때까 지 사건본인의 재산관리인으로 신청인을 선임한다. 사건본인은 그 재산상의 행위에 관하여 위 재산관리인의 후견을 받아야 한 다.

1. 피신청인은 신청인에게 사건본인의 양육비의 일부로서 20 . . .부터 이 조정사건이 종료될 때까지 매월 ○원을 그 달 ○ 일까지 신청인의 계좌로 송금하는 방법으로 지급하라.

1. 이 사건 조정절차(양육자지정 등)가 종료될 때까지 신청인을 사 건본인의 임시양육자로 지정한다. 피신청인은 신청인에게 사건 본인을 임시로 인도하라.

라. 그 밖의 적당하다고 인정되는 처분

피상속인이 사망에 임박하여 중환자실에 입원하여 심신상실 또는 심신미약 의 상태에 있는데, 장래 상속인 중 일부가 상속재산을 처분할 우려가 있는 경우, 피상속인에 대한 금치산한정치산(성년후견 등) 심판청구와 동시에 사 전처분으로 재산관리인 선임청구하여 사건본인의 재산상의 행위에 그 재산관 리인의 후견 내지 보조를 받도록 하는 것(정상규, 가사보전처분의 실무상 쟁 점, 328면)

마. 가사재판에서 사전처분의 역할은 매우 중요합니다. 즉, 종국 판결에

지대한 영향이 있고 그 내용 또한 제한이 없다는 것이 다수의 견해입니다(예를 들면, 하루 정도 옷가지 등을 가져올 수 있도록 하는 취지의 사전처분, 상대방의 일방적 보호 등으로 교류가 어려운 부모에 대한 면접교섭 등). **성년후견 관련하여** 가사소송규칙은 특별히 임시후견인과 직무대행자 선임에 관한 사전처분을 특별히 규정하여 그 요건과 효과를 정하고 있습니다(32조). 본인에게 이미 후견인이 존재하고 있으나 어떤 사정에 의하여 직무를 수행할 수 없는 상태라면 그 후견인의 직무대행자가 선임되는 것이고, 본인에게 아직 후견인이 없는 상태라면 사전처분에 의하여 임시적으로 후견인을 선임해 준다는 점에서 차이가 있습니다(이현곤, 성년후견제도의 이해, 법률신문사, 2017. 217면). **미성년후견인**의 선임절차는 미성년자에게 친권자로 지정될 부모가 있는 경우(민법 제909조의2)와 그렇지 않은 경우(민법 제932조)로 절차와 요건이 다르고, 새로운 친권자 지정심판 또는 후견인선임심판이 있을 때까지 임무대행자를 선임할 수 있습니다.


바. (공단에서 수행한)실제 사례 – 유아인도 등 사전처분


① 의뢰인(여)은 이혼소송을 준비 중인 자로 상대방과 별거 중에 있는데, 상대방(남)이 사건본인들(8세, 5세)을 데리고 간 다음 돌려주지 아니하고 전화 등도 차단해 둔 상태로 면접교섭도 이루어지지 않고 있어, 이혼 판결 전까지 양육자의 지정과 유아의 인도를 구할 필요가 절실했습니다.

② 의뢰인이 가장 궁금해 하였던 점이었던 소송 기간과 관련하여, 대략 2개월이 걸렸습니다(사건본인 중 한명이 초등학교 입학 예정이어서, 입학식 전에 결정이 이루어져야 한다는 점을 적극 소명하였습니다). 다만 상대방이 즉시항고 하여 즉시항고에 대한 결정은 6개월 후에야 이루어졌습니다.

③ 심문에서 주로 현재의 양육 상태, 양 당사자의 양육 환경(소득, 주거 등), 사건본인들의 의사를 주로 물어보셨습니다. 의뢰인이 취직하여 소득이 있고, 아이들과 함께 살 집을 마련하였으며, 의뢰인의 모가 양육을 지원할 수 있다는 점, 그리고 이혼 협의 과정에서 신청인을 양육자로 하기로 하는 내용의 협의가 이루어진 바 있고 상대방이 이를 지키지 아니하였다는 점을 강조하였고, 상대방은 현재의 양육 상태와 사건본인들이 어머니인 우리 의뢰인에게 돌아가기 싫어한다는 점을 주장하였습니다.

## 1. 일반가처분에 의한 접근금지

전화를 자주 하거나 찾아와 행패를 부리는 등 인격권에 기하여 평온한 사생활을 추구할 권리를 해하는 타인의 행위가 있는 경우 부작위를 과하는 일반가처분에 의한 접근금지가처분 신청이 가능하며, 위배시 재산상의 강제수단이 사용될 수 있고(대한법률구조공단 홈페이지 서식례 및 법원실무제요 민사집행[IV] 484면 참고), 이를 본안으로 하는 소송도 가능하다. 불이행시 간접강제가 가능하다. <u>임시의 지위를 정하기 위한 가처분으로 인지는 본안의 소에 따른 인지액의 2분의 1이므로, 접근금지가처분은 비재산권상 소로서 본안소가가 5,000만원이므로 인지는 115,000원(230,000원의 1/2)입니다(다만, 간접강제를 추가할 경우 정액의 인지를 추가로 첨부해야 한다는 견해가 있습니다).</u>

## 2. 사전처분에 의한 접근금지

가사소송법은 가사사건의 소의 제기, 심판청구 또는 조정의 신청이 있는 경우 가정법원, 조정위원회 또는 조정담당판사는 사건의 해결을 위하여 특히 필요하다고 인정한 때에는 직권 또는 당사자의 신청에 의하여 상대방 기타 관계인에게 현상을 변경하거나 물건을 처분하는 행위의 금지를 명할 수 있고, 재산의 보존을 위한 처분, 관계인의 감호와 양육을 위한 처분 등 적당하다고 인정되는 처분을 할 수 있다고 규정하는데 이를 사전처분이라고 하고, 정당한 이유없이 사전처분에 위반한 때에는 가정법원 조정위원회 또는 조정담당판사는 직권 또는 권리자의 신청에 의하여 결정으로 1000만원 이하의 과태료에 처할 수 있다고 규정함으로써, 사전처분형태로 접근금지를 청구할 수 있다. 사전처분은 가사보전처분과는 그 요건 및 효과를 달리하는 별개의 제도로서 가사보전처분과 별개로 신청할 수 있으나, **서울가정법원은 실무상 임시의 지위를 정하는 가처분을 신청하는 사건에 관하여는 채권자에게 본안제기와 동시에 본안법원에 같은 내용으로 사전처분을 신청하도록 권고하고 있다.** 그 이유는 ① 신속성 저해(임시의 지위를 정하는 가처분은 변론기일 또는 심문기일을 열어야 한다), ② 임시 지위를 정하는 가처분은 민사집행법과 민사소송법의 적용을 받게 되어 가사사건의 특유한 심리절차를 적용받지 않는 점, ③ **사전처분은 집행력은 없으나 본안에 대한 불이익을 받지 않기 위해 사전처분의 명령을 준수하는 경향이 있다**(정상규, 가사보전처분의 실무상 쟁점, 서울가정법원, 2000. 295면 이하 참조). 인지 1,000원임.

## 3. 가정폭력범죄의 처벌 등에 관한 특례법에 따른 접근금지

제8조(임시조치의 청구 등) ① 검사는 가정폭력범죄가 재발될 우려가 있다고 인정하는 경우에는 **직권으로 또는 사법경찰관의 신청**에 의하여 법원에 제29조제1항**제1호 · 제2호 또는 제3호**의 임시조치를 청구할 수 있다.

제8조의2(긴급임시조치) ① 사법경찰관은 제5조에 따른 응급조치에도 불구하고 가정폭력범죄가 재발될 우려가 있고, 긴급을 요하여 법원의 임시조치 결정을 받을 수 없을 때에는 직권 또는 피해자나 그 법정대리인의 신청에 의하여 제29조제1항**제1호부터 제3호**까지의 어느 하나에 해당하는 조치(이하 "긴급임시조치"라 한다)를 할 수 있다.

제29조(임시조치) ① 판사는 가정보호사건의 원활한 조사 · 심리 또는 피해자 보호를 위하여 필요하다고 인정하는 경우에는 결정으로 가정폭력행위자에게 다음 각 호의 어느 하나에 해당하는 임시조치를 할 수 있다.

1. **피해자 또는 가정구성원의 주거 또는 점유하는 방실(房室)로부터의 퇴거 등 격리**

2. **피해자 또는 가정구성원의 주거, 직장 등에서 100미터 이내의 접근 금지**

3. **피해자 또는 가정구성원에 대한 「전기통신기본법」 제2조제1호의 전기통신을 이용한 접근 금지**

4. 이하 생략

⑤ 제1항**제1호부터 제3호까지의 임시조치기간은 2개월**, 같은 항 제4호 및 제5호의 임시조치기간은 1개월을 초과할 수 없다. 다만, 피해자의 보호를 위하여 그 기간을 연장할 필요가 있다고 인정하는 경우에는 결정으로 **제1항제1호부터 제3호까지의 임시조치는 두 차례만**, 같은 항 제4호 및 제5호의

임시조치는 한 차례만 각 기간의 범위에서 연장할 수 있다.

제40조(보호처분의 결정 등) ① 판사는 심리의 결과 보호처분이 필요하다고 인정하는 경우에는 결정으로 다음 각 호의 어느 하나에 해당하는 처분을 할 수 있다.

**1. 가정폭력행위자가 피해자 또는 가정구성원에게 접근하는 행위의 제한**

**2. 가정폭력행위자가 피해자 또는 가정구성원에게 「전기통신기본법」 제2조제1호의 전기통신을 이용하여 접근하는 행위의 제한**

3. 이하 생략

제55조의2(피해자보호명령) ① 판사는 피해자의 보호를 위하여 필요하다고 인정하는 때에는 피해자 또는 그 법정대리인의 청구에 따라 결정으로 가정폭력행위자에게 다음 각 호의 어느 하나에 해당하는 피해자보호명령을 할 수 있다.

**1. 피해자 또는 가정구성원의 주거 또는 점유하는 방실로부터의 퇴거 등 격리**

**2. 피해자 또는 가정구성원의 주거, 직장 등에서 100미터 이내의 접근금지**

**3. 피해자 또는 가정구성원에 대한 「전기통신사업법」 제2조제1호의 전기통신을 이용한 접근금지**

4. 친권자인 가정폭력행위자의 피해자에 대한 친권행사의 제한

제55조의3(피해자보호명령의 기간) ① 제55조의2제1항 각 호의 피해자보호 명령의 기간은 6개월을 초과할 수 없다. 다만, 피해자의 보호를 위하여 그 기간의 연장이 필요하다고 인정하는 경우에는 직권이나 피해자 또는 그 법정대리인의 청구에 따른 결정으로 2개월 단위로 연장할 수 있다.

② 제1항 및 제55조의2제3항에 따라 피해자보호명령의 기간을 연장하거나 그 종류를 변경하는 경우 종전의 처분기간을 합산하여 2년을 초과할 수 없다.

제55조의4(임시보호명령) ① 판사는 제55조의2제1항에 따른 피해자보호명령의 청구가 있는 경우에 피해자의 보호를 위하여 필요하다고 인정하는 경우에는 결정으로 제55조의2제1항 각 호의 어느 하나에 해당하는 임시보호명령을 할 수 있다.

② 임시보호명령의 기간은 피해자보호명령의 결정 시까지로 한다. 다만, 판사는 필요하다고 인정하는 경우에 그 기간을 제한할 수 있다.

**제63조(보호처분 등의 불이행죄) ① 다음 각 호의 어느 하나에 해당하는 가정폭력행위자는 2년 이하의 징역 또는 2천만원 이하의 벌금 또는 구류(拘留)에 처한다.**

1. 제40조제1항제1호부터 제3호까지의 어느 하나에 해당하는 보호처분이 확정된 후에 이를 이행하지 아니한 가정폭력행위자

2. 제55조의2에 따른 피해자보호명령 또는 제55조의4에 따른 임시보호명령을 받고 이를 이행하지 아니한 가정폭력행위자

② 상습적으로 제1항의 죄를 범한 가정폭력행위자는 3년 이하의 징역이나 3천만원 이하의 벌금에 처한다.

# *보론 3 : 내용증명에 대하여

실무에서는 내용증명을 많이 사용하고 있는바, 실무적인 내용을 담고 있는 것으로 제가 만들어 사용하고 있는 내용증명을 소개하고자 합니다.

첫째 내용은, 판결문 등에 동시이행이 걸린 경우 상대방에 대한 강제집행을 하기 위해서는 이행 또는 이행제공을 하여야 하는데 이행제공하는 내용입니다(전세권자가 경매신청 할 경우에도 동일한 문제가 발생합니다).

둘째 내용은, 소멸시효가 완성된 채권을 가지고 추심을 당하는 경우 보통 이를 무시하거나 개인 파산하라고 상담하는 것이 일반적입니다. 그러나, 수시로 날아오는 우편물에 대한 스트레스를 현실적으로 무시하고 산다는 것이 쉽지 않은데 개인 파산은 시간적으로 경제적으로 너무 번거롭습니다. 그래서 이에 대한 내용증명을 보내 해결하는 서식입니다.

셋째 내용은, 상속한정승인을 받은 후 적극 재산이 있는 경우에 대한 간이한 해결방법에 관한 서식입니다. 일반적으로 한정상속 이후 한정상속인은 상속채권자에 대한 공고, 최고(민법 제1032조 제1항)를 거쳐, 상속채권자 등에게 배당변제(같은 법 제1034조)하여야 하고, 이 경우 변제하기 위하여 상속재산의 전부나 일부를 매각할 필요가 있는 때에는 민사집행법에 의하여 경매합니다(이른바 형식적 경매라고 합니다).

그러나, 이러한 방법으로 해결하는 것은 번거롭고 절차가 쉽지 않습니다(법원조차도 절차가 생소하여 진행이 쉽지 않습니다). 그래서 특별한 사정이 없는 한(자동차나 부동산에 각종 가압류나 체납 압류 등이 설정되어 있어 경매를 통해 말소가 반드시 필요한 경우) 아래와 같은 내용증명으로 간이하게 해결하는 것도 하나의 방법입니다(다만, 이에 대해서 청산절차는 강행규정이므로 이에 반하는 청산절차는 무효라고 주장하시는 견해도 있으나 현실적으로 형식적 경매신청이 쉬운 것도 아니고 채권자가 동의하면 큰 문제도 없으므로 간이한 방법으로 해결하는 것이 보통입니다).

넷째 내용은, 채권압류 및 추심명령을 받은 후 제3채무자에 대하여 추심금을 지급하라는 취지의 서식입니다. 이에는 압류·추심명령에 따라 압류된 채권액 상당에 관하여 압류채권자로부터 추심금 청구를 받은 다음날부터는 제3채무자가 압류채권자에게 지체책임을 지므로(대법원 2012.10.25. 선고 2010다47117 판결) 빨리 지급하라는 내용,

만일 압류된 채권에 대하여 압류경합 등의 사유가 있을 경우에는 그 전액을 공탁해 줄 것을 민사집행법 제248조에 의해 청구하는 내용(공탁이행청구), 압류된 채권을 다른 사람에게 지급하였거나 공탁한 내용이 있는지(일정한 경우 배당요구를 할 수 있으므로), 양수인에게 지급한 사실이 있는지(사해행위취소소송을 위하여) 여부 등을 알려 달라는 내용 등이 들어가야 합니다.

# 최　　고　　서

발　신　　○○○

수　신　　주식회사 ●●● 대표이사 ●●●

제　목　　이행의 제공 등[140]

1. 삼가 귀사의 안녕과 귀하의 번영을 기원합니다.

2. ○○○가 서울지방법원 2003카단○호 및 같은 법원 2003카단○호로 한 각 채권가압류의 취하신청하는데 필요한 서류 등을 교부할테니, 그 때까지 ○○○에게 금 10,000,000원을 지급하여 주시기 바랍니다.

20○○.　○.　○.

발신인　○○○ (인)

---

[140] 전세권자의 전세목적물인도의무 및 전세권설정등기말소의무와 전세권설정자의 전세금반환의무가 동시이행관계에 있으므로, 전세권자인 채권자가 전세목적물에 대한 경매를 신청하려면 우선 전세권설정자에 대하여 전세목적물의 인도의무 및 전세권설정등기말소의무의 이행을 제공하여 전세권설정자를 이행지체에 빠뜨려야 하는데(대결 1977. 4. 13. 선고 77마90), 그 방법으로 전세권자가 "전세목적물을 인도하고 전세권설정등기말소에 필요한 서류를 교부할테니, 그 때까지 전세금을 지급하여 주기 바란다"는 정도의 내용을 상대방에게 내용증명우편으로 보낸 서류를 법원에 제출하면 되나(손창환, 사례로 본 민사집행, 법률정보센타, 2004. 99면), 더 나아가 그 내용증명에 지정된 일시, 장소에서 현실적으로 이행 또는 이행의 제공을 하였다는 사실에 관한 공증인(또는 법무사) 작성의 사실확인서를 제출하도록 요구하는 실무도 있습니다.

# 불법추심행위 등 금지요청서

---

발 신

수 신

제 목  불법추심행위 금지요청 등

---

1. 삼가 귀사의 안녕과 귀하의 번영을 기원합니다.

2. 소멸시효가 소멸된 채권은 원칙적으로 추심할 수 없습니다. 채권의 공정한 추심에 관한 법률 제11조에서 '무효이거나 존재하지 아니한 채권을 추심하는 의사를 표시하는 행위'를 금지한다고 명시하고 있고 이에 위반할 경우 3년이하의 징역 또는 3천만 원 이하의 벌금에 처하고 있고, 대부업 등의 등록 및 금융이용자 보호에 관한 법률에서는 영업전부 정지 또는 등록취소로 규정하고 있습니다.

3. 그런데, 귀하가 발송한 독촉장 내용을 살펴보니 … 5년의 상사 소멸시효(또는 물품대금채권으로 3년 등)가 완성된 채권임이 명백합니다.

4. 요약하면, 귀하의 양수금 채권은 상사채권으로 5년의 소멸시효(또

는 물품대금채권으로 3년 등)가 완성되었음이 명백한바, 추후 시효가 지난 채권을 가지고 <u>전화나 문자 또는 독촉장 발송 등으로 인한 불법추심행위의 절대적 금지를 요청드리니 각별히 유의하시기 바라며,</u> 만일 발신인이 서신으로 귀하의 행위가 불법추심임을 알려드렸음에도 불구하고 불법추심행위를 계속할 경우 손해배상청구 등 소송을 제기할 예정임을 알려드립니다. 끝.


20○○.   ○.   ○.

발신인   ○○○ (인)

# 통　지　서 (한정승인 간이해결)

---

발 신　　○○○ 외 2

수 신　　상속채권자

제 목　　한정승인 청산방법 등 통지

---

1. 삼가 귀하의 안녕과 귀하의 번영을 기원합니다.


2. 발신인 A, B, C은 망 甲의 배우자 및 자녀들로서, 망 甲는 2003.
   1. 11. 사망하였고, 발신인들은 그로부터 3월 이내인 2003. 4. 4.
   서울가정법원에 상속한정승인심판청구를 하였고, 동 법원은 발신인
   들의 상속한정승인 신고를 수리(서울가정법원 2003느단 ○○호 상
   속한정승인)한 사실이 있습니다.


3. 발신인들은 위 상속한정승인 사건에서 망 甲의 적극재산으로 유체
   동산(장롱, TV, 냉장고, 식기, 세탁기)과 예금채권 금 1,308,565
   원이 있는 것으로 신청하였습니다.


4. 일반적으로 한정상속 이후 한정상속인은 상속채권자에 대한 공고,
   최고(민법 제1032조 제1항)를 거쳐, 상속채권자 등에게 배당변제

(같은 법 제1034조)하여야 하고, 이 경우 변제하기 위하여 상속재산의 전부나 일부를 매각할 필요가 있는 때에는 민사집행법에 의하여 경매하여야 합니다(같은 법 제1037조).

5. 그러나 법이 예정하고 있는 위 절차는 시간과 비용적인 측면에서 매우 번거롭고, 법원에서의 경매비용을 공제하면 실제로 지급될 금원은 거의 없는 등 상속채권자들에게도 결코 유리하다고 할 수 없기에, 발신인들은 망 甲의 상속재산인 유체동산과 예금채권 일체를 상속당시 가액인 금 1,658,565원에 매입하기로 하고, 위 대금을 상속채권자들의 각 채권액에 비례하여 다음과 같이 지급하고자 합니다. 한편, 통지인들은 위와 같은 절차를 한정승인 후 개시했어야 하나 법률지식의 부족으로 인해 지금까지 청산절차를 거치지 못한 책임이 있어 위 금원과 한정승인심판 후인 2003. 4. 11.부터 2005. 10. 10.까지 민사상 법정이율인 연 5%의 지연이자 [207,434원]를 합산한 금 1,865,999원을 지급해 줄 예정입니다).

- 다 음 -

(단위 : 원)

| 순번 | 상속채권자 | 채권액 | 배분비율 | 지급할 금액 |
|---|---|---|---|---|
| 1 | 동양파이낸셜 (주) | 20,365,147 | 4.97 | 92,692 |
| 2-1 | 서울보증보험 (여의도지점) | 27,569,103 | 6.72 | 125,480 |
| 2-2 | 〃 (수원채권관리팀) | 26,888,242 | 6.56 | 122,382 |

| 2-3 | 〃 (동대문지점) | 61,082,323 | 14.90 | 278,016 |
|---|---|---|---|---|
| 3 | 글로벌외환제14차유동화전문 유한회사 | 24,989,850 | 6.10 | 113,741 |
| 4 | 한국자산관리공사 | 20,067,894 | 4.89 | 91,339 |
| 5 | 서울경기양돈축산업협동조합 | 30,872,183 | 7.53 | 140,514 |
| 6-1 | 농협자산관리 (서울서부센타) | 24,491,967 | 5.97 | 111,475 |
| 6-2 | 〃 (서울지사) | 23,726,273 | 5.79 | 107,990 |
| 6-3 | 〃 (경기북부지사) | 34,724,478 | 8.47 | 158,048 |
| 7 | 현대캐피탈주식회사 | 71,018,223 | 17.32 | 323,239 |
| 8-1 | 국민은행(영등포역지점) | 24,614,504 | 6.00 | 112,033 |
| 8-2 | 〃 (강동지점) | 19,563,655 | 4.77 | 89,044 |
| 합 계 | | 409,973,842 | 100.00 | 1,865,999 |

※ 단, 채권액 산정은 판결문상의 금원 및 이율로, 종기를 2005. 10. 10. 로 정하여 산정하였으나, 일부 채권자의 경우 최고서 등을 기준으로 산정하였음.

6. 상속채권자 여러분들께 위 금원을 지급할 예정이오니 지급받을 계좌번호를 유선(010-○-○)이나 우편 등으로 알려주시면 고맙겠습니다.

2005 . 10 . 11 .

위 발신인들 대표 A (인)

(적극재산이 전혀 없는 경우)

# 상속한정승인에 따른 청산통지

1. 삼가 귀하의 안녕과 귀하의 번영을 기원합니다.

2. 발신인은 망인의 배우자 및 자녀들로서, 망인 2003. ○. ○. 사망하였고, 발신인들은 2003. ○. ○. 서울가정법원에 상속한정승인심판청구를 하였고, 동 법원은 발신인들의 상속한정승인 신고를 수리(서울가정법원 2003느단 ○호 상속한정승인)한 사실이 있습니다.

3. 한편, 귀하는 2010년 ○월 ○○지방법원에 발신인을 상대로 소송을 제기하여 '…상속받은 재산의 한도내에서' 상속채무를 변제하라는 취지의 판결을 받았습니다.

4. 일반적으로 상속재산이 있는 경우에는 한정승인 이후 한정상속인은 채권자에 대한 공고, 최고(민법 제1032조 제1항)를 거쳐, 상속채권자 등에게 배당변제(민법 제1034조)를 하고, 상속채권자 등에게 변제하기 위해 상속재산의 전부나 일부를 매각할 필요가 있는 때에는 민사집행법에 의하여 경매하여야 합니다(민법 제1037조).

5. 그러나 발신인은 위 상속한정승인 사건에서 망인의 적극재산이 없는 것으로 신청하여 수리되었으므로 상속채권자인 귀하에게 배당하여야 할 상속재산이 전혀 없어 상속채권자인 귀하에게 이러한 사

실을 알리는 것으로 망인의 상속과 관련된 법률관계를 정리하고자 합니다. 즉, 이 통지로 인하여 위 판결과 관련된 귀하와 발신인과의 어떠한 채권·채무가 남아있지 않았음을 알려드리니 업무에 참고하시고 바랍니다.


**첨부서류**


1. 판결문
2. 한정승인수리결정문

# 추심금 지급청구 등

발 신

수 신

제 목  추심금 지급청구 등(○○지방법원 2015타채○○ 관련)

1. 삼가 귀사의 안녕과 귀하의 번영을 기원합니다.

2. 발신인은 채무자 ○○○(주민등록번호 ○○○○○○○-○○○○○
   ○○)가 수신인(제3채무자)에 대하여 가지는 ○○채권에 대한 채권
   압류및추심명령을 신청하여 위 결정이 수신인(제3채무자)에게 20
   ○○. ○. ○. 송달되었으므로 채무자 명의의 압류된 채권에 대하
   여 아래의 방법으로 추심금을 청구하오니 지급하여 주시기 바랍니
   다. 참고로, 압류·추심명령에 따라 압류된 채권액 상당에 관하여
   <u>압류채권자로부터 추심금 청구를 받은 다음날부터는 제3채무자가</u>
   <u>압류채권자에게 지체책임을</u> 집니다(대법원 2012.10.25. 선고
   2010다47117 판결)

| 입금요청<br>계 좌 | 은 행 명 | |
|---|---|---|
| | 계좌번호 | |
| | 예금주명 | |

3. 만일 압류된 채권에 대하여 압류경합 등의 사유가 있을 경우에는 그 전액을 공탁해 줄 것을 민사집행법 제248조에 의해 청구합니다 (민사집행법 제248조 제3항에 의하면 제3채무자가 추심채권자 중 한 사람에게 임의로 변제하거나 일부 채권자가 강제집행절차 등에 의하여 추심한 경우, 제3채무자는 이로써 공탁청구한 채권자에게 채무의 소멸을 주장할 수 없고 이중지급의 위험을 부담합니다. 대법원 2012.02.09. 선고 2009다88129 판결)

4. 한편, 압류된 채권에 대해 아래와 같은 내용이 있을 경우에는 그 구체적인 내용을 회신하여 주시기 바랍니다.

---

**압류된 채권을 다른 채권자에게 지급한 경우** 채권자 성명과 주소, 법원 (압류관서)·사건번호

**압류된 채권을 공탁한 경우** 공탁법원과 공탁사건번호

**압류된 채권을 채권양수인에게 지급한 경우** 양수인의 성명과 주소

---

20○○.  ○.  ○.

발신인   ○○○ (인)

## *보론 4 :
## 증거보전의 실무상 활용
### (참고 : 증거보전재판실무편람, 법원행정처, 2003. 및 2014.[141] )

1. 증거보전이라 함은 본래의 증거조사기일까지 기다려서는 그 조사가 불가
   능해지거나 곤란하게 될 우려가 있는 특정의 증거방법에 대하여 미리
   증거조사를 하여 그 결과를 확보하여 두는 소송절차를 말함.

2. 증거보전은 ① 건축사건, ② 의료사건, ③ 회사 등 단체관련사건, ④ 재
   개발관련사건, ⑤ 지적재산권 관련사건 등에서 활용되고 있음. 증거보
   전의 사유로는 증인이나 당사자 본인이 노쇠하거나 중병에 걸린 경우,
   장기간 외국을 여행하여 당분간 귀국하지 않으려고 하는 경우와 같이
   인적 사유가 있는 경우, 부패나 건축공사의 계속적인 진행으로 인하여
   검증이나 감정의 대상인 물건이 멸실되거나 변형되는 경우, 검증이나
   감정의 대상인 물건이 외국으로 인도되는 경우, 손해의 확대를 피하기
   위하여 신청인 자신이 물건을 변형하여야 할 필요성이 인정되는 경우,
   공문서 또는 소송기록이나 등기신청서류의 보존기간의 경과로 인한 폐
   기, 기록저장장치의 저장용량초과 시 자동삭제 기능에 의한 삭제의 염
   려가 있는 경우 등과 같이 물적 사유가 있는 경우 등을 들 수 있음.

---

141) 특히 2014년판은 2003년에 발간되었던 편람을 개정한 책으로, 몰수추징보전 부분은 법
　　원에서 출간되는 자료로는 최초로 발간되었음.

3. 증거보전신청은 상대방을 지정할 수 없는 경우(예컨대, 도주차량의 운전자의 경우)에도 이러한 사정을 주장소명하여 할 수 있고, 이 경우 법원은 상대방이 될 자를 위하여 특별대리인을 선임할 수 있음. 실례로, 신청인의 부재중 누군가 집에 침입한 것으로 보인다고 주장하면서 침입 흔적이 있는 사진 자료, 112 신고증명서 등을 제출하고, 피신청인 아파트 관리단에 대하여 신청인이 부재중이던 특정일의 아파트 출입자 녹화자료에 관한 송부촉탁신청을 한 사안에 대해, 사안의 특성상 피신청인을 특정하지 않은 상태였으나 민사소송법 378조 전문을 고려하여 증거보전신청을 인용하고 송부촉탁의 방법으로 관련 자료를 제출받아 검증의 형식으로 증거보전을 실시한 사안(서울중앙지방법원 2012카기4743).

4. 피신청인 회사가 운영하는 홈페이지가 신청인 회사의 홈페이지의 중요 내용을 무단으로 복제하였다고 주장하면서, 인터넷 홈페이지의 특성상 증거를 시급히 보전하지 아니하면 차후에 피신청인 회사가 관계된 부분을 삭제하여 증거를 인멸할 우려가 있으므로 인터넷 홈페이지에 대하여 증거보전을 신청한 사안에 대하여 판사실에서 검증을 시행하되 피신청인을 소환하지 아니한 상태에서 증거조사를 실시하고 증거조사 후 1주일 후에 피신청인에게 증거조사 사실을 고지함(서울중앙지법 2000카기7684).

5. 사실상 자매지간인 동생이, 언니가 병원의 중환자실에 입원하고 있는데 언제 사망하거나 의식불명의 상태에 빠질지 모르는 위급한 상황이라고 주장하면서, 혈연관계를 입증할 증거를 확보해두기 위해 유전자분석감정을 내용으로 하는 증거보전을 신청한 사안에 대해 ○○주식회사를 감정인으로 지정하여 모계확인을 위해 미토콘드리아 염기서열분석을 의

뢰함(인천지방법원 2003카기1165).

6. 피신청인이 시공한 건물신축공사로 인하여 신청인의 영업소에 금이 가는 등 손해가 발생하자 지하굴착공사의 상태 및 현황, 영업소 외벽 등의 균열상태와 지반침하상태, 인테리어 피해상태 등에 대하여 검증 및 감정을 신청하여 인용(서울중앙지법 2001카기17625).

7. 수형자인 신청인이 동료 수형자로부터 폭행, 협박을 받았다고 주장하면서 교도소 내 CCTV 영상녹화물에 대한 검증(송부촉탁)을 신청한 사안에서, 영상녹화물의 보존 연한이 단기이므로 미리 증거를조사할 필요성이 있다고 보아 신청을 인용하였으나(서울중앙지법 2007카기8662), 교도소 측에서 CCTV 영상녹화물의 보존기간이 7일에 불과하여 신청서에 특정된 기간에 해당하는 부분은 이미 삭제되었다는 답변을 하여 실질적인 증거조사는 이루어지지 아니함.

8. 회사의 직원이 과도한 업무로 인해 사망하였음에도 회사 측에서 망인의 출퇴근 기록의 공개를 거부하고 있어 추후 피신청인인 근로복지공단을 상대로 유족급여신청을 하려는 망인의 상속인이 과도한 업무와 사망 사이의 인과관계 입증에 필요하다고 주장하면서 망인의 사망 전 2개월 동안의 통화내역 및 기지국 위치 확인을 위한 사실조회신청을 하자 이를 인용함(서울중앙지법 2013카기2269).

9. 건물 지하 부분의 임차인인 신청인이 임대인인 피신청인의 화장실 개보수공사로 인하여 누수가 발생하였고, 그로 인하여 침수 피해를 입어 원단이 망가졌다고 주장하면서, 현재 자신이 보관 중인 손상된 원단의 종류와 수량, 침수 정도, 재활용 가능성 등의 확인을 위한 검증 및 침수된 원단의 잔존가치액에 관한 감정신청을 하자 이를 인용한 사례(서울중앙지법 2011카기2453).

# *보론 5 : 소송비용 및 집행비용확정

# 소송비용¹⁾ 및 집행비용 확정 (소송비용실무, 사법발전재단, 2015. 요약함)

**소송비용**

- 재판비용
  - 인지(주의 - 청구이의, 재무부조세확인)
  - 민사예납금
    - 증인, 감정인에 대한 일당, 여비, 숙박료²⁾
    - 감정 등에 대한 특별요금
    - 송달료 기타 법원에 납부한 비용
- 재판외비용 (당사자비용)
  - 서기료(1면마다 250원. 단, 법무사에게 의뢰한 경우)
  - 관청등으로부터의 서류발급비용(발급수수료, 왕복여비)
  - 제출비용(등기우편요금. 단, 법무사에게 작성·제출 의뢰한 경우)
  - 당사자 등 기일출석비용(=증인 감정인 등의 경우와 같은 액)

\*문제사례
  - 가압류, 가처분. cf. 임차권등기명령³⁾
  - 지급명령(법무사 p37, 변호사 p42, 80, 95.)
  - 공동소송(p83, 154)
  - 반소(p179, 인지 계산방식과 다름)
  - 상소(p143, 인지 계산방식과 다름)
  - 취하(p96→81→126, 105) 청구감축(209)

**집행비용**

- 집행준비비용 : 집행문부여·송달증명 신청비용, 송달비용, 서기료, 출석비용 등
- 집행실시비용 : 신청수수료, 진술최고신청비용 등
- 필요한 비용 : 집행에 필요한 것만이 집행비용이 됨

---

| 보전소송비용 (신청취하) 2010마181 2015마1043 p(47, 80,) 95 **별론심과를 가燃는지 유무에 따라 달라짐** | 보전집행비용 (집행해제) p233, 263 |
| --- | --- |
| 민사집행비용 p4 | p253, 259 인도집행(p253) 대위변수등기(판례) 재산조회비용(?) |
| 소송비용액확정 (p125,126) | 집행비용액예확정 (p286,283) |

---

※유의사항 - 비용누락(p97), 합의시 작성(p101), 불복방법(p5, 6, 32, 80, 231, 233, 251), 소송비용 담보제공 - 청구구 이후 없음이 명백할 경우 피고가 활용할 수 있는 제도, '20년 서울중앙지법 증인여비·서울시내(운임 3,300원, 일당 50,000원, 식비 20,000원), '14년 이창부의정부시내-서울시내(운임 5,000원, 일당 50,000원, 식비 6,000원), 소송비용에을 넘는 순해(p89).

1) 소송비용·집행비용으로 인정되지 않는 부분(p5, 6, 32, 80, 231, 233, 251), 소송비용 담보제공 - 청구구 이후 없음이 명백할 경우 피고가 활용할 수 있는 제도,
2) '20년 서울중앙지법 증인여비-서울시내(운임 50,000원, 일당 50,000원, 식비 6,000원)
3) 보전처분 절차 준용. 임차권인은 임차권등기명령이 신청과 그에 따른 임차권등기와 관련하여 든 비용을 임대인에게 청구할 수 있다.

# *보론 6 : 채권자대위권의 활용

## 1. 전부권자의 임대인을 대위한 명도청구

많이 알고 있듯이 '임대차계약 종료 후'에는 전부권자가 전부금 청구소송을 제기하면서 처음부터 임차인과 임대인을 공동피고로 해서, 임차인에게는 임대인에게 건물을 명도할 것을 구하고, 임대인에게는 위 부동산을 명도받음과 동시에 보증금을 전부권자에게 지급하라는 취지의 소를 제기할 수 있습니다(대판 1989. 4. 25. 선고 88다카 4253 판결 등 참고).

그러나 임차인이 차임과 관리비 등을 연체하고 있음에도 불구하고 임대인이 유보된 계약해지권(일반적으로 임대차계약에는 임차인의 차임연체가 2기 이상에 달하는 경우에는 임대인은 계약을 해지할 수 있다는 내용의 조항이 있음)을 행사하지 아니하여 기간 종료시까지 기다린다면 보증금이 모두 공제되어 전부권자가 받아갈 보증금이 하나도 남지 않게 될 경우가 있습니다. 이러한 경우에 견해의 다툼은 있으나 아래와 같은 방법으로 채권을 회수할 수 있습니다(박창수, 임대차보증금의 전부명령과 임대인의 공제의 한도, 재판자료 제109집 민사집행법 실무연구, 법원도서관 2006. 660면 이하 참고).

해지권과 같은 형성권도 채권자대위의 대상이 되므로 전부권자가 임대인을 대위해서 계약을 해지할 수 있습니다(전부권자가 자신의 임대차보증금을 보전하기 위해서 임대인을 대위해서 임차인에게 계약해지권을 행사함에 있어서 전부권자의 채권의 보전과 임대인의 자력 유무와는 관계가 없으므로 임대인의 무자력을 요건으로 하지 않습니다). 따라서 "임대차기간 중"에도 전부권자는 임대차계약의 약정해지권이 발생한 이상 민법 제404조 제2항에 의해서 법원의 허가를 얻어(아직 전부권자의 임대차보증금반환채권의 이행기가 도래하지 않았기 때문에 허가가 필요합니다) 임대인을 대위해서 임대차계약을 해지하고 임차인에게 건물명도를 구할 수 있고, 임대인에게는 위 건물을 명도받음과 동시에 보증금을 지급할 것을 청구할 수 있습니다.

## 2. (채권자대위권에 의한)가등기 등 말소에 대해

가. 채무자에 대한 집행권원이 있고, 채무자 소유의 부동산이 있음에도 불구하고 최선순위 허위의 가등기로 인하여 경매절차가 진행되지 않는 경우가 적지 않습니다. 5년 이내라면 사해행위취소소송을 통해서 가능할 것이나 오래된 것이라면 이 또한 어렵습니다. 허위표시에 기초한 가등기라는 주장도 가능하나 입증하기에는 부담스럽습니다. 다만, 제척기간 경과를 이유로 한 청구는 매우 단순하므로 실무에서 이용할만하다고 생각하여 채권자대위권을 이용한 소장을 한번 만들어 보았습니다(이런 종류의 재산은닉은 매우 낡은 방법에 속하지만 생각보다는 너무 광범위하게 사용되고 있어 적극적인 대응이 필요합니다).

## 청 구 취 지

1. 피고(가등기권자)는 소외 ○○○(채무자, 주민등록번호)에게 별지목록기재 부동산에 관하여 ○○지방법원 ○○등기소 19○○. . . 접수 제 ○호로 마친 소유권이전등기청구권가등기에 대하여 (제척기간 도과를 원인으로 한) 말소등기절차를 이행하라.

## 청 구 원 인

1. 원고는 소외 ○○○(채무자)에게 …채권이 있습니다.

2. 피고(가등기권자)는 청구취지와 같은 가등기를 경료하였습니다.

3. 피고는, 별지목록기재 부동산에 관하여 19○○. . .자 매매예약을 원인으로 한 소유권이전등기청구권가등기를 경료한 이래 지금까지 매매예약의 완결권을 행사하지 않고 있습니다. 위 매매예약완결권은 그 예약이 성립한 때로부터 10년 내에 행사하여야 하고 그 기간이 지난 때에는 제척기간의 도과로 인하여 소멸하므로(대법원 1992. 7. 28. 선고 91다44766호 판결), 피고의 소외 ○○○에 대한 매매 예약완결권은 그 예약일인 19○○. . .부터 10년이 되는 시점이 경과함으로써 제척기간의 도과로 소멸하였으므로 위 가등기는 무효가 되었습니다.

4. 이에 원고는 무자력자인 소외 ○○○을 대위하여 피고에 대하여 별지목록 기재 부동산에 관하여 제척기간 도과로 무효가 된 소유권이전등기청구권가등기의 말소를 구하기 위하여 이 사건 청구에 이른 것입니다.

나. 채권자대위에 의한 근저당말소 : 10년이 훨씬 지난 (허위 또는 소멸시

효 완성이 된) 근저당권이 설정되어 있는 경우 채권자대위권에 기해 말소청
구를 하는 취지의 소장도 위와 유사합니다.


### 3. 채권자대위권의 다양한 활용법

보통 채권자대위권(민법 제404조)을 등기문제에 한정하여 생각하는 경향이
있습니다. 그러나 실제로 채권자대위권을 이용하여 해결할 수 있는 법률문제
는 매우 다양한 것 같습니다. 그 중에서도 제가 인상 깊게 본 사례를 소개하
고자 합니다.


가. 공유물분할청구권의 대위행사(대법원 2020. 5. 21. 선고 2018다879
전원합의체 판결)[142]

청구원인을 요약하면 다음과 같습니다. '소외 甲(갑)은 원고에게 채무를 부
담하고 있으나, 원고에게 이를 전혀 변제하지 않고 있으므로 원고는 소외 甲
(갑)의 채권자로서 채권자대위권에 기하여 소외 甲(갑)이 이 사건 부동산에
대한 나머지 공유자들인 피고들에 대하여 가지는 공유물분할청구권을 대위
행사하여 청구취지와 같이(경매분할을 구하는 청구취지) 이 사건 부동산에

---

142) 긍정하는 대법원 판례가 있었으나, 전원합의체로 부정하는 취지로 변경되었습니다. 「채
권자가 자신의 금전채권을 보전하기 위하여 채무자를 대위하여 부동산에 관한 공유물분
할청구권을 행사하는 것은, 책임재산의 보전과 직접적인 관련이 없어 채권의 현실적 이
행을 유효·적절하게 확보하기 위하여 필요하다고 보기 어렵고 채무자의 자유로운 재산
관리행위에 대한 부당한 간섭이 되므로 보전의 필요성을 인정할 수 없다. 또한 특정 분
할 방법을 전제하고 있지 않은 공유물분할청구권의 성격 등에 비추어 볼 때 그 대위행
사를 허용하면 여러 법적 문제들이 발생한다. 따라서 극히 예외적인 경우가 아니라면
금전채권자는 부동산에 관한 공유물분할청구권을 대위행사할 수 없다고 보아야 한다. 이
는 채무자의 공유지분이 다른 공유자들의 공유지분과 함께 근저당권을 공동으로 담보하
고 있고, 근저당권의 피담보채권이 채무자의 공유지분 가치를 초과하여 채무자의 공유지
분만을 경매하면 남을 가망이 없어 민사집행법 제102조에 따라 경매절차가 취소될 수밖
에 없는 반면, 공유물분할의 방법으로 공유부동산 전부를 경매하면 민법 제368조 제1항
에 따라 각 공유지분의 경매대가에 비례해서 공동근저당권의 피담보채권을 분담하게 되
어 채무자의 공유지분 경매대가에서 근저당권의 피담보채권 분담액을 변제하고 남을 가
망이 있는 경우에도 마찬가지이다.」

대한 공유물분할청구를 하고자 이 사건 소를 제기하게 되었습니다.'

나. 공시최고 및 제권판결신청의 대위행사(대전지방법원 2005라64)

다. 아무런 권원 없이 국유재산에 설치한 시설물에 대하여 행정청이 행정대집행을 실시하지 않는 경우, 그 국유재산에 대한 사용청구권을 가지고 있는 자가 '국가를 대위하여' 민사소송으로 그 시설물의 철거를 구할 수 있는지 여부(대법원 2009.6.11. 선고 2009다1122 판결)

라. 농지취득자격증명 발급신청권이 채권자대위권의 목적이 될 수 있는지 여부

농지를 취득하려는 자가 농지에 대한 매매계약을 체결하는 등으로 농지에 관한 소유권이전등기청구권을 취득하였다면, 농지취득자격증명 발급신청권을 보유하게 되므로, 이러한 농지취득자격증명 발급신청권은 채권자대위권의 행사대상이 될 수 있다고 보아야 합니다(대법원 2018. 7. 11. 선고 2014두36518 참고). 농지취득자격증명 발급신청권은 재산권으로서 행사상의 일신전속적 권리로는 볼 수 없고, 채권자가 이를 대위행사하더라도 농지법상 경자유전의 원칙을 회피하는 탈법행위가 발생할 우려가 없으며, 행정청은 채권자가 제출하는 자료에 의하여 채무자의 농업경영의 의사가 있는지 여부를 객관적으로 판단할 수 있다는 등의 이유로 농지취득자격증명 발급신청권이 채권자대위권의 목적이 될 수 있다고 보았습니다.

## 4. 채권자대위권에 기한 채권의추심 및 처분금지가처분(예금채권)

의뢰자는 임금체불근로자로 상대방(주식회사 ○백화점)이 제3채무자 농협은행에 대하여 가지는 예금채권을 가압류해달라고 신청함. 의뢰자에 의하면 상대방은 백화점 내 점포를 타에 임대하고 그 임대료 및 관리비 등을 수입으로 얻는데 관리비청구서에는 '수납은행란에는 농협은행 계좌번호, 예금주 상대방'로 기재되어 있으나, 확인결과(인터넷 등으로 확인가능) 위 계좌의 예금주는 상대방 회사의 경리직원 '제3자'인 것으로 확인되었습니다. 그래서 우선 가압류할 채권의 표시를 '상대방이 자신의 직원 제3자[직원]를 예금주로 하여 제3채무자 농협에 개설한 예금계좌(구체적으로 특정함)에 대하여 가지는 예금채권 가운데 위 청구금액에 이를 때까지의 금액'으로 하여 채권가압류를 신청하였으나 아래와 같은 보정이 나왔습니다.

---

### 법원의 보정명령

채권자의 재산 아닌 목적물을 가압류 목적물로 한 신청은 부적법하다고 할 것인데, 금융실명거래및비밀보장에관한법률 제2조 제1항에 따라 금융기관은 거래자의 실지 명의에 의하여 금융거래를 하여야 하므로, 원칙적으로 예금명의자를 예금주로 보아야 하지만, 특별한 사정으로 예금의 출연자와 금융기관 사이에 예금명의인이 아닌 출연자에게 예금반환채권을 귀속시키기로 하는 명시적 또는 묵시적 약정이 있는 경우에 그 출연자를 예금주로 하는 금융계약이 성립된다고 할 것이므로, 채권자가 이 사건 가압류 목적물로 삼은 제3자[직원] 명의의 예금계좌에 대한 예금채권은 원칙적으로 제3자[직원]에게 귀속된다고 할 것이므로 채무자와 제3자[직원] 사이의 명의신탁약정이 있다 하더라도 채무자의 재산으로 볼

---

수 없습니다. 따라서, 이 사건 가압류 목적인 예금채권이 채권자에게 귀속된다는 점을 제3채무자의 확인서 등을 제출하여 소명하거나, 제3자[직원]를 채무자로 하여 채권자대위권에 기한 명의신탁해지에 따른 예금채권양도절차이행청구권을 피보전권리로 한 채권의 추심 및 처분금지가처분 등 다른 보전방법을 강구하기 바랍니다.

그래서, 채무자를 제3자[직원]로, 제3채무자를 농협은행로 하고, 피보전권리의 내용을 명의신탁해지에 따른 예금채권양도절차이행청구권로 하는 아래와 같은 내용의 채권처분 및 추심금지가처분을 신청하여 인용되었습니다.

## 가처분할 채권의 표시

채무자가 제3채무자에 개설한 예금계좌(계좌번호 특정)에 대하여 가지는 예금반환채권.

### 신청이유

1. 채권자의 신청외 주식회사 ㅇ백화점에 대한 임금채권

2. 피보전권리의 내용 : 위 백화점은 백화점 내 점포를 타에 임대하고 그 임대료 및 관리비 등을 수입으로 얻고 있는데, 경영난으로 인해 다수 채권자들로부터 채권추심 등의 어려움에 처하자, 이를 회피하기 위하여 위 백화점과 채무자는 예금계좌에 대한 명의신탁약정을 체결하고, 점포상인들이 매달 위 백화점에 지급하는 관리비를 백화점 명의의 계좌가 아닌 경리담당 직원인 채무자 명의의 계좌로 입금토록 하였습니다. 이에 채권자는 위 백화점에 대한 임금채권을 보전하기 위하여, 위 ㅇ백화점을 대위하여 위 백화점과 채무자간의 예금계좌에 대한 명의신탁약정

을 해지하고 예금채권의 양도절차이행을 청구할 예정입니다.

## 5. 채권자대위권에 기한 채권가압류(보증금 명의신탁)

## 청구채권의 표시

금 10,000,000원

(채권자의 신청외 ○프씨 주식회사에 대한 임금청구채권의 보전을 위하여 신청외 ○프씨 주식회사가 채무자에 대하여 가지는 부당이득반환채권의 대위행사)

## 신 청 이 유

1. 피보전권리에 대하여

가. 신청외 ○프씨 주식회사의 채무자에 대한 부당이득반환채권 (피대위채권)


(1) 신청외 ○프씨 주식회사는 서울 강남구 역삼동 소재에서 식당체인업등을 하는 법인사업자인데, 2006. 6월경 신청외회사는 서울 강남구 신사동 소재 영업점에 대한 임대차계약을 체결함에 있어서, 그 임차보증금에 대해 다른 채권자들로부터 압류가 들어올 것이 예상되자, 당시 신청외회사의 직원이었던 채무자와 그 임차보증금의 실제 채권자는 신청외회사로 하되, 임대차계약상의 명의만 채무자로 하는 구두약정(이하 '이 사건 명의신탁약정'이라고 합니다)을 한 바 있습니다. 이에 따라서 채무자는 '○페'라는 상호로 사업자등록을 하고 신청외회사로부터 위 영업점

에 대하여 제3채무자와 계약기간을 2006. 6. 9.부터 2007. 6. 8.까지로, 보증금은 삼천만원으로 하는 임대차계약을 체결하였고, 신청외회사는 위 임차보증금 전액을 채무자를 통하여 제3채무자에게 지급하였습니다.

(2) 이후 2007. 3. 7. 신청외회사는 채무자와의 사이에, 이사건 명의신탁약정을 명확히 하고, 채무자가 위 임대차보증금을 임의로 처분하지 못하도록 하기 위하여 '위 임차보증금을 포함하여 채무자명의로 사업자등록을 한 ㅇ페의 모든 재산은 신청외회사의 자산임을 인정하고, 신청외회사의 동의없이는 채무자가 임의로 양도, 임대, 담보제공하지 않는다'는 내용의 합의서를 작성하고 이 합의서에 대하여 공증인가 ㅇ합동법률사무소 등부 2007년 제ㅇ호로서 인증서를 작성한 바 있습니다. 그렇다면 신청외회사는 채무자에 대하여 장래 이 사건 명의신탁약정의 해지로 인한 부당이득반환채권을 가진다고 할 것입니다.

나. 채권자의 신청외회사에 대한 임금청구채권 (피보전채권) 생략

2. 보전의 필요성에 대하여
가. 채권자는 신청외회사를 상대로 임금체불을 이유로 관할지방노동사무소에 진정을 제기하였으나 신청외회사는 현재까지도 그 지급을 미루고 있으며, 채권자는 임금청구의 소를 제기하려고 준비 중이나 본안소송은 오랜 시일이 소요되고, 신청외회사는 사실상 폐업직전의 부도위기에 처해있고, 장기간 월세체납등으로 인해 반환받을 수 있는 사무실임차보증

금은 거의 없는 형편이며, 그 소유의 재산으로는 시가 수백만원상당의 사무실소재지 유체동산(이에 대하여 이사건가압류와 함께 유체동산가압류를 신청할 예정입니다)외에는, 채무자에 대하여 가지고 있는 이사건 명의신탁약정의 해지에 따른 부당이득반환채권이 전부입니다. 이와 같이 신청외회사는 채권자의 청구채권에 비추어 무자력상태에 있다고 할 것이므로, 채권자가 신청외회사의 위 부당이득반환채권을 대위행사하지 않으면 채권확보는 거의 불가능하여 그 집행보전을 위하여 신청외회사의 위 부당이득반환채권을 대위행사할 필요가 있다 할 것입니다.

나. 그런데, 채무자역시 사업이 어려운 형편에 있어 다수의 채무를 지고 있으며, 비록 채무자는 그 주소지 소재 부동산을 소유하고 있으나, 그 시가가 1억여원에 지나지 않음에도 이미 약 2억원의 채권최고액으로 근저당권이 설정되어 있어 이 사건 별지목록 기재 채권외에는 집행가능한 재산이 없으며, 더욱이 임대차계약이 이미 종료하여 언제 채무자가 별지목록 기재 채권을 처분할지 모르므로, 단순히 신청외회사의 채무자에 대한 위 부당이득반환채권을 가압류하는 것만으로는 집행의 실효성을 기대할 수 없어 그 집행을 보전하고자 부득이 채권자대위에 의하여 이 사건 가압류신청에 이르게 된 것입니다.

## 【보 정 서】

1. 피대위채권인 채무자에 대한 부당이득반환채권의 내용 (금전채권)

가. 신청외 ○씨 주식회사(이하 '신청외회사'라고 합니다)와 채무자간의 명의신탁약정에 기하여 신청외회사가 이를 해지함으로써 채무자에게

가지는 채권은 원칙적으로 원상회복청구채권이라고 할 것이지만, 이 사건 의 경우에는 실제 채무자가 자신의 명의로 'ㅇ레'라는 상호로 사업자 등록을 하고 임차건물에 입주하여 대외적으로 채무자자신이 사업주인양 영업을 하고 있으며, 임대인인 제3채무자역시 채무자를 진정한 임차인으로 알고 있고, 임대차계약 역시 갱신되어 전임대차와 동일한 조건으로 유지되고 있는 실정이므로 원상회복으로서 임차권의 양도를 구하기는 어렵습니다. (註 : 원상회복으로 이론구성되면, 가처분신청으로 성격이 변해야 함).

나. 더욱이 채무자와 제3채무자간의 합의에 의하여, 이 사건 임대차계약에서는 채무자가 임차권을 타에 전대, 양도하는 행위를 금지하고 있고 (소갑 제1호증 점포임대차계약서 참조), 이와 같은 양도금지특약이 있다는 사실은 신청외회사도 잘 알고 있습니다. 따라서, 이사건 임대차계약상의 임차권의 양도성은 상실하였다고 할 것입니다.

다. 그렇다면, 신청외회사는 채무자에게 원상회복으로서 임차권의 양도를 구할 수는 없고, 다만 그 가액(이는 채무자가 취득한 이익인 임차보증금상당액이 될 것입니다)의 반환을 청구할 수 있을 뿐이므로, 이사건 가압류신청의 피대위채권은 채무자에 대하여 임차보증금상당액인 금 30,000,000원의 반환을 청구하는 것을 내용으로 하는 금전채권이 될 것입니다.

2. 피대위채권과 가압류대상채권의 양립가능성

이상에서 검토한 바와 같이, 피대위채권을 채무자에 대하여 금 30,00
0,000원의 반환을 청구하는 금전채권으로 본다면, 이는 가압류대상채권
인 채무자가 제3채무자에 대하여 가지는 임차보증금반환채권과는 별개
의 것으로서 양립하여 존재할 수 있음은 명백합니다.

6. 배당요구 종기 이후에 3년이 경과한 가압류채권자를 상대로 배당이의 소
송을 제기하면서 사정변경에 의한 가압류취소를 신청하여 가압류가 취소될 경
우 가압류채권자가 배당에서 제외됩니다. 후순위권리자 등이 이해관계인으로
써 가압류취소신청이 가능합니다(민사집행법 제288조 제1항).

7. 채권자대위권을 행사함에 있어서 채권자가 제3채무자에 대하여 자기에게
직접 급부를 요구하여도 어차피 그 효과는 채무자에게 귀속되는 것이므로,
채권자대위권을 행사하여 채권자가 제3채무자에게 그 소유권이전등기의 말소
절차를 직접 자기에게 이행할 것을 청구하여 승소하였다고 하여도 그 판결에
기한 말소등기에 따른 등기상태는 채무자 명의로 돌아가는 것이니, 채권자대
위권을 행사하는 채권자에게 직접 말소등기절차를 이행할 것을 명한 판결에
위법이 있다고 할 수 없다(94다58148).

8. 민법상 조합원은 조합의 존속기간이 정해져 있는 경우 등을 제외하고는
원칙적으로 언제든지 조합에서 탈퇴할 수 있고(민법 제716조 참조), 조합원
이 탈퇴하면 그 당시의 조합재산상태에 따라 다른 조합원과 사이에 지분의
계산을 하여 지분환급청구권을 가지게 되는바(민법 제719조 참조), 조합원이
조합을 탈퇴할 권리는 그 성질상 조합계약의 해지권으로서 그의 일반재산을
구성하는 재산권의 일종이라 할 것이고 채권자대위가 허용되지 않는 일신전

속적 권리라고는 할 수 없다. 따라서 채무자의 재산인 조합원 지분을 압류한 채권자는, 당해 채무자가 속한 조합에 존속기간이 정하여져 있다거나 기타 채무자 본인의 조합탈퇴가 허용되지 아니하는 것과 같은 특별한 사유가 있지 않은 한, 채권자대위권에 의하여 채무자의 조합 탈퇴의 의사표시를 대위행사할 수 있다(대법원 2007.11.30. 자 2005마1130 결정 참고).

# *보론 7 : 소멸시효

## 소멸시효 관련 자료

1. 판결이 확정된 후 10년이 경과하여 소멸시효 완성의 의심이 있다 하더라도(한편 말소등기청구권은 그 성질이 소유권에 기한 방해배제청구권으로서 소멸시효의 대상도 아닙니다) 형식적 심사권만 있는 등기관으로서는 시효의 중단 여부 등을 알 수 없으므로 판결에 의한 등기를 수리하여 등기하여야 합니다(부동산등기실무〔Ⅰ〕, 법원행정처, 2007. 341면). 집행증서 등에 의한 강제집행이 위와 같은 의심이 들더라도 위와 같다고 보여집니다.

2. 민법 제168조에서 가압류를 시효중단사유로 정하고 있는 것은 가압류에 의하여 채권자가 권리를 행사하였다고 할 수 있기 때문이고, 가압류에 의한 집행보전의 효력이 존속하는 동안은 가압류채권자에 의한 권리행사가 계속되고 있다고 보아야 할 것이므로, '**가압류에 의한 시효중단의 효력은 가압류의 집행보전의 효력이 존속하는 동안 계속된다**'고 보는 것이 판례이다(대법원 2008.3.27. 선고 2006다24568 판결 등 참조). 이에 대하여

주로 재판상 청구의 경우에는 재판이 확정된 때로부터 다시 소멸시효가 진행하고, 부동산에 대한 압류의 경우 구체적인 배당절차의 종료시에 소멸시효의 중단사유가 종료된다고 해석되는 것과 균형이 맞지 않는다는 점에 근거한 유력한 비판이 있다(양창수, "부동산가압류의 시효중단효의 종료시기" 민사판례연구 XXIV, 2002, 1면 이하).

3. **금전채무의 이행지체로 인하여 발생하는 지연손해금은 그 성질이 손해배상금이지 이자가 아니고, 원본채권이 상행위로 인한 채권일 경우 마찬가지로 그 지연손해금도 상행위로 인한 채권으로서 5년의 소멸시효를 규정한 상법 제64조가 적용된다**(대법원 2007. 4. 12. 선고 2006다14691 판결, 대법원 2008. 3. 14. 선고 2006다2940 판결 참조).

4. **새마을금고**는 우리 나라 고유의 상부상조 정신에 입각하여 자금의 조성 및 이용과 회원의 경제적·사회적·문화적 지위의 향상 및 지역사회개발을 통한 건전한 국민정신의 함양과 국가경제발전에 기여함을 목적으로 하는 비영리법인이므로, 새마을금고가 금고의 회원에게 자금을 대출하는 행위는 일반적으로는 영리를 목적으로 하는 행위라고 보기 어렵습니다.

한편, 당사자 쌍방에 대하여 모두 상행위가 되는 행위로 인한 채권뿐만 아니라 당사자 일방에 대하여만 상행위에 해당하는 행위로 인한 채권도 상법 제64조 소정의 5년의 소멸시효기간이 적용되는 상사채권에 해당하고 그 상행위에는 상법 제46조 각 호에 해당하는 기본적 상행위뿐만 아니라 상인이 영업을 위하여 하는 보조적 상행위도 포함되므로, **새마을금고가 상인인 회원에게 자금을 대출한 경우**, 상인의 행위는 특별한 사정이 없는 한 영업을 위하여 하는 것으로 추정되므로 그 대출금채권은 상사채권으로서 5년의 소멸시효기간이 적용됩니다(대법원 1998. 7. 10. 선고 98다10793 판결 참조, **신용협동조합**에 대해서는 대구지방법원 1991. 6. 14. 선고 90나9085 판결 참조).

이에 더 나아가 최근에는 **지역농협**이 조합원에게 자금을 대출하는 행위는 일반적으로 영리를 목적으로 하는 행위라고 보기 어려우나, 조합원이 아닌 비조합원에 대한 이자수입을 목적으로 한 대출행위는 상법 제46조 제8호에서 정한 여신행위를 영업으로 하는 경우에 해당하여 상행위로 봄이 상당하므로, 그 대출금 채권은 상사채권에 해당한다는 취지의 하급심이 있습니다(청주지방법원 2012나1574).

5. 대여금 피고사건 중 의뢰자가 자신이 유흥주점에 유흥점객원으로 종사하면서 윤락행위를 할 것을 조건으로 돈을 빌린 것(이른바 선불금)이므로 불법원인급여에 해당한다고 주장하는 사례가 있습니다. 즉, 이럴 경우 아래의 대법원 판례를 인용하면서 불법원인급여에 해당한다고 항변합니다. "윤락행위 및 그것을 유인·강요하는 행위는 선량한 풍속 기타 사회질서에 위반되므로, 윤락행위를 할 자를 고용·모집하거나 그 직업을 소개·알선한 자가 윤락행위를 할 자를 고용·모집함에 있어 성매매의 유인·강요의 수단으로 이용되는 선불금 등 명목으로 제공한 금품이나 그 밖의 재산상 이익 등은 불법원인급여에 해당하여 그 반환을 청구할 수 없다(대법원 2004. 9. 3. 선고 2004다27488,27495 판결 참조)." 그러나 이에 관한 입증이 쉬운 것이 아니라는 것은 이러한 소송을 직접 또는 간접적으로 보아온 사람이라면 알 수 있습니다. 그런데 이런 사례의 경우 **5년의 소멸시효를 주장할 수 있다**는 하급심 판결례가 있어 소개하고자 합니다. **주된 내용은 "대여금을 대여할 당시 유흥주점을 운영하던 상인인 원고의 대여행위는 유흥주점에서 유흥접객원**

으로 종사할 것을 조건으로 다시말해 자신의 영업을 위하여 이루어진 것으로 추정되므로 이러한 대여금 채권은 상사채권에 해당된다"는 취지입니다.

6. 양육자가 상대방에 대하여 자녀 양육비의 지급을 구할 권리는 당초에는 기본적으로 친족관계를 바탕으로 하여 인정되는 하나의 추상적인 법적 지위이었던 것이 당사자 사이의 협의 또는 당해 양육비의 내용 등을 재량적·형성적으로 정하는 가정법원의 심판에 의하여 구체적인 청구권으로 전환됨으로써 비로소 보다 뚜렷하게 독립한 재산적 권리로서의 성질을 가지게 된다. 이와 같이 당사자의 협의 또는 가정법원의 심판에 의하여 구체적인 지급청구권으로서 성립하기 전에는 과거의 양육비에 관한 권리는 양육자가 그 권리를 행사할 수 있는 재산권에 해당한다고 할 수 없고, 따라서 이에 대하여는 소멸시효가 진행할 여지가 없다고 보아야 한다.

[2] 갑의 을에 대한 양육비청구권이 시효소멸하였는지 문제된 사안에서, 구체적인 양육비청구권이 성립하였다고 볼 자료를 기록상 찾을 수 없음에도 10년이 경과한 양육비청구권이 시효소멸하였다고 판단하고 양육비청구를 배척한 원심판결에는 과거의 양육비청구권의 소멸시효에 관한 법리를 오해한 위법이 있다고 한 사례(대법원 2011.07.29. 자 2008스67 결정 양육비심판청구)

7. 갑 주식회사와 을이 체결한 정수기 대여계약에 기한 월 대여료 채권의 소멸시효 기간이 문제 된 사안에서, 위 대여계약은 갑 회사가 보유하는 정수기를 그 사용을 원하는 을 등 불특정 다수를 대상으로 대여하기 위하여 체결한 것으로서 본질이 리스물건의 취득 자금에 대한 금융 편의 제공이 아니라

리스물건의 사용 기회 제공에 있는 점, 위 대여계약에서 월 대여료는 갑 회사가 을에게 제공하는 취득 자금의 금융 편의에 대한 원금의 분할변제와 이자·비용 등의 변제 성격을 가지는 것이 아니라 정수기의 사용 대가인 점 등에 비추어 위 대여계약은 금융리스에 해당한다고 볼 수 없으므로, 위 대여계약에 기한 월 대여료 채권은 민법 제163조 제1호에 정한 '사용료 기타 1년 이내의 기간으로 정한 금전의 지급을 목적으로 한 채권'으로서 소멸시효 기간은 3년이라는 이유로, 이와 달리 소멸시효 기간이 5년이라고 본 원심판결을 파기한 사례(대법원 2013. 7. 12. 선고 2013다20571)

8. 채무자가 소멸시효 완성 후에 한 소멸시효이익의 포기행위는 소멸하였던 채무가 소멸하지 않았던 것으로 되어 결과적으로 채무자가 부담하지 않아도 되는 채무를 새롭게 부담하게 되는 것이므로 채권자취소권의 대상인 사해행위가 될 수 있다.(대법원 2013. 5. 31. 자 2012마712 결정) 사안 : 채무자가 1998. 9. 25. 매매예약완결권을 행사하여 그때부터 신청외 2에 대하여 이 사건 토지에 관한 가등기에 기한 본등기청구권을 행사할 수 있었음에도 이를 10년간 행사하지 아니함으로써 소멸시효가 완성되었다고 할 것이고, 이 사건 가등기에 기한 본등기청구권이 소멸되는 시효이익을 받는 자인 신청외 2가 2011. 8. 18. 이 사건 토지에 관하여 채무자 명의로 이 사건 가등기에 기한 본등기를 마쳐줌으로써 자신의 시효이익을 포기하는 행위를 하였다고 할 수 있으며, 이러한 신청외 2의 소멸시효이익의 포기행위는 신청외 2와 채무자 사이의 1998. 5. 20.자 매매예약과는 별개로 채권자취소권의 대상인 사해행위에 해당한다고 볼 수 있다.

## 9. 연대보증과 소멸시효

가. 채권자와 주채무자 사이의 확정판결에 의하여 주채무가 확정되어 그 소멸시효기간이 10년으로 연장되었다 할지라도 그 보증채무까지 당연히 단기소멸시효의 적용이 배제되어 10년의 소멸시효기간이 적용되는 것은 아니고, 채권자와 연대보증인 사이에 있어서 연대보증채무의 소멸시효기간은 여전히 종전의 소멸시효기간에 따른다.(대법원 2006. 8. 24. 선고 2004다26287 판결)

나. 갑이 주채무자 을 주식회사의 채권자 병 주식회사에 대한 채무를 연대보증하였는데, 을 회사의 주채무가 소멸시효 완성으로 소멸한 상태에서 병 회사가 갑의 보증채무에 기초하여 갑 소유 부동산에 관한 강제경매를 신청하여 경매절차에서 배당금을 수령하는 것에 대하여 갑이 아무런 이의를 제기하지 않은 사안에서, 변제 충당 등에 따른 보증채무에 대한 소멸시효 이익의 포기 효과가 발생할 수 있다는 사정만으로는 주채무에 대한 소멸시효 이익의 포기 효과가 발생하였다거나 갑이 주채무의 시효소멸에도 불구하고 보증채무를 이행하겠다는 의사를 표시한 것으로 보기 부족하고 달리 보증채무의 부종성을 부정하여야 할 특별한 사정도 없으므로, 갑이 여전히 보증채무의 부종성에 따라 주채무의 소멸시효 완성을 이유로 보증채무의 소멸을 주장할 수 있는데도, 이와 달리 본 원심판결에 보증채무의 부종성과 보증인의 주채무 시효소멸 원용에 관한 법리오해의 위법이 있다고 한 사례.(대법원 2012. 7. 12. 선고 2010다51192 판결)

다. 보증채무는 주채무와는 별개의 독립한 채무이므로 보증채무와 주채무의 소멸시효기간은 채무의 성질에 따라 각각 별개로 정해진다. 그리고 주채무자에 대한 확정판결에 의하여 민법 제163조 각 호의 단기소멸시효에 해당하는 주채무의 소멸시효기간이 10년으로 연장된 상태에서 주채무를 보증한 경우, 특별한 사정이 없는 한 보증채무에 대하여는 민법 제163조 각 호의 단기소멸시효가 적용될 여지가 없고, 성질에 따라 보증인에 대한 채권이 민사채권인 경우에는 10년, 상사채권인 경우에는 5년의 소멸시효기간이 적용된다. 건설자재 등 판매업을 하는 갑이 을 주식회사를 상대로 제기한 물품대금청구소송에서 갑 승소판결이 확정된 후 병이 을 회사의 물품대금채무를 연대보증한 사안에서, 상인인 갑이 상품을 판매한 대금채권에 대하여 병으로부터 연대보증을 받은 행위는 반증이 없는 한 상행위에 해당하고, 따라서 갑의 병에 대한 보증채권은 특별한 사정이 없는 한 상사채권으로서 소멸시효기간은 5년이라고 한 사례.(대법원 2014. 6. 12. 선고 2011다76105 판결)

라. 주채무인 회생채권이 소멸시효기간 경과 전에 채무자 회생 및 파산에 관한 법률 제251조에 따라 실권되었다면 더 이상 주채무의 소멸시효 진행이나 중단이 문제 될 여지가 없으므로, 이러한 경우 보증인은 보증채무 자체의 소멸시효 완성만을 주장할 수 있을 뿐 주채무의 소멸시효 완성을 원용할 수 없다.(대법원 2016. 11. 9. 선고 2015다218785 판결)

10. 체납처분에 의한 채권압류로 인하여 채권자의 채무자에 대한 채권의 시효가 중단된 경우에 그 압류에 의한 체납처분 절차가 채권추심 등으로 종료된 때뿐만 아니라, 피압류채권이 그 기본계약관계의 해지·실효 또는 소멸시효 완성 등으로 인하여 소멸함으로써 압류의 대상이 존재하지 않게 되어 압류 자체가 실효된 경우에도 체납처분 절차는 더 이상 진행될 수 없으므로 시효중단사유가 종료한 것으로 보아야 하고, 그때부터 시효가 새로이 진행한다

고 할 것이다. 피고(대한민국)가 원고의 조세채무 체납을 원인으로 2006. 1. 23. 원고의 보험계약에 따른 보험금청구권과 보험료환급청구권을 압류하였으므로 위 압류에 의하여 피고의 조세채권의 시효가 중단되었으나, 압류 이후 원고의 보험료 미납으로 인하여 2006. 12. 1. 보험계약이 실효되었으므로, 보험계약에 의한 보험금청구권은 위 보험계약의 실효로 소멸하였고, 이때 발생한 보험료환급청구권의 소멸시효는 상법 제662조에 의하여 2년인데, 그 권리를 행사할 수 있는 때인 위 2006. 12. 1.부터 2년이 경과한 2008. 11. 30. 소멸시효가 완성되어 역시 소멸하였다고 보아야 한다. 그렇다면 체납압류는 그 피압류채권이 더 이상 아무 것도 존재하지 않게 됨으로써 실효되었다고 할 것이고, 이에 따라 체납압류에 의한 시효중단사유는 종료한 것으로 보아야 하므로, 이때부터 피고의 조세채권에 대한 시효가 새로이 진행하여 국세기본법 제27조 제1항 제2호에 따른 5년의 소멸시효 기간이 경과한 2013. 11. 30. 무렵에는 소멸시효가 완성되었다고 볼 것이다(대법원 2017. 4. 28. 선고 2016다239840 판결).

11. 배상명령을 신청하여 확정된 경우 판결로 확정된 채권과 같이 소멸시효가 10년으로 연장될 것인지, 아니면 단순히 배상명령을 신청하는 것이 재판상 청구로 시효중단사유여서 배상명령이 확정된 때부터 다시 원래 채권의 성질에 따른 시효를 기산해야 하는지 논란이 있습니다. 이에 대한 대법원 판결례는 없어 보이고 하급심 판례는 별다른 이유 설시 없이 10년으로 본 사례, 배상명령의 효력 등에 대해 설명하면서 배상명령 자체는 기판력이 없는 결정이므로 10년으로는 볼 수 없고 배상명령이 확정된 때부터 다시 원 채권의 소멸시효가 진행한다는 판례가 모두 존재합니다.

12. 근로자가 산재를 당한 후 근로자의 사용자 내지 감독자 등에게 채무불이행 또는 불법행위에 기하여 손해배상을 청구할 수 있습니다. 이 경우 일반적인 불법행위에 기한 손해배상청구권의 소멸시효와는 달리, 채무불이행에 기한 손해배상청구권의 소멸시효에 대해서 주의할 점이 있습니다. 즉, 회사와 근로자 사이의 근로계약은 회사의 보조적 상행위이고, 상가시효가 적용되는 채권에는 직접 상행위로 인하여 생긴 채권 뿐만 아니라 상행위로 인하여 생긴 채무의 불이행에 기하여 성립한 손해배상채권도 포함되는 것이므로, 이러한 청구권에 기한 손해배상청구권은 5년의 상사소멸시효가 적용된다는 점입니다. 또한, 근로계약이나 단체협약이 보조적 상행위에 해당함을 이유로, 단체협약에 기한 근로자의 유족들의 회사에 대한 위로금채권에 5년의 상사소멸시효기간이 적용됩니다(대법원 2006.4.27. 선고 2006다1381 판결).

13. 소송비용상환청구권은 사법상 청구권이므로 일반채권과 같이 10년간 행사하지 아니하면 소멸시효가 완성된다. 그리고 국가 및 지방자치단체의 소송비용청구권은 금전의 급부를 목적으로 하는 권리로서 5년간 이를 행사하지 아니하면 소멸시효가 완성된다. 국가 및 지방자치단체에 대한 소송비용상환청구권도 마찬가지이다. 소멸시효의 기산점에 관하여는 소송비용액 청구는 소송비용의 상환을 명하는 재판이 확정되면 행사할 수 있는 것이므로 소송비용부담의 재판이 확정된 날로부터 기산하여 소멸시효를 계산한 실무례가 있다(서울고등법원 2002. 10. 7.자 2002라450).

14. 예약완결권은 형성권이므로 그 행사기간을 정한 경우에는 그 기간 내에, 행사기간을 정하지 않은 경우에는 권리가 발생한 때로부터 10년 이내에 행사하여야 하는데, 10년이 지났다는 이유로가등기말소소송이 제기된 경우 피

고의 항변사유로는 ①매매예약에 의한 가등기가 아니라 담보가등기임을 주장·입증하고 피담보채권에 대한 소멸시효 중단사유가 있음을 증명하거나, ②10년 전에 예약완결권을 행사하였으므로 완결권의 행사로 의사표시가 상대방에게 도달된 때로부터 소유권이전등기청구권이 발생하였음을 주장할 수 있다(이 경우 부동산을 점유하면 소멸시효가 중단된다).

15. 발행일 백지인 수표의 보충권 소멸시효기간은 보충권을 행사할 수 있는 때로부터 6개월(99다64018), 일람출급어음의 지급제시는 발행일로부터 1년 내에 하여야 하는데(어음법 34조 1항), 제시기간 내에 지급제시가 없었다면 소멸시효 기산점은 제시기간의 말일(2007다40352) 즉 발행일로부터 4년 경과하면 소멸시효완성된다. 백지보충권의 소멸시효는 만기가 백지인 어음의 경우 그 어음발행의 원인관계에 비추어 어음상의 권리를 행사하는 것이 법률적으로 가능하게 된 때부터 3년이고, 만기 이외의 어음요건이 백지인 경우 백지보충권을 행사할 수 있는 시기는 만기를 기준(만기+시효기간)으로 한다.

16. 금융기관이 원고인 구상금 사건의 경우 상법 제682조의 보험자대위를 근거로 하는 경우가 대부분인데, 대위하는 피보험자의 권리에 따라 두 유형으로 분류해 볼 수 있고 소멸시효가 다르다. 대위하는 피보험자의 권리가 부진정연대채무관계에 근거한 구상권인 경우, 즉 원고측 피보험자와 피고(또는 그 피보험자, 피용자 등)가 공동불법행위자이고, 제3자가 피해자인 사안의 경우 시효기간은 원칙적으로 원고가 피해자에게 손해배상금을 지급한 때로부터 10년이다. 대위하는 피보험자의 권리가 가해자에 대한 손해배상청구권인 경우, 즉 원고측 피보험자가 피해자이고, 피고(또는 그 피보험자, 피용자 등)가 불법행위자인 경우 원고측 피보험자가 손해 및 가해자를 안 때부터 3년

입니다(민사 집중심리재판부 사건유형별 업무매뉴얼[참여관], 서울중앙지방법원, 2010. 45면).

17. 채권의 압류는 집행채권의 소멸시효를 중단시키는 효력을 가집니다(민법 제168조 2호). 이 집행채권에 관한 시효중단의 효력은 압류명령신청시에 생깁니다(2008모1396, 법원실무제요 민사집행 [3], 법원행정처, 2014. 326면을 그대로 가져왔습니다). 이와 관련하여, 채권자가 채무자의 제3채무자에 대한 채권을 압류할 당시 그 피압류채권이 이미 소멸하였다는 등으로 부존재하는 경우에도 집행채권의 소멸시효가 중단되는지 여부입니다. 채권자가 채무자의 제3채무자에 대한 채권을 압류할 당시 그 피압류채권이 이미 소멸하였다는 등으로 부존재하는 경우에도 특별한 사정이 없는 한 압류집행을 함으로써 그 집행채권의 소멸시효는 중단된다고 보고 있습니다(대법원 2014. 1. 29. 선고 2013다47330판결 참고)

이와 유사하게, "추징형의 집행을 위하여 예금채권에 대해 채권압류·추심명령을 받았는데, 압류된 예금채권이 압류금지채권에 해당하여 무효이므로 추징형의 시효가 완성되었다고 주장하는 사안"에 대해, 이 사건 압류·추심명령의 압류명령이 잔액이 남아 있는 예금채권에 대하여 그 효력이 유지되고 있는 이상 추징형의 집행은 계속되고 있고, 압류된 예금채권이 압류금지채권에 해당하더라도 재판으로서 압류명령이 당연무효는 아니므로 즉시항고에 의하여 취소되기 전까지는 역시 추징형의 집행이 계속되고 있다고 판시하였습니다(2021모3227).

# 민법주해 소멸시효 부분(오영준 집필, 박영사, 2022.)

## 【매매예약완결권(p382) : 사실상 변경】

제척기간은 권리자로 하여금 당해 권리를 신속하게 행사하도록 함으로써 법률관계를 조속히 확정시키려는 데 그 제도의 취지가 있는 것으로서, 소멸시효가 일정한 기간의 경과와 권리의 불행사라는 사정에 의하여 권리 소멸의 효과를 가져오는 것과는 달리 그 기간의 경과 자체만으로 곧 권리 소멸의 효과를 가져오게 하는 것이므로 그 기간 진행의 기산점은 특별한 사정이 없는 한 원칙적으로 권리가 발생한 때이고, 당사자 사이에 매매예약 완결권을 행사할 수 있는 시기를 특별히 약정한 경우에도 그 제척기간은 당초 권리의 발생일로부터 10년간의 기간이 경과되면 만료되는 것이지 그 기간을 넘어서 그 약정에 따라 권리를 행사할 수 있는 때로부터 10년이 되는 날까지로 연장된다고 볼 수 없다(대법원 1995.11.10. 선고 94다22682,22699(반소)

민법 제564조가 정하고 있는 매매의 일방예약에서 예약자의 상대방이 매매예약 완결의 의사표시를 하여 매매의 효력을 생기게 하는 권리, 즉 매매예약의 완결권은 일종의 형성권으로서 당사자 사이에 행사기간을 약정한 때에는 그 기간 내에, 약정이 없는 때에는 예약이 성립한 때로부터 10년 내에 이를 행사하여야 하고, 그 기간을 지난 때에는 예약 완결권은 제척기간의 경과로 인하여 소멸한다(대법원 2017. 1. 25. 선고 2016다42077 판결).

cf. '매매예약'에 있어 매매예약완결권은 형성권으로서 중단이나 정지가 인정도지 않는 10년의 제척기간이 적용되나, 등기원인이 '매매계약'일 때에는 매매계약을 근거로 한 소유권이전등기청구권은 형성권이 아닌 청구권으로서 소멸시효의 대상으로 보는 것이 일반적이다(이승주 p43).

【도산절차 관련】

1. 대법원판례는 회생채권이 그 소멸시효기간 경과 전에 채무자 회생 및 파산에 관한 법률 제251조에 의하여 실권된 경우 이는 자연채무가 되고(2001다3122), 이러한 자연채무가 된 채권에 대하여는 소멸시효가 진행한다거나 중단된다는 것은 관념할 여지가 없다고 한다(2015다218785). 그리하여 주채무인 회생채권이 소멸시효기간 경과 전에 채무자 회생 및 파산에 관한 법률 제251조에 따라 실권되었다면 더 이상 주채무의 소멸시효 진행이나 중단이 문제 될 여지가 없으므로, 이러한 경우 보증인은 보증채무 자체의 소멸시효 완성만을 주장할 수 있을 뿐 주채무의 소멸시효 완성을 원용할 수 없다(대법원 2016. 11. 9. 선고 2015다218785 판결) (자연채무 p404)

2. 담보물권은 채권이 존속하면 존속하고, 채권이 소멸하면 따라서 소멸한다. 이와 같이 담보물권은 채권이 존속하는 한 채권과 독립하여 소멸시효에 걸리지 않는다(일반론). 자연채무인 채권을 피담보채권으로 한 담보권의 경우 그 피담보채권이 시효로 소멸할 수 없는데, 이 경우 그 담보권 자체의 소멸시효를 인정할 수 있는지 문제된다(p408). 일본의 판례는 이를 긍정하면서 저당권의 피담보채권이 면책허가결정의 효력을 받는 경우에는 그 저당권 자체가 20년의 소멸시효에 걸린다고 한다. (담보권의 소멸시효)

3. 파산절차참가라 함은 파산채권의 신고를 하는 것, 회생절차참가는 회생채권회생담보권의 신고를 의미, 개인회생채권자는 신고절차가 없으므로 입법미숙.

4. 주채무자에 대한 도산절차참가와 보증채무의 시효중단(p593) : ①회생채무자가 주채무자인 경우 회생채권자의 회생절차참가로 인한 시효중단의 효

력은 보증채무에도 미치고 그 효력은 회생절차참가라는 권리행사가 지속되는 한 유지된다. 회생절차가 종결되거나 폐지된 경우 주채무자에 대한 소멸시효 기간은 다른 중단사유가 없는 한 그 때로부터 10년이다. ②개인회생절차에서 개인회생채권자목록이 제출되거나 그 밖에 개인회생채권자가 개인회생절차에 참가한 경우에는 시효중단의 효력이 있고, 시효중단의 효력은 특별한 사정이 없는 한 개인회생절차가 진행되는 동안에는 그대로 유지된다. 주채무자에 대한 개인회생절차에서 변제계획인가결정이 이루어졌다 하더라도, 개인회생절차가 폐지되지 않고 계속 진행 중이라면 시효중단의 효력은 그대로 유지되고, 그러한 시효의 중단은 보증인인 피고에게도 효력이 있다. ③면책결정의 효력을 받은 채권은 채권자가 이행청구의 소를 제기하여 강제적으로 실현할 수 없으므로, 소멸시효의 기산점이 되는 '권리를 행사할 수 있는 때'라는 관념이 있을 수 없다. 따라서 주채무자가 면책결정을 받은 후 채권자가 그 보증인에 대하여 보증책임의 이행을 구하는 소를 제기한 경우, 보증인은 주채무의 소멸시효 완성을 원용할 수 없다.

5. 법인이 파산종결 결정을 받아 법인격이 소멸하는 경우 주채무도 소멸하는 것이어서 채권자로서는 이후 주채무의 소멸시효 진행을 중단시킬 여지가 없으며, 따라서 이 경우에도 소멸시효제도가 적용될 여지가 없다. 위와 같이 주채무가 소멸하게 되면 보증채무는 부종성을 잃고 독립적인 채무로 된다고 할 것이고, 보증인은 보증채무 자체의 소멸시효 완성 여부만을 주장할 수 있을 뿐이다(서울고등 2012나11534, 서울회생 p395).

【소멸시효완성의 효과(p428, 432, 434, 576)】
판례는 절대적 소멸설(소멸시효가 완성하면 곧바로 권리가 소급적으로 소멸)을 취하면서도 시효원용권자의 범위를 '시효소멸로 인하여 직접 이익을 받을 자(채무자 이외에도 물상보증인, 담보가등기가 설정된 부동산의 제3취득자, 채권자대위권에 의하여 채무자의 소멸시효 항변을 원용하는 채권자, 보증인, 연대보증인, 저당부동산의 제3취득자 등을 포함)'로 제한하거나 채권자대위권의 요건을 충족하여야만 이를 대위 행사할 수 있다(일반채권자로서는 채무자가 무자력 상태에 있고, 경매 배당기일에서 자신보다 선순위 배당을 받은 다른 채권자가 있는 경우, 채무자를 대위하여 그 선순위 배당을 받을 채권에 대하여 소멸시효를 원용할 수 있다.)고 한다. 채무자 외의 시효원용권자가 제기한 소송에서 응소한 행위는 채무자에 대한 재판상 청구에 준하는 시효중단 사유에 해당하지 아니한다.

## 【3년의 단기 소멸시효, p445】

- 이자, 부양료, 급료, 사용료 기타 1년 이내의 기간으로 정한 금전 또는 물건의 지급을 목적으로 한 채권(낙찰계의 계불입금채권×, 정수기○). 정기금채권에 기하여 발생하는 지분적 채권의 소멸시효를 정함. 기본권에 기하여 발생한 지분권
- 생산자 및 상인이 판매한 생산물 및 상품의 대가(전기요금채권○).

## 【소멸시효 기산점 p494)】

- 형성권적 기한 이익상실특약(채무불이행, 가압류 등 일정한 사유발생 + 채권자의 통지나 청구 등의 의사표시를 기다려 비로소 이행기가 도래) : 형성권적 기한이익 상실 특약으로 추정, 1회의 불이행이 있더라도 각 할부금에 대해 그 각 변제기의 도래시마다 그 때부터 순차로 소멸시효가 진행

【압류로 인한 시효중단, p628, 664】

- 발생시기 : 압류집행을 함으로써 그 집행채권의 소멸시효는 중단(채권집행)

- 종료시기 : 압류에 의한 시효중단의 효력은 강제집행 절차가 종료될 때까지 계속되고(압류 및 전부명령의 경우 전부명령이 확정될 때 집행이 종료되므로 그 때부터 새로운 시효가 진행한다. 압류 및 추심명령의 경우에는 추심완료시에 중단사유가 종료한다.), 중단사유가 종료된 때로부터 새로이 시효기간이 진행한다.


【승인 p649】

- 상대방의 권리 또는 자신의 채무가 있음을 알고 있다는 뜻을 표시하는 것


【소멸시효 완성 후의 포기 p683】

- 시효의 완성으로 인한 법적인 이익을 받지 않겠다고 하는 의사표시
- 시효완성 후 채무승인 : 의사표시 추정이론(시효완성의 사실을 알고 그 이익을 포기한 것으로 추정)→비판→시효완성 후 채무승인 행위에 대한 신의칙 제한이론

# *보론 8 : 관할관련 주의할 점

### 1. 상간자에 대한 위자료청구소송의 관할

혼인관계가 존속하고 있는 중 '부부관계를 그대로 유지하여 재판상 이혼청구는 하지 아니한 채' 배우자 또는 제3자에 대하여 위자료청구를 한 사건은 이혼을 원인으로 한 것이 아니어서 가사소송법 규정에 의할 때 가정법원의 관할에 해당되지 아니하고 민사사건으로서의 손해배상청구입니다(제135기 가사법 특별연수, 대한변호사협회변호사연수원. 42면과 가사실무제요 2 110면 참고). 그러나, '이혼을 원인으로 하는 손해배상청구'는 제3자에 대한 청구를 포함하여 가사소송법 제2조 제1항 (가)목 (3) 다류 2호의 가사소송사건으로서 가정법원의 전속관할에 속합니다(대법원 2010.03.25. 선고 2009다102964 판결) 위 대법원 판결의 사안을 보면, 원고의 피고에 대한 이 사건 청구는 피고와 원고의 배우자 사이의 부정한 행위로 인하여 원고가 배우자와 협의이혼을 함으로써 원고의 혼인관계가 파탄에 이르렀음을 원인으로 위자료 3,000만 원 및 이에 대한 지연손해금의 지급을 구하는 손해배상청구임을 알 수 있는바, 이러한 청구는 이혼을 원인으로 하는 제3자에 대한 손해배상청구에 해당하고, 가정법원의 전속관할에 속합니다.

2. 추심소송은 채무자의 제3채무자에 대한 채권의 추심을 목적으로 하는 것이므로, 원칙적인 관할법원은 피고가 되는 제3채무자의 보통재판적 소재지 또는 의무이행지를 관할하는 법원 등이 포함됩니다(법원실무제요 민사집행 3, 355면). 또한, 추심명령을 받은 압류채권자는 피압류채권의 추심권능을 취득할 뿐 피압류채권의 채권자가 되는 것은 아니므로, 피압류채권의 의무이행지는 특별한 사정이 없는 한 여전히 압류채무자의 주소가 되고 압류채권자의 주소가 되는 것은 아닙니다. 즉 피압류채권이 지참채무인 때는 그 의무이행지가 집행채무자의 주소지이고 압류채권자의 주소지가 아니므로, 압류채권자의 주소지에서 제기한 추심소송은 관할위반으로 됩니다(손진홍, 채권집행의 이론과 실무 (상), 법률정보센타, 2009. 489면 참조). 정리하자면, 추심명령의 채무자와 제3채무자의 주소지는 추심금청구소송의 관할이 되나, 추심채권자의 주소지는 추심금청구소송의 관할이 안 됩니다.

3. 공유물분할과 상속재산분할

상속으로 받은 부동산에 대해 갈라지고 싶은 경우 공유물분할청구소송을 해야 하는지 상속재산분할심판청구를 해야 하는지 문제됩니다. 전자는 민사고 후자는 가사이므로 관할법원 및 인지 등에서 큰 차이가 있습니다. 이에 관한 내용이 가사실무제요(2권 603면)에는 집합재산인 상속재산을 가정법원이 후견적 재량에 의하여 공동상속인 사이에 배분하는 것이라는 점에서 개개의 물건을 대상으로 하는 공유물분할과 다르다는 정도밖에 기술되어 있지 않아 구체적인 적용이 어렵고, 아래와 같이 재판실무편람에 자세히 나와 있어 소개하고자 합니다. 상속으로 인하여 발생한 공유관계의 해소를 구하는 사건과 같이 목적물이 상속재산이고 공동상속인들이 공유하는 경우에는 가사소송법에 의한 상속재산분할심판을 제기하여야 하고, 민법이 정한 공유물분할의 소에 의할 수 없습니다(가사소송법 제2조 제1항 나호, 재판실무편람 5: 공유물분할, 경계확정 재판실무편람 8면에서 재인용). 그러나, 공동상속재산에 대한 협의분할 결과 성립된 공유관계에 있어서는 공유물분할소송을 제기할 수 있습니다(같은 책). 이유는 다음과 같습니다. "일반적으로 공유관계를 발생시킨 사유가 상속이어서 목적물이 상속재산인 경우에는 가사소송법에 규정된 상속재산분할심판에 의하여 분할절차를 밟아야 하나, 상속재산에 관하여 상속인들 사이에 분할 협의가 이루어져 공동상속인의 공유로 하여 두기로 한 경우에 있어서는 상속재산분할이 실행된 것이므로, 그때부터는 그 목적물의 상속재산성이 상실되고 이후 그에 대한 분할은 민법에 규정된 공유물분할의 소에 의하여야 하기 때문이다." 이에 대한 하급심 판결례도 있습니다(대구지방법원 2008. 12. 9. 선고 2008나11946).

4. 집행증서에 대한 청구이의 소송의 토지관할은 '채무자'의 보통재판적이 있는 곳의 법원이 관할합니다(법원실무제요 민사집행 [ I ] 2014. 303면).

# *보론 9 : 신탁관련 보충

## 신탁과 강제집행 관련 내용 보충

### 1. 의의

신탁법상의 신탁은 위탁자가 수탁자에게 특정의 재산권을 이전하거나 기타의 처분을 하여 수탁자로 하여금 신탁 목적을 위하여 그 재산권을 관리·처분하게 하는 것이므로, 부동산의 신탁에 있어서 수탁자 앞으로 소유권이전등기를 마치게 되면 대내외적으로 소유권이 수탁자에게 완전히 이전되고, 위탁자와의 내부관계에서 소유권이 위탁자에게 유보되어 있는 것은 아니다(대법원 2012. 9. 13. 선고 2012다30281 판결 참조)

### 2. 관련 법조문

> **제22조(강제집행 등의 금지)** ① 신탁재산에 대하여는 강제집행, 담보권실행 등을 위한 경매, 보전처분(이하 "강제집행등"이라 한다) 또는 국세 등 체납처분을 할 수 없다. 다만, 신탁 전의 원인으로 발생한 권리 또는 신탁사무의 처리상 발생한 권리에 기한 경우에는 그러하지 아니하다.

② 위탁자, 수익자나 수탁자는 제1항을 위반한 강제집행등에 대하여 이의를 제기할 수 있다. 이 경우 「민사집행법」 제48조를 준용한다.

③ 위탁자, 수익자나 수탁자는 제1항을 위반한 국세 등 체납처분에 대하여 이의를 제기할 수 있다. 이 경우 국세 등 체납처분에 대한 불복절차를 준용한다.

**제23조(수탁자의 사망 등과 신탁재산)** 신탁재산은 수탁자의 상속재산에 속하지 아니하며, 수탁자의 이혼에 따른 재산분할의 대상이 되지 아니한다.

**제24조(수탁자의 파산 등과 신탁재산)** 신탁재산은 수탁자의 파산재단, 회생절차의 관리인이 관리 및 처분 권한을 갖고 있는 채무자의 재산이나 개인회생재단을 구성하지 아니한다.

**제38조(유한책임)** 수탁자는 신탁행위로 인하여 수익자에게 부담하는 채무에 대하여는 신탁재산만으로 책임을 진다.

**제114조(유한책임신탁의 설정)** ① 신탁행위로 수탁자가 신탁재산에 속하는 채무에 대하여 신탁재산만으로 책임지는 신탁(이하 "유한책임신탁"이라 한다)을 설정할 수 있다. 이 경우 제126조에 따라 유한책임신탁의 등기를 하여야 그 효력이 발생한다.

## 3. 신탁과 강제집행(도표)

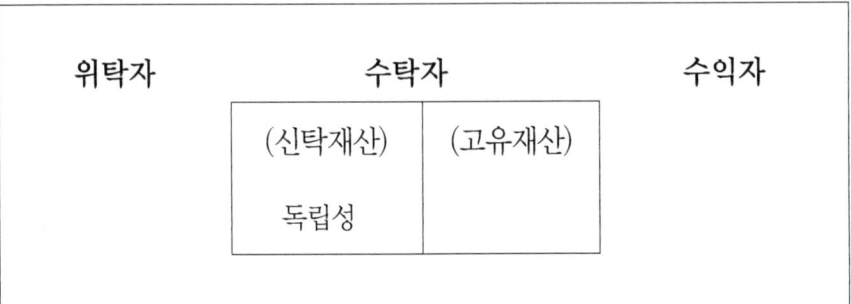

| 위탁자 | 수탁자 | | 수익자 |
|--------|--------|--------|--------|
| | (신탁재산)<br><br>독립성 | (고유재산) | |

## 4. 주체별 법률관계

가. 위탁자의 채권자 : 이미 소유권이 이전되었으므로 신탁재산에 대한 직접적인 보전처분 등의 행사는 불가능하다. 다만, 신탁이 채권자를 해함을 알고 설정한 사해신탁의 경우 신탁을 취소하고 당해 신탁재산을 위탁자에게 원상회복한 다음에 강제집행이 가능하며, 이를 위해 보전처분으로 신탁부동산에 대한 처분금지가처분을 신청할 수 있다. 한편, 신탁계약의 내용에 따라 달라지기는 하나 일반적으로 신탁계약이 기간만료 또는 해지 등으로 인하여 종료되는 경우 발생하는 소유권이전등기청구권이나 신탁수익금을 (가)압류하고 있다.

---

**이전등기청구권** (이영창, 보전소송, 진원사, 2011. 212면 참고)

청구금액 금 ○원

채무자와 제3채무자 사이에 아래 부동산에 관하여 신탁계약을 맺고

---

이에 대하여 신탁을 원인으로 ㅇ지방법원 ㅇ등기소 접수 제ㅇ호로 마친 소유권이전등기의 신탁원부에 기하여 제3채무자가 수탁자로서 신탁사무를 처리하고 있는바, 위 신탁계약이 기간만료 또는 해지로 인하여 종료되는 경우, 이를 원인으로 하여 채무자가 제3채무자에 대하여 갖는 아래 부동산에 대한 소유권이전등기청구권.

(아　래)

생 략

## 신탁수익금

청구금액 금 ㅇ원

채무자와 제3채무자 사이의 아래 부동산에 관한 20ㅇㅇ. ㅇ. ㅇ.자 신탁계약에 의하여 채무자가 제3채무자에 대하여 갖는 신탁재산의 신탁수익금 등 제3채무자가 채무자에게 지급해야 할 금원 중 위 청구금액에 이를 때까지의 부분.

(아　래)

생 략

나. 수탁자의 상속인(신탁법 제23조)


다. 수탁자의 채권자

① 수탁자의 일반채권자

② 수탁자의 신탁관련 채권자 : 수탁자의 신탁재산 및 고유재산에 대한
  강제집행이 모두 가능하다. 단, 유한책임신탁등기로 제한이 가능하다.


라. 수익자의 채권자 : 신탁법 제38조에 의하여 수탁자는 수익자에게 신탁
재산에 한정하여 책임을 진다.


마. 도산절차와 신탁


## 5. 신탁재산에 대한 강제집행 등의 금지(판례)

가. 강제집행으로부터의 배제(신탁법 제22조 제1항 본문)

신탁법상의 신탁재산은 수탁자에게 귀속되는 일방 그 고유재산과도 구별되어
독립성을 갖게 되는 것이어서 이에 대하여는 신탁법 제21조 제1항 본문의 규정에
따라 원칙적으로 강제집행이나 경매가 금지되어 있고 다만 그 단서의 규정에 따
라 신탁전의 원인으로 발생한 권리 또는 신탁사무처리상 발생한 권리에 기한 경
우에만 예외적으로 강제집행이 허용되는데 여기에서 위 신탁전의 원인으로 발생
한 권리라 함은 신탁전에 이미 신탁부동산에 저당권이 설정된 경우등 신탁재산
그 자체를 목적으로 하는 채권이 발생되었을 때를 의미하는 것이고 신탁전에 위
탁자에 관하여 생긴 모든 채권이 이에 포함된다고 할 수 없다(대법원 1987. 5. 1
2. 선고 86다545,86다카2876 판결).

나. 신탁재산에 대한 강제집행 등이 예외적으로 가능한 경우

　　(신탁법 제22조 제1항 단서)

① 신탁사무의 처리상 발생한 채권을 가지고 있는 채권자는 수탁자의 일반 채권자와 달리 신탁재산에 대하여도 강제집행을 할 수 있는데(신탁법 제21조 제1항), 한편 수탁자의 이행책임이 신탁재산의 한도 내로 제한되는 것은 신탁행위로 인하여 수익자에 대하여 부담하는 채무에 한정되는 것이므로(신탁법 제32조), 수탁자가 수익자 이외의 제3자 중 신탁재산에 대하여 강제집행을 할 수 있는 채권자(신탁법 제21조 제1항)에 대하여 부담하는 채무에 관한 이행책임은 신탁재산의 한도 내로 제한되는 것이 아니라 수탁자의 고유재산에 대하여도 미치는 것으로 보아야 한다. 그리고 수탁자가 파산한 경우에 신탁재산은 수탁자의 고유재산이 된 것을 제외하고는 파산재단을 구성하지 않는 것이지만(신탁법 제22조), 신탁사무의 처리상 발생한 채권을 가진 채권자는 파산선고 당시의 채권 전액에 관하여 파산재단에 대하여 파산채권자로서 권리를 행사할 수 있는 것이다.(대법원 2004. 10. 15. 선고 2004다31883, 31890 판결)


② 신탁사무의 처리상 발생한 채권을 가지고 있는 채권자는 수탁자의 일반 채권자와 달리 신탁재산에 대하여도 강제집행 등을 할 수 있는 것이고(신탁법 제21조 제1항), 신탁재산은 수탁자의 고유재산이 된 것을 제외하고는 수탁자의 파산재단을 구성하지 않는 것이므로(신탁법 제22조), 수탁자가 파산한 경우에도 채권자는 여전히 신탁재산에 대하여 강제집행 등을 할 수 있다고 할 것이다(대법원 2007. 8. 13.자 2005마548).

# *보론 10 : 도산절차와 집행[표] · 소송[요약]

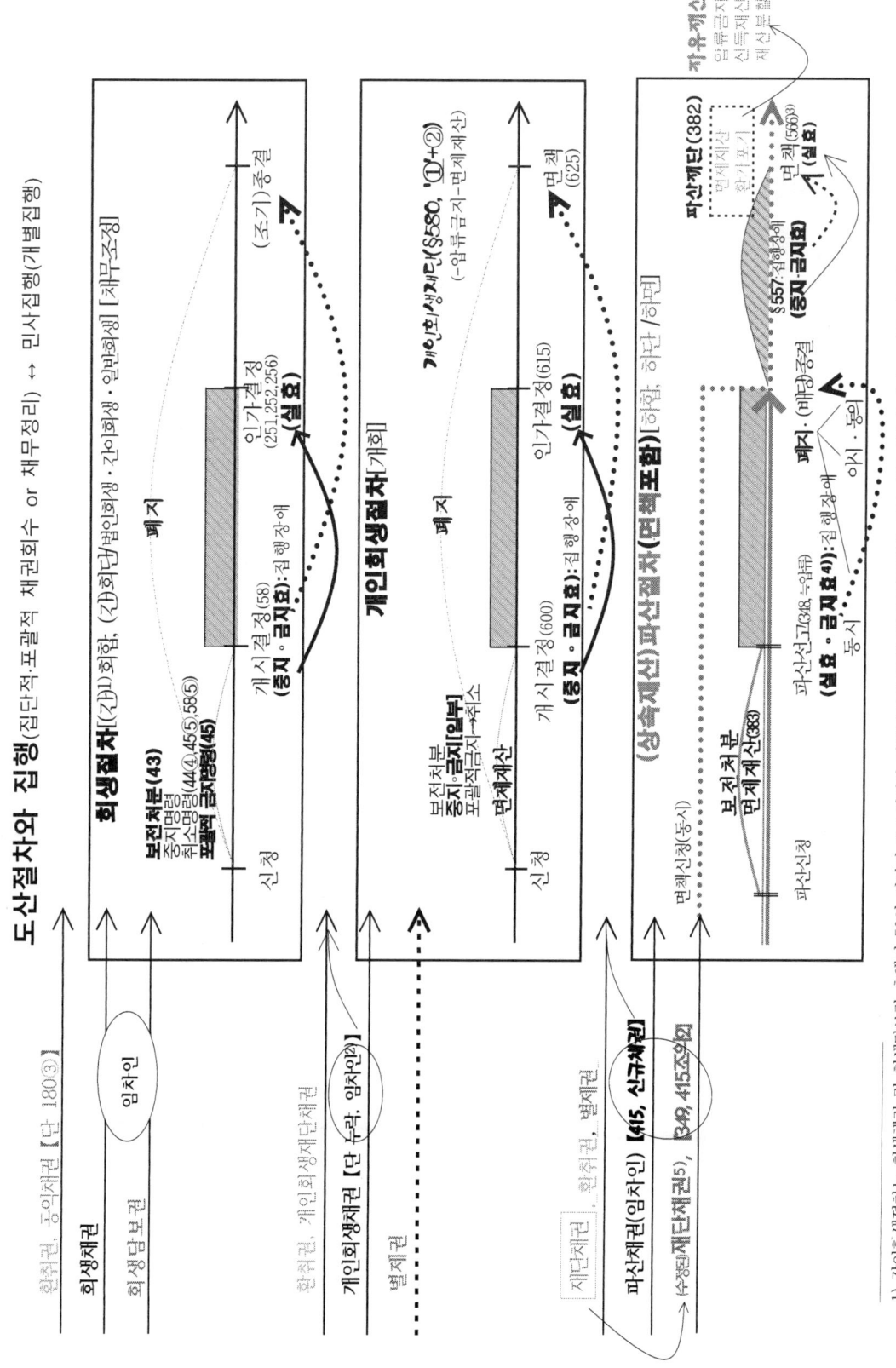

# 도산절차와 집행(집단적·포괄적 채권회수 or 채무정리) ↔ 민사집행(개별집행)

1) 간이회생절차는 회생채권 및 회생담보권 총액이 50억 이하인 중소기업과 자영업자를 위해 간이조사위원을 두고 회생계획의 가결 요건을 완화하였다는 점에서 차이가 있을 뿐이다.
2) 임차인의 보증금반환채권 중 우선변제권의 한도 내에서는 '개인회생채권자목록에 기재되지 아니한 청구권'에 해당하여 면책결정의 효력이 미치지 않는다(2014다32014).
3) 면책의 효력은 파산채권에 대한 것이므로, 재단채권, 환취권, 별제권, 파산선고 후의 원인으로 생긴 청구권 등에는 면책의 효력이 미치지 않는다.
4) 파산선고 이후에도 유효한 집행절차는, ①파산선고 전에 한 체납처분(349조 1항), ②별제권 행사(411조), ③파산관재인이 속행을 신청한 중지 강제집행(348조) 등이다.
5) 임금채권 등 재단채권에 기하여 파산선고 전에 이루어진 강제집행도 파산선고 후 세로운 강제집행을 할 수 없다(2006마1277).

# 도산절차와 소송
## (간이절차우선 : 채권조사확정재판, 부인권)

## 회생절차

**-중지명령** : 채무자의 재산에 관한 소송절차 포함, 신청에 대한 결정이 있을 때까지 소송절차를 더 이상 진행하지 않으면 됨, 회생절차개시결정이 있을 경우 중지명령의 효력은 소멸되나, 소송절차는 회생절차개시결정의 효력에 의하여 계속 중단됨.

**-회생절차 개시결정이** 있으면 채무자는 업무수행권과 재산의 관리처분권을 상실하고, 관리인에게 전속(이전)함(56, 74, 78).

**-개시결정 당시 이미 소송이 계속 중인 경우**, 소송절차 중단(59조 1항). (공익채권 포함)모두 중단되고 법원이나 당사자의 지·부지와는 관계없이 또한 소송대리인 소송수행 중인지를 불문하고 소송절차는 중단. 기간의 진행을 정지(민소247조 2항, 2009마1260, 2012다70012). 판결을 선고한 경우 효력은?위법(2013다73780) 환취권과 공익채권에 관한 소송 등은 관리인 또는 상대방이 이를 수계할 수 있으나 회생채권 또는 회생담보권에 관한 소송절차는 즉시 수계를 하여야 하는 것은 아니라, 먼저 간이·신속한 절차인 회생채권 등의 조사절차를 거치고[143], 그 절차에서 이의가 있는 경우에 한하여 회생채권자 또는 회생담보권자가 권리확정을 구하는 것으로 청구취지를 변경하고, 이의자를 상대방으로 하여 소송을 수계하여야(조사기간의 말일 또는 특별조사기일로부터 1월내). 이의가 없으면 회생채권자표 등은 확정판결과 동일한 효력이 있음. 계속중이던 소송은 소의 이익이 없어 부적법 각하. 채권자취소소송의 경우 소송 중단 및 관리인이 수계, 소송수계 후 회생절차가 종료된 경우

소송 중단·채권자 다시 수계·처음부터 관리인이 제기한 부인의 소는 당연 종료.

**-개시결정 이후** ① **채권자가 소송을 제기하는 경우** 관리인만이 당사자적격을 가짐. 회생채권자 또는 회생담보권자는 개별적 권리행사가 금지되므로 목록의 기재 또는 채권신고와 채권조사의 결과를 기다리지 않고 곧바로 확정을 위한 소를 제기할 수 없으나(제기하면 소각하판결) 공익채권자는 이러한 제한 없이 이행 또는 확인의 소를 제기할 수 있고, ② 관리인은 회생법원의 허가를 얻어야 한다(61). 채권자대위소송은 × (2000다39780), 채권자취소소송의 경우 채무자에 대하여 회생절차가 개시된 경우×(2010다37141) 수익자 또는 전득자에 대해 회생절차가 개시된 경우○(2014다37771)

**-회생계획의 인가결정된 경우** 회생계획이나 법의 규정에 의하여 인정된 권리를 제외한 모든 회생채권 및 회생담보권에 관하여 그 책임을 면함(공익채권, 환취권 ×). 회생계획 내용대로 실체적으로 변경. 인가결정 이후 소송이 제기된 경우, 회생계획이나 법에서 인정되지 않은 회생채권이나 회생담보권에 기하여 소송을 제기하는 경우 그러한 청구권은 면책되어 소각하판결 해야 하고, 인정된 채권 등에 기하여 소송을 제기하는 경우에도 소의 이익이 없어 소각하판결 해야함. 인가결정 당시 소송이 계속 중인 경우 회생채권자, 회생담보권자에 대하여는 회생계획의 효력이 미치지 않고 관리인이 수계 후 소송 계속 진행하여 권리가 확정되면 인가결정시로 소급하여 회생계획에 정하여진 권리가 인정됨. 채권자가 회생절차 내에서 채권신고를 하지 아니하고 채권자목록에도 기재되지 아니하여 인가결정으로 권리가 실권되어 버린 경우 소 각하.

**-회생절차의 종결 또는 폐지된 경우** 채무자의 관리처분권이 관리인에게서 다시 채무자로 이전.

회생절차 종결된 경우 회생계획인가결정에 의한 권리변경효력은 유지, 회생계획인가결정으로 실권된 권리는 부활하지 않음. 채무자의 재산에 관한 소송 중 회생채권, 회생담보권과 관계없는 소송이나 회생채권 등의 확정소송으로서 계속 중인 소송은 중단되고 채무자가 소송 수계. 회생절차가 종결되더라도 회생채권 등의 이행을 구하는 것으로 청구취지를 변경할 필요가 없음(2013다14444)

회생절차 폐지의 경우 효력은 소급하지 않음(인가 전 폐지 : 실권효, 권리변경호×, 인가 후 폐지 : 실권효, 권리변경효는 그대로 유지됨). 폐지 당시 공익채권 내지 환취권 등 회생절차에 영향을 받지 않는 권리에 기한 소송이 계속되고 있었던 경우, 파산이 선고되지 않은 경우에는 채무자 재산의 관리처분권이 관리인에서 채무자로 이전되므로 소송이 중단되고 채무자가 수계하여야 함. 파산선고가 된 경우 채무자 재산의 관리처분권이 파산관재인에게 이전되므로 소송은 중단되고 파산관재인이 위 소송을 수계하여야 함.

---

143) 관리인은 회생채권 등 목록제출(신고의제, 151)→회생채권자 등 채권신고→관리인 등 시·부인(채권조사)→이의시 해당 권리자에 통지→채권조사확정재판→이의의 소

개인회생절차

**-개인회생 개시결정**이 내려져도 채무자는 여전히 개인회생재단을 관리하고 처분할 권한을 가진다(580조 2항).

**-개시결정 당시 이미 소송이 계속 중인 경우**, 소송중단이 있을 수 없고 소송수계도 불필요하다(∵개시결정이 있더라도 관리처분권은 여전히 채무자에게 있으므로). 개인회생채권자가 채권신고를 하는 절차가 마련되어 있지 않고(→채권조사제도 無→실권제도 無) 채무자가 제출하는 개인회생채권자목록에 기재된 채권에 대하여 이의 여부에 따라, 이의가 없으면 소로써 다툴 이익이 없고, 이의가 있으면(채무자가 이의 인정시 법원허가를 받아 채권자목록 변경) 이미 계속 중인 소송의 청구취지를 개인회생채권의 존부와 내용의 확정을 구하는 형태로 변경하여야 한다. 누락된 개인회생채권에 기한 소송은 가능.

**-개시결정 이후 소송이 제기된 경우**(600조 1항 3호 단서에서 소송행위를 제외하고 있다고 하여도 조사확정재판으로의 집중, 2013다42878:개인회생채권자목록에 기재된 개인회생채권에 기하여는 별개의 이행소송 내지 확인소송을 제기할 수 없다) 개인회생재단채권 및 목록에 기재하지 않은 개인회생채권에 관한 소송행위는 할 수 있다.

**-추심금 소송** : 소송진행은 가능하나, 가급적 인가결정이나 폐지결정 등이 있기까지 변론기일을 추정하여 그 결과에 따라 처리. 개시결정 이후 추심명령을 받아 소를 제기한 경우 추심명령은 효력이 없어 취소의 대상이므로 이러한 추심금 소송은 기각.

**-전부금 소송** : 전부금 소송은 원칙적으로 개인회생절차와 관련이 없음. 다만, 급여 등 채권에 대한 전부명령의 효력은 변제계획인가결정

이후에 제공한 노무로 인한 부분에 대하여는 그 효력이 없으므로 인가결정일 이후의 노무제공에 대한 부분은 청구기각.

파산절차

**-파산이 선고되면** 채무자는 파산재단에 대한 관리처분권을 잃고, 관리처분권은 파산관재인에게 전속한다(359, 384). 동시폐지결정이 있는 경우에는 파산선고와 동시에 파산절차가 종료되어 파산재단 자체가 성립하지 않고, 파산재단의 관리처분권을 가진 파산관재인 또한 선임되지 않으므로 파산선고 당시 법원에 계속되어 있는 소송의 중단 및 수계문제는 발생하지 않는다.

**-파산선고 당시 이미 소송이 계속 중인 경우**, '파산재단에 관한 소송'절차는 중단된다(민소법 239. 단, 이혼 등 파산재단과 관계없는 소송이나 자유재산에 관한 소송 제외). 기간의 진행이 정지. 파산채권에 관한 소송은 파산관재인이 당연히 수계하는 것이 아니라, 상대방의 파산채권 신고와 그에 대한 채권조사기일에서의 파산관재인의 채권조사기일 결과에 따라 처리한다. 재단채권에 관한 소송도 중단되나 파산관재인 등이 수계. 수계 전 파산절차가 종료된 경우 채무자 당연 수계, 수계 후 파산절차가 종료된 경우 중단 후 채무자 수계.

**-파산선고 이후 ① 소송이 제기된 경우(파산관재인만 당사자적격)**, 파산채권에 관한 소송은 채권신고에 의한 확정절차144)를 거치지 아니한 경우에는 소의 이익이 없는 것으로 부적법 각하. 다만, 재단채권자는 파산관재인을 상대로 이행의 소 제기 가능하고, 파산선고 후 파산관재인에게 이행청구 또는 교부청구를 할 수 있다. 파산선고 후에는 파산채권자의 개별적 권리행사가 금지되므로, 수소법원은 강제집행을 전제

로 한 이행판결은 할 수 없으므로 청구취지는 확인판결을 구하는 취지가 되어야 하나, 재단채권자는 이행주문을 구하는 청구취지가 가능하고 이행판결을 받아 파산재단으로부터 포기된 재산에 대하여 강제집행 등을 할 수 있다. 원고가 채무자에 대한 파산선고 사실을 알지 못한 경우 당사자표시정정을 허용한다. ②파산관재인이 소를 제기하고자 하는 경우에는 법원의 허가를 받아야 한다. 파산채권자가 제기한 채권자취소소송은 부적법하고, 파산채권자가 제기한 채권자대위소송은 부적법하나(2000다39780) 재단채권자가 제기한 소송은 허용(2013다211803).

　－면책절차가 진행되더라도 실체적인 법률관계에는 영향이 없으므로 채무자를 상대로 한 민사소송절차에는 아무런 영향이 없다. 채무자에 대한 **면책결정이 확정**되면 면책된 채권은 소 제기 권능이 상실하게 된다(책임면제[자연채무], 환취권이나 별제권은 면책×). 비면책채권자(566조 단서)는 면책결정 후 어떻게 권리행사?(파산채권자표에 집행문 부여받아 집행, 집행문부여를 거절하면 거절처분에 대한 이의신청 : 전대규 p716)

---

144) 파산채권자의 채권신고, 파산관재인의 시·부인, 채권조사기일에 이의신청. 목록을 제출해도 법적 의미는 없으므로 반드시 채권을 신고해야. 파산채권은 파산절차에 의하지 아니하고는 행사할 수 없는데(424조) 파산절차에 의한 행사는 파산채권자가 그 채권을 법원에 신고하여 일정한 조사확정의 절차를 거쳐 파산관재인으로부터 배당을 받는 것.

# *보론 11 : 상속재판 파산신청

# 상속재산 파산신청[145]

---

[145] 서울회생법원은 불명확한 상속재산 파산사건의 처리기준을 새롭게 정하고, 상속인의 경제적
어려움을 경감할 수 있도록 '상속재산 파산사건의 처리'에 관한 실무준칙을 제정하여, 2022.
12. 1.부터 시행합니다(다만 몇 가지 쟁점에 대해서는 규정하지는 않아 여전히 다툼의 여지는
있을 것 같습니다).
① **상속재산파산 제출서류 정비** : 상속인에게 지나치게 과다한 서류를 요구하지 않도록
준칙에서 상속재산파산 신청에 필요한 최소한의 자료제출목록을 명시함
② 망인 명의의 주택임대차보증금반환채권의 처리기준 마련 : 망인이 생전에 주택임대차
보호법에 따라 우선변제 받을 수 있었던 임대차보증금 등은 압류금지재산에 해당하여
망인과 부양가족이 생존과 재기를 위해 사용될 수 있었으나, 망인이 사망함으로써 위
임대차보증금 등은 채권자들의 변제재원에 편입되어 망인과 같이 살고 있던 부양가족
의 최소한의 생계가 보장되지 못하는 문제가 있었음. 이에 망인과 생계를 같이 하던
부양가족이 있는 경우 원칙적으로 망인 명의로 된 임대차보증금반환채권 중 압류금지
채권(서울의 경우 5,000만 원)을 변제재원에서 제외함
③ (인지, 송달료 등) 보전 : 상속인이 납부한 인지, 송달료, 예납금 등 신청비용은 상속
재산에서 우선적으로 충당하기로 함
④ 장례비용 처리기준 마련 : 상속인이 지출한 장례비용 중 일정액을 원칙적으로 상속재
산에서 충당할 수 있도록 하고, 상속재산의 규모에 비추어 그 인정범위에 관한 기준
을 새롭게 마련함
⑤ 상속인 법정 출석 면제 : 상속재산 파산절차에서 상속인이 매회 채권자집회기일에 출
석하는 부담을 덜고자 상속인의 법정 출석을 면제할 수 있도록 함

신청인

채무자 피상속인 망 ○○○ (주민등록번호)의 상속재산
　　　최후주소

## 신청취지

1. 채무자 피상속인 망 ○○○의 상속재산에 대하여 파산을 선고한다.

## 신청원인

1. 피상속인 망 ○○○는 20○○. ○. ○. 사망하였고 상속인으로는 배우
   자 ○○○(주민등록번호)가 있습니다. 망 ○○○은 사망 당시 서울 동
   작구 ○○ 등 2개의 부동산을 보유하고 있었고, 그 가액은 공시지가
   기준으로 ○원 정도인 반면에 망 ○○○의 사망 당시의 채무는 약 ○
   원이었습니다.

2. 신청인은 서울가정지방법원 20○○느단○○ 상속한정승인신고를 하여
   20○○. ○. ○. 한정승인신고가 수리되었습니다.

3. 이에 신청인은 상속재산으로서 상속채권자의 채무를 완제할 수 없으므
   로 채무자회생및파산에관한법률 제307조를 적용하여 망 ○○○의 상속
   재산에 대하여 채무자로서 위 법 제355조, 법 제312조에 따라 파산을
   신청합니다.

# 첨 부 서 류

1. 망인의 가족관계증명서, 기본증명서                    각 1부

2. 진술서(채권자목록, 상속재산목록)                1부

3. 신청서 및 첨부서류 부본                      1부


20○○.  ○.  ○.

신청인 ○  ○  ○


○○지방법원 귀중

# 환가를 위한 경매신청서

신 청 인        망_____의 상속인

채무자겸소유자

상속채권자      별지

**경매할  부동산의 표시 : 별지 목록 기재와   같음**

**청구금액 :**

**청산을 위한 경매신청권의 표시**

민법 제1037조에 의하여 한정승인자인 신청인은 상속채권자에게 변제를 하기 위하여 상속재산을 경매하기 위하여 민사집행법 제274조 제1항에 의한 경매신청

## 신 청 취 지

위 상속채권자인 상대방들에게 환가하여 배당변제를 위하여 변제기재 목록 부동산에 대하여 환가를 위한 개시결정을 한다.
라는 재판을 구함.

## 신 청 이 유

1. 신청인은 신청의 망 _____의 배우자로서, 망 _____이 20○○년 사망하여 상속한정승인심판청구결정을 받았습니다.

2. 망 _____에게는 유일하게 별지목록기재 부동산이 있어, 신청인은 망 _____의 한정승인을 한 상속인으로서 재산상속을 받은 후 상속채권자에 대한 공고, 최고(민법 제1032조 제1항)를 거쳐, 상속채권자 등에게 배당변제(민법 제1034조)를 하기 위하여 민법 제1037조에 따라 환가를 위한 경매를 하기 위하여 민사집행법 제 274조 제1항에 따라 이 사건 환가를 위한 경매신청에 이르게 된 것입니다.

# 첨 부 서 류

1. 한정승인심판결정문                                 1통
1. 부동산등기부등본                                    2통

20○○.    .    .

위 신청인

귀중

# *보론 13 : 공탁정리

공탁도표

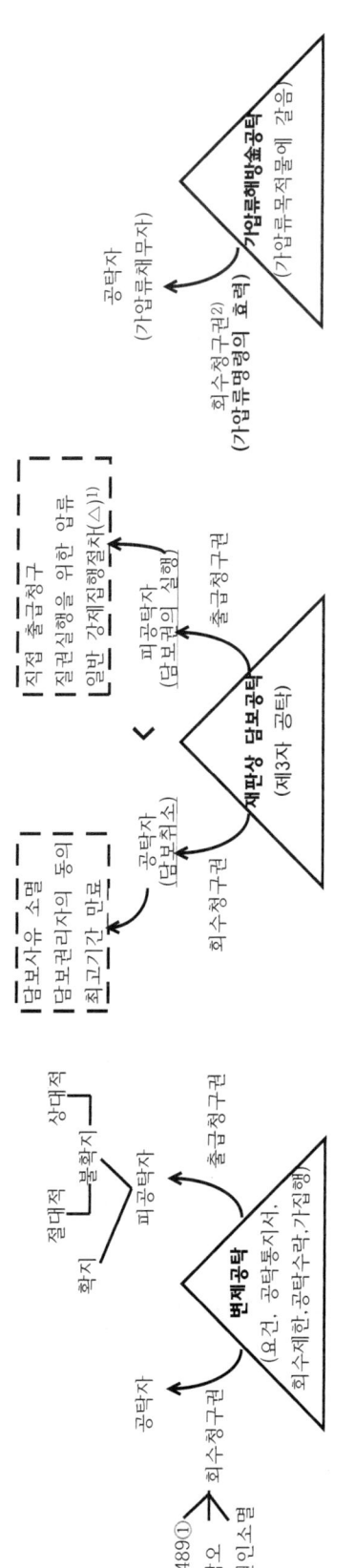
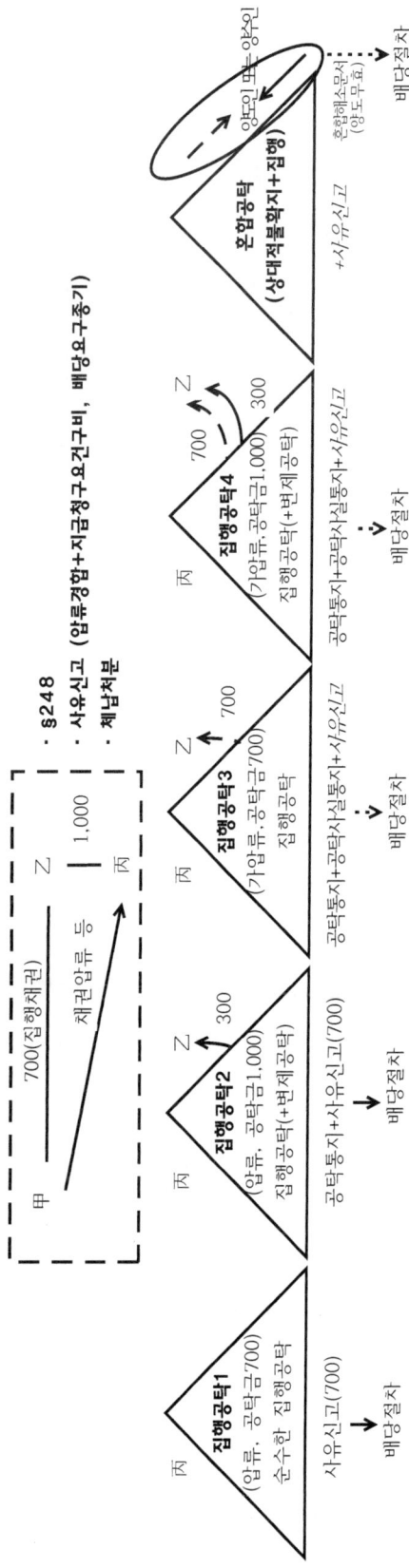

1) 담보권자가 공탁자에 대한 집행권원(피담보채권 이외 채권) 또는 피담보채권 자체에 기초하여 공탁자의 공탁금회수청구권을 압류(추심 등) 후 담보소결정을 받아 공탁금을 회수청구하는 방법
2) 가압류해방공탁금 회수청구권은 본압류로 이전되는 채권압류 및 추심(전부)명령을 받은 경우 공탁관은 사유신고를 할 것이 아니라 가압류채권자의 회수청구에 응해야 한다(실무제요 4권 615)

# *보론 14 : 집행채권이 (가)압류된 경우

# 집행채권_(가)압류_법률관계

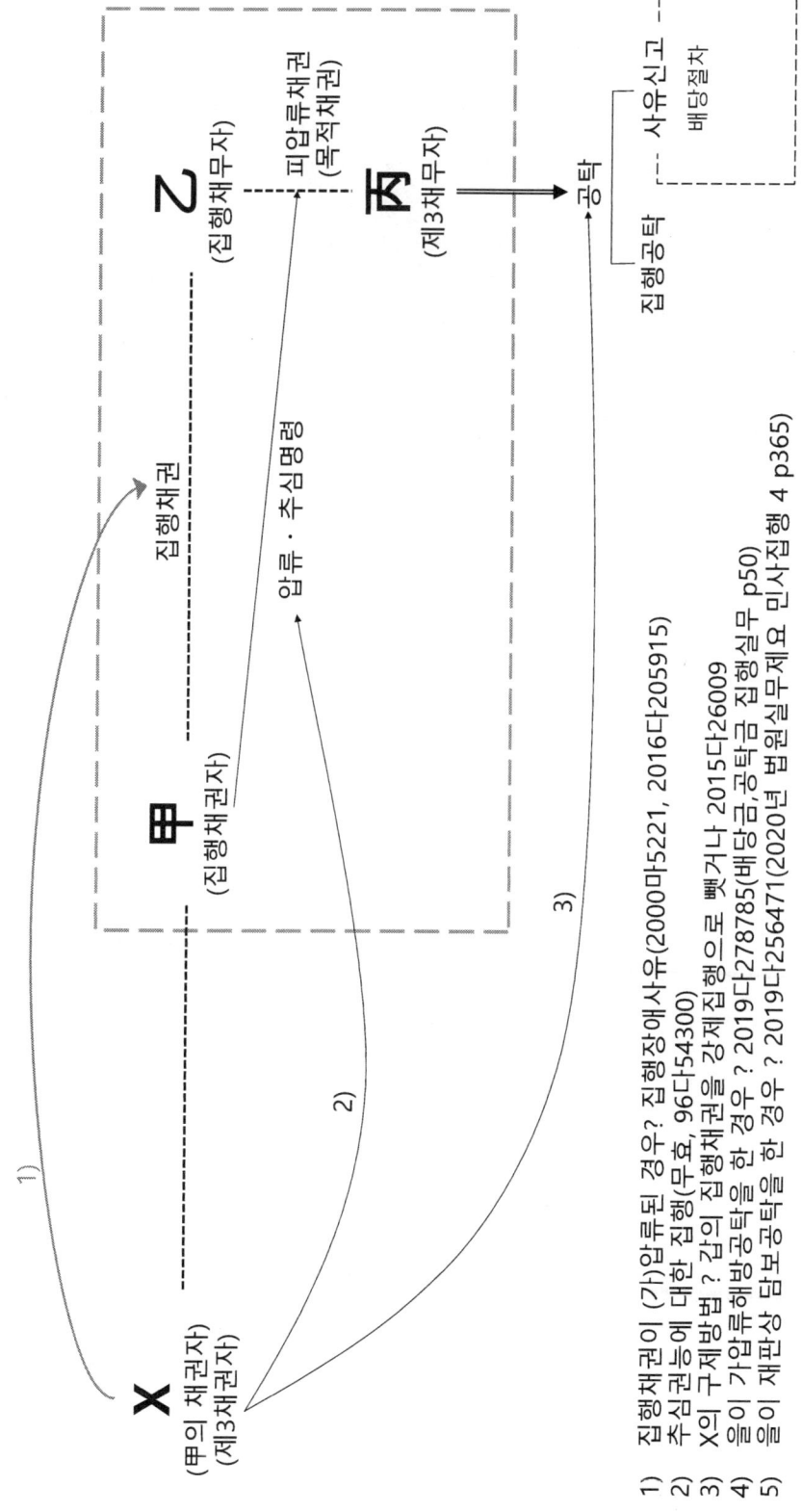

X
(甲의 채권자)
(제3채권자)

甲
(집행채권자)

乙
(집행채무자)

丙
(제3채무자)

집행채권

압류·추심명령

피압류채권
(목적채권)

공탁

집행공탁

사유신고

배당절차

1)

2)

3)

1) 집행채권이 (가)압류된 경우? 집행장애사유(2000마5221, 2016다205915)
2) 추심권능에 대한 집행(무효, 96다54300)
3) X의 구제방법 ? 甲의 집행채권을 강제집행으로 뺏거나 2015다26009
4) 乙이 가압류해방공탁을 한 경우 ? 2019다278785(배당금,공탁금 집행실무 p50)
5) 乙이 재판상 담보공탁을 한 경우 ? 2019다256471(2020년 법원실무제요 민사집행 4 p365)

# 부록

# 재 산 명 시 신 청

채권자  (이 름)          (주민등록번호        -        )
       (주 소)                                          ┌─────────┐
       (연락처)                                         │  인지   │
                                                       │ 1,000원 │
                                                       └─────────┘

채무자  (이 름)          (주민등록번호        -        )
       (주 소)

집행권원의 표시 : OO지방법원 20   .   .   .선고  20  가합    손해배상 사건의
                집행력있는 판결정본
채무자가 이행하지 아니하는 금전채무액 : 금        원

## 신 청 취 지

채무자는 재산상태를 명시한 재산목록을 제출하라

## 신 청 사 유

1. 채권자는 채무자에 대하여 위 표시 집행권원을 가지고 있고 채무자는 이를 변제하지 아
   니하고 있습니다.
2. 따라서 민사집행법 제61조에 의하여 채무자에 대한 재산명시명령을 신청합니다.

## 첨 부 서 류

1.집행력있는 판결정본        1부
1.송달증명원                 1부
1.확정증명원                 1부
1.송달료납부서               1부

20  .   .   .

채권자          (날인 또는 서명)

**OO지방법원 귀중**

◇ 유 의 사 항 ◇

1. 채권자는 연락처란에 언제든지 연락 가능한 전화번호나 휴대전화번호(팩스번호, 이메일 주소 등도 포함)를
   기재하기 바랍니다.
2. 채권자는 수입인지외에 5회분의 송달료를 납부하여야 합니다.
3. 명시신청을 함에는 집행력있는 정본과 강제집행을 개시하는데 필요한 문서를 첨부하여야 합니다.
4. 신청서를 제출할 때 집행력있는 정본외 그 사본을 한 부 제출하면 접수공무원이 사본에 원본대조필을
   한 다음 정본은 이를 채권자에게 반환하여 드립니다.

| 사건 : | 카명 | | | |
|---|---|---|---|---|

**재 산 목 록**

| 채무자 | 성    명 | | 주민등록번호 | - |
|---|---|---|---|---|
| | 주    소 | | | |

아래 재산의 종류 해당란에 ☑ 표시를 하고, 별첨 작성요령에 따라 뒷장에 그 내역을 기재하시기 바랍니다.

| 번호 | 구 분 | 재산의 종류 |
|---|---|---|
| I | 동 산<br>( 전자등록된<br>주식 등 포함) | ☐ 1.현금  ☐ 2.어음.수표  ☐ 3.주권.국채.공채.회사채 등  ☐ 4.금.은.백금류<br>☐ 5.시계.보석류.골동품.예술품.악기  ☐ 6.가사비품(의류.가구.가전제품 등)<br>☐ 7.사무기구  ☐ 8.가축 및 기계류(농기계를 포함)<br>☐ 9.농.축.어업.공업생산품 및 재고상품  ☐ 10.기타의 동산 |
| II | 부동산 및<br>이에 준하는<br>권리와<br>자동차 등 | ☐ 11.부동산 소유권  ☐ 12.용익물권(지상권, 전세권, 임차권 등)<br>☐ 13.부동산에 관한 청구권(부동산의 인도청구권.권리이전청구권)<br>☐ 14.자동차.건설기계.선박.항공기에 관한 권리(소유권, 인도청구권 및 권리이전청구권)<br>☐ 15.광업권.어업권, 기타 부동산에 관한 규정이 준용되는 권리 및 그에 관한 권리이전청구권 |
| III | 채권 기타의<br>청구권 | ☐ 16.정기적으로 받을 보수 및 부양료  ☐ 17.기타의 소득(소득세법상의 소득으로서 16번<br>항목에 해당하지 아니하는 것)  ☐ 18.금전채권  ☐ 19.대체물의 인도채권<br>☐ 20.예금 및 보험금 채권  ☐ 21.기타의 청구권(앞의 3번 내지 9번 항목에 해당하는 동산<br>의 인도청구권, 권리이전청구권 기타의 청구권) |
| IV | 특허권.회원<br>권 등의 권리 | ☐ 22.회원권 기타 이에 준하는 권리 및 그 이전청구권<br>☐ 23.특허권 및 그 이전청구권  ☐ 24.상표권 및 그 이전청구권<br>☐ 25.저작권 및 그 이전청구권  ☐ 26.의장권.실용신안권 및 그 이전청구권<br>☐ 27.기타(특허권.상표권.저작권.의장권.실용신안권에 준하는 권리 및 그 이전청구권) |
| V | 과거의<br>재산처분에<br>관한 사항 | ☐ 28.재산명시명령이 송달되기 전 1년 이내에 유상 양도한 부동산<br>☐ 29.재산명시명령이 송달되기 전 1년 이내에 배우자, 직계혈족 및 4촌이내의 방계혈족과<br>그 배우자, 배우자의 직계혈족과 형제자매에게 유상 양도한 부동산 외의 재산<br>☐ 30.재산명시명령이 송달되기 전 2년 이내에 무상 처분한 재산(의례적인 선물을 제외한<br>다) |
| VI | 기 타 | ☐ **31. 가상자산** |

☐ 위 목록 전체 "해당사항 없음"

| 재산의<br>종류 | 내　　역 | 재산의 종류 | 내　　　역 |
|---|---|---|---|
| | | | |
| | | | |
| | | | |
| | | | |
| | | | |
| | | | |
| | | | |
| | | | |
| | | | |
| | | | |

본인의 양심에 따라 사실대로 이 재산목록을 작성하여 제출합니다.


　　　　　　　　　　(채무자)　　　　　　　　　　　　　㊞



　　　　　　　　　　　　　　　　　　　　　　　　　　**법원　귀중**

※ 재산목록을 제출할 때에는 첫장부터 마지막장까지 및 별지를 사용할 경우에는 그 별
지를 재산목록 양식에 합철하여 간인하여 주십시오.

　　　　　　　　　　　　　　　　　　　　　　　　　　　　[A3211]

# 재 산 조 회 신 청 서

| 채 권 자 | 성명:                     주민등록번호:<br>주소:<br>전화번호:          팩스번호:              이메일 주소:<br>대리인: |
|---|---|
| 채 무 자 | 성명:          (한자:          )    주민등록번호:<br>주소:                        (사업자등록번호) |
| 조회대상기관<br>조회대상재산 | 별지와 같음 |
| 재산명시사건 | 지방법원 20   카명      호 |
| 집행권원 | |
| 불이행 채권액 | |
| 신청 취지 | 위 기관의 장에게 채무자 명의의 위 재산에 대하여 조회를 실시한다. |
| 신청 사유 | 채권자는 아래와 같은 사유가 있으므로 민사집행법 제74조제1항의 규정에 의하여 채무자에<br>대한 재산조회를 신청합니다(해당란 □에 ∨표시).<br>□ 명시기일 불출석          □ 재산목록 제출 거부<br>□ 선서 거부              □ 거짓 재산목록 제출<br>□ 집행채권의 만족을 얻기에 부족함   □ 주소불명으로 인하여 명시절차를 거치지 못함 |
| 비용환급용<br>예금계좌 | |
| 첨부서류 | |
| (인지 첨부란) | 20 .  .  .<br><br>신청인          (서명 또는 날인)<br><br>                              법원 귀중 |

주 ① 신청서에는 1,000원의 수입인지를 붙여야 합니다.
  ② 신청인은 별지 조회비용의 합계액을 법원보관금 중 재산조회비용으로 예납하여야 합니다.
  ③ 신청인은 송달필요기관 수에 2를 더한 횟수의 송달료를 예납하여야 합니다.
  ※ 「송달필요기관」이란 별지 조회기관 중 음영으로 표시된 기관을 의미합니다.
  ④ "불이행 채권액"란에는 채무자가 재산조회신청 당시까지 갚지 않은 금액을 기재합니다.
  **⑤ 채무자가 법인인 경우 사업자등록번호를 기재하면 더욱 정확한 재산조회가 가능합니다.**
참조 : 민집규 35. 25. 재산조회규칙 7. 8

| 순번 | 재산종류 | 기관분류 | 조회대상 재산 / 조회대상기관의 구분 | 개수 | 기관별/재산별 조회비용 | 예납액 |
|---|---|---|---|---|---|---|
| 1 | 토지.건물의 소유권 | 법원행정처 | ☐ 현재조회 | | 20,000원 | |
| | | | ☐ 현재조회와 소급조회<br>※소급조회는 재산명시명령이 송달되기 전 2년 안에 채무자가 보유한 재산을 조회합니다. | | 40,000원 | |
| | 과거주소 1.<br><br>  2.<br><br>  3.<br><br>※ 부동산조회는 채무자의 주소가 반드시 필요하고, 현재주소 이외에 채무자의 과거주소를 기재하면 보다 정확한 조회를 할 수 있습니다. | | | | | |
| 2 | 건물의 소유권 | 국토교통부 | ☐국토교통부<br>※ 미등기 건물 등을 포함하여 건축물대장상의 소유권을 조회합니다. | | 없 음 | |
| 3 | 특허권,실용신안권,<br>디자인권, 상표권 | 특허청 | ☐특허청 | | 20,000원 | |
| 4 | 자동차·건설기계의<br>소유권 | 한국교통안전공단 | ☐한국교통안전공단<br>※ 한국교통안전공단에 조회신청을 하면 전국 모든 시·도의 자동차·건설기계소유권에 대하여 조회됩니다.<br>※ 특별시, 광역시, 도 및 특별자치시·도와 (구)교통안전공단에 대하여 하면 자동차·건설기계의 소유권 조회를 한국교통안전공단으로 일원화합니다. | | 5,000원 | |
| 5 | 금융자산 중<br>계좌별로 시가<br>합계액이 50만원<br>이상인 것 | 「은행법」에<br>따른 은행,<br>「한국산업은행법<br>」에 따른<br>한국산업은행 및<br>「중소기업은행법<br>」에 따른<br>중소기업은행 | ☐경남은행  ☐광주은행  ☐국민은행<br>☐기업은행  ☐농협은행  ☐뉴욕멜론은행<br>☐대구은행  ☐메트로은행  ☐뱅크오브아메리카<br>☐부산은행  ☐수협은행<br>☐스탠다드차타드은행(구. SC제일은행)  ☐신한은행<br>☐야마구찌은행  ☐엠유에프지은행(MUFG)<br>☐우리은행  ☐전북은행<br>☐제이피모간 체이스은행  ☐제주은행<br>☐크레디 아그리콜 코퍼레이트 앤 인베스트먼트뱅크<br>  (구. 칼리온은행)<br>☐케이뱅크  ☐파키스탄국립은행<br>☐하나은행(한국외환은행합병)  ☐한국산업은행<br>☐한국씨티은행  ☐한국카카오은행  ☐토스뱅크 | | 기관별<br>5,000원 | |
| | | | ☐대화은행<br>☐도이치은행  ☐디비에스은행<br>☐멜라트은행  ☐미쓰이스미토모은행<br>☐미즈호코퍼레이트은행<br>☐비엔피파리바은행  ☐소시에테제네랄은행<br>☐스테이트스트리트은행  ☐유바프은행<br>☐중국건설은행  ☐중국공상은행<br>☐중국은행<br>☐크래디트스위스은행(구.크레디트스위스퍼스트보스톤은행)<br>☐호주뉴질랜드은행  ☐홍콩상하이은행(HSBC)<br>☐ING은행  ☐OCBC은행 | | 기관별<br>5,000원 | |

| 순번 | 재산종류 | 기관분류 | 조회대상 재산 / 조회대상기관의 구분 | 개수 | 기관별/재산별 조회비용 | 예납액 |
|---|---|---|---|---|---|---|
| 6 | 금융자산 중 계좌별로 시가 합계액이 50만원 이상인 것 | 「자본시장과 금융투자업에 관한 법률」에 따른 투자매매업자, 투자중개업자, 집합투자업자, 신탁업자, 증권금융회사, 종합금융회사 및 명의개서대행회사 | □상상인증권(구. 골든브릿지투자증권)　　□교보증권<br>□대신증권　　　　　　　　□디비금융투자 주식회사<br>□리딩투자증권<br>□메리츠종합금융증권(구. 메리츠종금,메리츠증권,아이엠투자증권)<br>□미래에셋증권　　　　　　□부국증권<br>□삼성증권　　　　　　　　□신영증권<br>□신한투자증권(주)　　　　□씨티그룹글로벌마켓증권<br>□엔에이치투자증권(우리투자증권, 엔에이치농협증권 합병)<br>□우리종합금융(구. 금호종합금융)<br>□유안타증권(구, 동양종합금융증권) □유진투자증권<br>□유화증권　　　　　□이베스트투자증권(구.이트레이드증권)<br>□코리아에셋투자증권(구, 코리아RB증권중개)<br>□크레디트스위스증권(구, Credit Suisse First Boston)<br>□키움증권　　　　　　　　□토스증권<br>□한국포스증권(구,펀드온라인코리아)<br>□하나금융투자(구, 하나대투증권)<br>□하이투자증권(구,CJ투자신탁증권)<br>□한국예탁결제원(구, 증권예탁원) □한국투자증권(구,동원증권)<br>□한양증권　□한화투자증권(구,푸르덴셜투자증권,한화증권)<br>□홍국증권(구,홍국증권중개)<br>□현대차증권(구, HMC투자증권)　□IBK투자증권<br>□KB증권　　　　　　　　□SK증권<br>□홍콩상하이증권(HSBC) | | 기관별 5,000원 | |
| | | | □다이와증권캐피탈마켓코리아<br>□도이치증권　　　　　　　□맥쿼리증권<br>□비엔피파리바증권(구,BNP파리바페레그린증권중개)<br>□크레디 아그리콜 아시아증권(구, 알비에스 아시아증권)<br>□한국증권금융(주)<br>□CLSA<br>□Goldman Sachs　　　　□J.P Morgan<br>□KIDB채권중개　　　　　□Merrill Lynch<br>□Morgan Stanley Dean Witter □Nomura<br>□주식회사하나자산신탁 | | 기관별 5,000원 | |
| 7 | 금융자산 중 계좌별로 시가 합계액이 50만원 이상인 것 | 「상호저축은행법」에 따른 상호저축은행 및 상호저축은행중앙회 | □상호저축은행중앙회 | | 20,000원 | |
| | | | □<br>□<br>□<br>※ 중앙회에 조회신청을 하면 전국 모든 상호저축은행에 대하여 조회됩니다.<br>※ 개별상호저축은행에 대한 조회를 원하는 경우에는 그 명칭을 별도로 기재하여야 합니다. | | 기관별 5,000원 | |
| 8 | 금융자산 중 계좌별로 시가 합계액이 50만원 이상인 것 | 「농업협동조합법」에 따른 지역조합 및 품목조합 | □지역조합(지역농협, 지역축협)과 품목조합 | | 20,000원 | |
| | | | □<br>□<br>□<br>※ 개별 단위지역조합에 대한 조회를 원하는 경우에는 그 명칭을 별도로 기재하여야 합니다. | | 기관별 5,000원 | |
| 9 | 금융자산 중 계좌별로 시가 합계액이 50만원 이상인 것 | 「수산업협동조합법」에 따른 조합 | □전국단위지역조합 | | 20,000원 | |
| | | | □<br>□<br>□<br>※ 개별 단위지역조합에 대한 조회를 원하는 경우에는 그 명칭을 별도로 기재하여야 합니다. | | 기관별 5,000원 | |

| 순번 | 재산종류 | 기관분류 | 조회대상 재산 / 조회대상기관의 구분 | 개수 | 기관별/재산별 조회비용 | 예납액 |
|---|---|---|---|---|---|---|
| 10 | 금융자산 중 계좌별로 시가 합계액이 50만원 이상인 것 | 「신용협동조합법」에 따른 신용협동조합 및 신용협동조합중앙회 | ☐신용협동조합중앙회 ☐ ☐ ☐ ※ 중앙회에 조회신청을 하면 전국 모든 신용협동조합에 대하여 조회됩니다. ※ 개별 신용협동조합에 대한 조회를 원하는 경우에는 그 명칭을 별도로 기재하여야 합니다. | | 20,000원 / 기관별 5,000원 | |
| 11 | 금융자산 중 계좌별로 시가 합계액이 50만원 이상인 것 | 「산림조합법」에 따른 지역조합, 전문조합 및 중앙회 | ☐산림조합중앙회 ☐ ☐ ☐ ※ 중앙회에 조회신청을 하면 전국 모든 산림조합에 대하여 조회됩니다. ※ 개별 산림조합에 대한 조회를 원하는 경우에는 그 명칭을 별도로 기재하여야 합니다. | | 20,000원 / 기관별 5,000원 | |
| 12 | 금융자산 중 계좌별로 시가 합계액이 50만원 이상인 것 | 「새마을금고법」에 따른 금고 및 중앙회 | ☐새마을금고중앙회 ☐ ☐ ☐ ※ 중앙회에 조회신청을 하면 전국 모든 새마을금고에 대하여 조회됩니다. ※ 개별 새마을금고에 대한 조회를 원하는 경우에는 그 명칭을 별도로 기재하여야 합니다. | | 20,000원 / 기관별 5,000원 | |
| 13 | 해약환급금이 50만원 이상인 것 | 「보험업법」에 의한 보험회사 | ☐교보생명보험주식회사 ☐농협생명보험　　　　☐농협손해보험 ☐디비생명보험주식회사 (구. 동부생명보험주식회사) ☐디비손해보험주식회사 (구. 동부화재해상보험주식회사) ☐동양생명보험주식회사 ☐디지비(구, 우리아비바)생명보험주식회사 ☐라이나생명보험주식회사　　☐롯데손해보험(주) ☐메리츠화재해상보험(주)　　☐메트라이프생명보험주식회사 ☐미래에셋생명보험주식회사　☐삼성생명보험주식회사 ☐삼성화재해상보험(주)　　　☐서울보증보험(주) ☐신한라이프생명보험 주식회사(구 신한생명, 구 오렌지라이프생명) ☐악사손해보험(주)(구,교보악사손해보험(주)) ☐에이비엘생명보험 주식회사 (구. 알리안츠생명보험 주식회사) ☐에이스아메리칸화재해상보험(주)(구,ACE AMERICAN) ☐주식회사케이비손해보험(구, LIG손해보험) ☐처브라이프생명보험주식회사(구, 뉴욕생명보험주식회사) ☐퍼스트어메리칸 권원보험(주) ☐푸르덴셜생명보험주식회사　☐하나생명보험주식회사 ☐한화(구. 대한)생명보험주식회사 ☐ 한화손해보험(주) ☐푸본현대생명보험 주식회사(구 현대라이프생명보험주식회사) ☐현대해상화재보험(주)　　　☐흥국생명보험주식회사 ☐흥국(구, 흥국쌍용)화재해상보험주식회사 ☐AIA생명보험주식회사　　　☐AIG손해보험 ☐KDB생명보험주식회사 (구 금호생명보험주식회사) ☐MG손해보험주식회사　　　☐KB생명보험 | | 기관별 5,000원 | |
| | | | ☐하나손해보험 주식회사(구, 더케이손해보험 주식회사)) ☐동경해상일동화재보험　☐미쓰이스미토모해상화재보험 ☐비엔피파리바카디프생명보험(구, 카디프생명보험) ☐신한이지(구,비엔피파리바카디프)손해보험 | | 기관별 5,000원 | |
| 14 | 금융자산 중 계좌별로 시가 합계액이 50만원 이상인 것 | 과학기술정보통신부 | ☐과학기술정보통신부 | | 5,000원 | |
| | | | 송달필요기관수 | 합계 | | |

※ 「송달필요기관 수」란에는 음영으로 기재된 란에 표시된 조회대상기관 수의 합계를 기재함

※ 크레디트스위스은행, KIDB채권중개: 법인에 대해서만 조회 가능

# 채무불이행자명부 등재 신청서

채권자 (이름)    (주민등록번호   -  )
   (주소)
   (연락처)


채무자 (이름)    (주민등록번호   -  )
   (주소)


집행권원의 표시 및 채무자가 이행하지 아니하는 금전채무액


○○지방법원 20 가단    청구사건의 집행력 있는 판결정본에

기한 금     및 동 금원에 대한 20 . . .부터 갚는

날까지 연  %의 비율에 의한 지연이자금


## 신청취지

"채무자를 채무불이행자 명부에 등재한다"라는 재판을 바랍니다.


## 신청이유

 1.

## 소명방법 및 첨부서류


1. 판결 등 집행권원 정본

1. 확정증명

1. 채무자의 주소를 소명하는 자료(주민등록초본 또는 법인등기부등본 등)


20  .   .   .


위 채권자              (날인 또는 서명)


○○지방법원 귀중


◇ 유의사항 ◇

1. 채권자는 언제든지 연락 가능한 전화번호나 휴대전화번호

    (팩스, 이메일 주소 등)를 기재하시기 바랍니다.

2. 채권자는 수입인지 외에 5회분의 송달료를 납부하여야 합니다.

**윤명철**

1993. 이리고등학교 졸업(제36회)

1997. 전북대학교 법과대학 공법학과 졸

2000. 대한법률구조공단 입사

2010. 법무사시험 합격(16회)

現 대한법률구조공단 재직 중

※ '질문은 이메일(nulnerri@klac.or.kr)이나 핸드폰(010-9922-7411)으로 해주세요.'

[증보4판] 실무가가 쓴, 채무자의 재산조사·찾는 법
(가)압류할 물고기를 찾아 잡는 秘法!

---

2023년 5월 20일   증보4판 1쇄 인쇄
2023년 5월 25일   증보4판 1쇄 발행

저    자   윤 명 철
발 행 인   김 용 성
발 행 처   법률출판사
          서울시 동대문구 휘경로2길 3, 4층
          ☎ 02) 962-9154          팩스 02) 962-9156

등 록 번 호   제1-1982호
ISBN       978-89-5821-420-5      13360
e-mail :   lawnbook@hanmail.net

Copyright ⓒ 2023

정 가  28,000원